读大学，究竟读什么（上）

一位80后董事长给大学生的26条忠告

Du Daxue
Jiujing Du Shenme

覃彪喜 著

南方日报出版社
NANFANG DAILY PRESS

图书在版编目（CIP）数据

读大学，究竟读什么. 上 / 覃彪喜著. —广州 :南方日报出版社， 2012.5（2023.6 重印）
ISBN 978-7-5491-0566-3

Ⅰ. ①读… Ⅱ. ①覃… Ⅲ. ①大学生—学生生活 Ⅳ. ①G645.5

中国版本图书馆 CIP 数据核字(2012)第 075786 号

读大学，究竟读什么（上） 覃彪喜 著

出版发行：南方日报出版社
地　　址：广州市广州大道中 289 号
电　　话：（020）83000502
经　　销：全国新华书店
印　　刷：广州市怡升印刷有限公司
开　　本：787mm×1092mm　1/16
印　　张：15.75
字　　数：265 千字
版　　次：2012 年 5 月第 1 版
印　　次：2023 年 6 月第 20 次印刷
定　　价：29.00 元

投稿热线：（020）87360640　**读者热线：**（020）87363865

▲国家教育行政学院：覃彪喜先生多次作为主讲嘉宾在上百位大学校长出席的教育论坛阐述“读大学，究竟读什么”。

▲中国矿业大学：讲座结束后，读者纷纷要求覃彪喜先生在《读大学，究竟读什么》上为其签名留念。

▲职业生涯规划顾问：浙江大学、西安交通大学等多所高校聘请覃彪喜先生担任大学生职业生涯规划顾问。

▶媒体采用最多的照片：讲座结束后继续交流，覃彪喜先生与青年学子在一起，没有丝毫倦意。

▲广东海洋大学：讲座现场座无虚席，走道上也坐满了人。

目　录

序言

其实，我是一个大学生

让我们从周星驰的《喜剧之王》谈起。

在星爷的这部巅峰之作中，尹天仇怀才不遇，只能在街坊福利会施展抱负——开课教授表演。舞女飘飘来他这里学习，一见面就认出他是某部电影中“踩香蕉皮的那个倒霉鬼”，便顺口笑骂了他一句：“你怎么不去死呀，你个跑龙套的。”这时尹天仇马上正色纠正道：“其实，我是一个演员。”此后，飘飘又两次提到他是跑龙套的，他都郑重其事地予以纠正。

周星驰创造的经典台词数不胜数，而“其实，我是一个演员”却是让我感触最多的一句。看得出来，尹天仇的内心其实是十分痛苦的，但是，当所有的人都不把他放在眼里，他却在人们的嘲笑声中固执地维护着内心的自尊，一直不曾放弃做演员的梦想，并一直以优秀演员的标准来要求自己。“其实，我是一个演员。”周星驰又是否靠这句话支撑着走过早年星运黯淡的时光，并最终成为华语影坛的传奇？

想想当今大学生的处境，似乎并不比怀才不遇的尹天仇好多少。当年的“天之骄子”显然已经成为社会弱势群体之一。当随便一个阿猫阿狗都可以鄙夷不屑地说“大学生满地都是”，当毕业时学校勒令你于某月某日之前搬出宿舍而丝毫不去过问你的工作和前途，当用人单位一次又一次退回你的求职简历，或者给你提供的薪水还不如工地上的一个民工，你又何尝不是另一个时空背景下的尹天仇？

不妨假定所有的人都是18岁考大学。根据官方公布的数据，1980年我国的出生人口为18393809人，1998年高考招生108万，占1980年出生人口的5.9%。1993年的出生人口为17914756人，2011年高校招生675万，占1993年出生人口的37.7%。1999年的出生人口锐减到11495247人，高校扩招的脚步却仍未停止。读大学的人即将大幅度超过没有读大学的人，而社会对人才结构的需求却不会因此有任何改变。于是，工厂面临用工荒，大学生面临就业难，这两个方面的困境都无法避免了。

这是一个极为无奈的现实，远非我一己之力所能改变。我所能做的，只不过是整理自己一路走来的所得与所失，让每一个大学生都能底气十足地说："其实，我是一个大学生。"当所有的人都不把大学生放在眼里，你不妨用这句话来维护自己最起码的尊严，进而用一个大学生所应有的标准来要求自己，顽强进取，不懈追求，最终成为时代的主导者。我不是史坦尼斯拉夫斯基，现在呈现在你眼前的这本书也无法跟《演员的自我修养》媲美，但是，我相信它至少可以让懦弱者勇敢，让脆弱者坚强，让迷茫者找到出口，让徘徊者告别弯路。

希腊哲学家赫拉克利特说："人不能两次踏进同一条河流。"我们不妨忽略掉这句话的哲学意义而望文生义地理解为重蹈覆辙。对于同一个人来说，先后两次掉进同一条河流当然是不应该的，但两个人相继掉进同一条河流却往往在所难免，除非第一个掉进河流的人爬起来以后为后来者做出显眼的警示标志。可惜，掉进河流的人很少会想办法让后来者不去重蹈他们的覆辙，没有掉进河流的人也不会为后来者刻下成功的足迹。于是，一批又一批的人相继掉进了同一条河流，相同的迷茫和困惑在一届又一届的大学生身上重演。

为了让后来者不再跟我踏进同一条河流，为了跟学弟学妹们分享我这些年摸爬滚打积累起来的经验与教训，我在繁忙的工作之余开始了这本书的写作。在大学生面前，我并不是什么专家学者，而只是一个普通的学长，普通的过来人。我只是比别人多做了一件事——当人们掉进某个陷阱，总是爬起来拍拍身上的尘土继续赶路，而我却在陷阱旁竖起一块牌子，让后来者可以远远地看到上面写有四个字：此处危险。

这本书还源于我对两个问题的反思。毕业后，我揣着思想政治教育专业的本科文凭来到深圳，相继做过房地产、广告、IT等多个领域的工作。这些工作跟我大学期间的专业"一毛钱关系都没有"，也就是说，我在大学课堂里学到的东西毕业以后完全用不上。那是否意味着我的大学白读了？如果我不读大学，18岁就直接出来工作，会不会也能胜任这些工作？很显然，答案是否定的。也就是说，我在大学期间除了专业知识以外，一定学到了某些更为重要的东西。这些东西究竟是什么？它们又是从何而来的？

另一个让我感到困惑的问题是——为什么成绩好的反而给成绩差的打工？成绩不等于能力，这句话我想每个人都能认同，可是，当差等生一个个开上了奔驰、住进了别墅，优等生却挤在地铁里为买房的首期款发愁，大部分人却无法接受。这绝非虚构，而是普遍存在的事实。面对这一现象，我们必须承认，除了学习成绩之外，还有很多其他方面的能力更能让我们接近成功。这些能力分别是什么？具体到每一个不同的大学生身上，每一种能力的重要程度又有何差异？

带着对这些问题的思考，我在几年前写了这本书，如今又几乎从头到尾全部重写。写第一版只用了几个月，此次改版却用了整整三年。这不是一种显摆，因为这并不意味着书稿会有多么精彩。但是，我敢保证，每一个字都是用心的，每一句话都是负责的。它们凝结着我对社会的解读、对教育体制的叩问、对大学生命运的反思。它们代表着我对生活的态度，也代表着我的思想迄今为止在这一领域所能企及的高度。它们被我赋予一种期望——就算不能给你力量，至少也要给你温暖。

不管怎么修订，书中的很多观点始终跟传统和主流背道而驰，对于那些信奉金科玉律的人来说，我完全就是一个颠覆传统的另类。比如说，大家都认为逃课是不思进取的表现，我却说不逃课的学生不是好学生；很多人都认为考研是大学生最好的，甚至是唯一的出路，我却把考研比喻成了痛苦的安乐死。我不奢求你会接受我的每一个观点，我只是希望你会发现很多事情原来只要换个角度来看，结论会变得如此不同。

我在书中列举了大量的事例，其中很大一部分取材于我身边现实的生活。或许你会觉得这些在平凡的人身上发生的平凡的事缺乏应有的权威性，但请原谅我的固执。因为对我而言，这些生活在我身边的大学毕业生比任何一个权威的案例都更为生动而真实。而且，就算你梦想着成为盖茨、乔布斯之类的伟大人物，将来更大的可能也只是成为我在书中提到的这些平凡的大学毕业生中的一员——毕业时找一份满意的工作，然后挤着公交车上下班，接着盼望老板给自己升职、加薪，最后，你或许在某个恰当的时候选择自主创业。请原谅我无法让你摆脱这种平凡的模式，我所能做的只是让你在这条平凡的道路上走得更快、更稳、更坚实。

尽管我已尽最大的努力将我的所思所想、所得所失全部呈现在这本书里，可我仍然觉得挂一漏万了，很多观点也似乎阐述得不够充分。为弥补这个遗憾，我会一直通过我的微博（weibo. com/qinbiaoxi）和博客（bolg. sina. com. cn/qinbiaoxi）加以更新和补充，大家也可以通过这两个平台与我交流。为了更全面、更深入地帮助在校大学生和应届毕业生，我还创办了去木取贝网（www. qumqub. com）。所谓去木取贝，指的是每个人在进入大学时都是可以塑造的“材”料，通过几年的学习成为具备核心竞争力的人“才”，毕业后再用“才”华、“才”能为社会，为个人创造物质“财”富和精神“财”富。随着网站的逐步完善，我希望可以通过丰富的在线培训课程、一对一的职业规划与就业指导、实习与就业推荐真正做到“让人材成为人才，让才华创造财富”。

好了，餐前点心已经吃完，该上菜了。但愿接下来的这26道菜不会让你失望。

读大学，究竟读什么

我们的大学被当成了中学，被当成了技校，甚至被当成了养猪场……如果你的全部学识与才华都能通过google轻而易举地搜索出来，在人人都会上网的年代，你的价值就等于零……大学的全部尊严在于思想……一个经过独立思考而坚持错误观点的人比一个不假思索而接受正确观点的人更值得肯定……

当你带着录取通知书走进大学校园，“大学生”便成了你的职业。这个职业相对于你此前的职业“高中生”而言到底有什么区别？难道仅仅是年龄的差异？你们有些中学同学现在的职业或许是“技校生”，那“大学生”跟“技校生”又有什么区别？难道仅仅是学校名称的不同？

成为一名大学生以后，“读大学”则是你在未来四年所要从事的工作。“读大学”是一个典型的动宾结构短语，“读”是动词，“大学”是宾语。可是，“大学”如何能够作为“读”的对象呢？在人们的印象中，大学就是一个由老师、学生、草木、池塘、图书馆、教学楼、田径场、学生宿舍等元素构成的一个集合。可是，这些元素都不能作为“读”的对象。你就算把草地上的每一株草、教学楼的每一块砖都仔仔细细地“读”了一遍，也算不上是读了大学。那什么才是真正意义上的“读大学”呢？

或许有些人会说，用来读的只能是书，所以读大学就是在大学里读书。这个答案看上去似乎无懈可击，可是，我们为什么要花掉大把的学费和青春来这个叫做“大学”的地方读书呢？为什么不呆在温暖舒适的家里读书？为什么不在“野渡无人舟自横”的野外读书？

还有人说，大学要读的不只是书。我曾看到这么一个段子：

小学：“你要是不好好读书，将来就考不上初中。”
初中：“你要是不好好读书，将来就考不上高中。”
高中：“你要是不好好读书，将来就考不上大学。”
大学：“你要是不好好读书，将来就找不到工作。”

工作："你在学校的时候就只知道读书吗？真傻！"

既然在大学里只知道读书的人很傻，那怎么做才算得上是不傻呢？

大学的全部尊严在于思想

2005年，温家宝总理看望著名物理学家钱学森时，钱老直言不讳地说："现在中国没有完全发展起来，一个重要原因是没有一所大学能够按照培养科学技术发明创造人才的模式去办学，没有自己独特的创新的东西，老是'冒'不出杰出人才。"

2006年，温总理拿"钱学森之问"问计于国内最有名的六所大学校长和教育专家，他们的回答乏善可陈，无外乎"要培养杰出人才，关键是教师"、"要将基础教育和高等教育贯通起来"云云。

为什么我们的大学总是培养不出杰出人才？答案其实非常简单：因为我们的大学被当成了中学，被当成了技校，甚至被当成了养猪场。

大一不等于高四

大学与中学是截然不同的。学校的称谓不同，一个叫大学，一个叫中学；学校的占地面积不同，中学不过几十亩，大学动辄数千亩；学生的分类不同，中学最多分成文科和理科，大学却分成五花八门的院系、专业；上课的方式不同，中学每个班都有固定的教室，早晚自习也都要乖乖地坐在各自的座位上，大学却很少有固定的教室，往往是在这栋楼上完一节课再赶往另一栋楼上下一节课，自习也很少是强制性的；毕业后的出路也不同，中学都以升学为目的，大学却没必要把考研当成唯一的出路……

然而，所有这一切都不是大学与中学的根本区别。中学是在高考的指挥棒下读书，衡量读书好坏的唯一标准就是考试分数，而考试是有标准答案的，答案的唯一性决定了中学更多的不是学能力，而是学知识。知识是确定的，不允许怀疑的。秦朝建立于公元前221年，你要说是公元前222年，考官就不会给你分数。大学却没有跟高考一样的考试大纲，大学的考试不再像中学一样用标准答案来衡量你的分数。秦朝为什么灭亡？当你试着用一篇论文来回答这个问题，如果你所有的观点都是教材上已有的，或者是别人的论文已经阐述过的，你的论文就没有任何价值。

如果说中学是学习已有的、确定的知识，大学则是通过掌握的知识去探索未知的、不确定的知识；中学是老师告诉你前人发现并解决了什么问题，大学则需要你自己独立地去发现问题、解决问题。知识更多是指向过去，而能力则往往指向未来。学习已有的知识需要“信”，探索未知的知识则需要“疑”。这是两种截然不同的学习方式，也是大学跟中学最根本区别所在。

中学学得好不好，高考说了算；大学学得好不好，用人单位说了算。究竟如何才算学得好呢？我们不妨先来看一下一位张小姐写的关于毕业求职经历的文章。

大学临近毕业，就业形势相当严峻，而我又属于运气最差的那类。

第一次，有家电器公司通知我面试，出门前打扮得太久，加上路上堵车，结果整整迟到了一个小时。工作人员扬起手上一堆报名表对我说：“小姐，你不适合做员工，适合做老总。”

第二次，我素面朝天地提前来到一家礼仪公司，可工作人员依然摇着头对我说：“注重仪表是对别人的尊重，你在学校没有学过吗？”

几天后，一家英国公司的招聘广告让我重新打起精神。这次的应聘与前两次都不一样，公司对形象也没什么要求，我也很准时地到了应聘现场。所有面试的人都集中在一个大房间里，考官给每个人发了一张试卷，上面只给了一道看起来简单的题目：英国每年买几个高尔夫球？没有其他数据，要求在45分钟内完成。

一看到这个无厘头似的题目，我几乎傻眼了。后来仔细一想，发现这道题不是要我答出一个确定的数字，而是需要一个思考的过程。这样的题目对我这个经济系的高才生来说并不算难，中间涉及的很多管理知识对我来说也轻而易举。

所谓的“英国买”其实就是英国进口。进口的数量与市场需求有关，市场需求与人口有关。英国有多少人口，这个我脑子里要有数。可以假设16岁至70岁之间有多少英国人，其中最有可能打高尔夫球的30岁至45岁之间有多少人。为了使数据精确，我还在答题纸上写明了如何进行抽样调查。写完步骤后，我再假设50万人口在打高尔夫球，这些人当中经常打的有多少人，这些人估计每年要用多少球，其他的人会多久打一次，需要用多少球。这些数字加起来就是英国总的市场需求。最后我写下一组数字，并满意地交了答卷。

一个月后，我收到这家公司的录用通知。

张小姐第一次面试因为迟到而失败，第二次又因为仪表而被拒绝。作为一个求职者，她犯了两个很不应该犯的错误，因为守时和注重仪表都是做人的基本要求，也是对别人最起码的尊重。但是，我们并不能因此而断定张小姐不是一个合格的大学生。虽然一个受过高等教育的大学生更加应该知道守时和注重仪表，但是，这种做人的常识不但大学生需要知道，而且其他每个人都应该知道。我们不应该用做人的标准来作为衡量一个大学生是否合格的标准，否则就相当于抹杀了大学生和非大学生之间的区别。一个没上过学的农民可能非常守时，而一个著名学者却可能非常邋遢，这都不影响他们继续做农民或者做学者。

张小姐第三次面试时证明了自己作为一个合格大学生的实力。如果面试的问题是上一年度英国一共消费了多少个高尔夫球，那么，答案是唯一的、确定的，这个题目所测试的只是知识；如果面试的问题是英国在接下来的一年里将要销售多少个高尔夫球，答案则是不确定的，需要应聘者通过一定的方法去分析，进而做出合理的预测。这个时候，题目所要测试的就不再是知识，而是能力。而张小姐具备这样一种能力，所以，她被录用了。

通过这种批判性、创造性的思维能力和严谨、系统的分析能力独立地发现问题、解决问题，恰恰是大学生区别于非大学生最本质的特征，也是用人单位在招聘大学生时最注重的方面。知识不等于能力。知识固然很重要，它是能力的必要条件，却不是充分条件。如果不能上升为能力，知识无法独立地创造价值。如果一个人把每一本教材都倒背如流，可他全部的能耐不过如此，我想这世界上不会有任何一家公司愿意聘用他，因为没有一本教材能为日新月异的工作提供直接的、现成的解决方案。

就算教材上的知识能够解决一些问题，这些知识也是非常容易忘记的。根据著名的“艾宾浩斯遗忘曲线”，我们接受的信息在31天后将有79％已被遗忘。我大学期间所学的内容还没等到毕业离校就已忘了一大半，现在更是所剩无几了。可这并不能证明我所接受的高等教育毫无意义，事实上我如果没有读大学，也就不可能走到今天。爱因斯坦曾经给教育下过一个定义：Education is what remains after one has forgotten everything he learned in school。即使教材上的知识都已被我遗忘殆尽，我在大学期间训练的批判性思维能力、独立地发现问题并解决问题的能力却是永远也忘不了的。这就是我读大学的主要意义，也是我之所以能够走到今天的根本原因。如果我大学四年就是背教材、记笔记，现在恐怕连工地上的民工都不如。民工至少有苦力可卖，而我一介书生，肩不能挑，手不能提。

知识不但容易被遗忘，而且容易过时，在这个信息大爆炸的时代就更是如此。有人做过估算，新科技的资讯量每两年就增长一倍。这对于四年制理工学生的意义是：一年级学的东西到三年级就有一半已经过时。互联网的普及进一步导致了“学富五车”的贬值，因为几乎所有的知识都能在网上轻松、快捷地获取。如果你的全部学识与才华都能通过google或者百度轻而易举地搜索出来，在人人都会上网的年代，你的价值就等于零。

究竟什么才是这个时代的人才价值呢？答案只有一个：用一种不会遗忘也不会过时的能力去解决google和百度解决不了的问题。比如，我在做房地产策划师的时候，开发商将我们带到一个连三通一平都尚未实现的荒地上看了看，给了我们非常简单的一点材料，就让我们在很短的时间内做出项目的策划方案来。在一块空地上建成什么样的小区才是最受市场欢迎的呢？以大户型为主还是中小户型为主？把目标客户定位于40岁以上的成功人士还是二三十岁的年轻白领？应该选择什么样的园林风格？营销的时候将什么作为楼盘的核心卖点？任何搜索引擎都找不出这些问题的答案，因为答案还不存在。在没有答案的地方寻找答案，这才是真正有价值的能力。

蔡元培在北京大学1918年的开学典礼上说：“大学为纯粹研究学问之机关，不可视为养成资格之所，亦不可视为贩卖知识之所。”可惜，时至今日，大部分中国学生依然把大学简单地理解为“贩卖知识之所”，即使是能够到世界一流大学去留学的高才生也不例外。

在瑞士有一所大学叫苏黎世联邦理工学院，这所学校虽然大部分中国人闻所未闻，学校名称也不洋气，听起来似乎充其量只是个二本，可它却是一所不折不扣的世界一流大学，一共培养了21名诺贝尔奖得主，其中就包括1896年考入该校的爱因斯坦同学。这所学校目前有100多名中国学生。他们在国内一定是万里挑一的佼佼者，可到了瑞士以后又能得到什么样的评价呢？该校国际关系主任提尔斯泰因教授说：“他们天赋高、勤奋、努力，但独立性、创造性不够，独立找到答案、真理的能力不够。”毕业于清华大学，目前在该大学负责中国学生事务的王海晶博士对中国学生的这一特点体会更深：“绝大多数中国学生学会了很多知识，但不会创造，不知道知识用来做什么。而科学探索最关键的正是要你独立寻找学术问题，独立寻找问题的答案。”

爱因斯坦在美国高等教育三百周年纪念会上明确指出：“发展独立思考和独立判断的一般能力，应当始终放在首位，而不应当把获得专业知识放在首位。

如果一个人掌握了他的学科基础理论，并且学会了独立地思考和工作，他定会找到他自己的道路。”如果一个人不能够独立地思考和工作，不知道知识用来做什么，就算他掌握了全人类所有的知识，就算他考上了世界一流大学，也算不上是一名合格的大学生，因为他在用读中学的方式读大学。

大学不等于技校

读大学，到底读什么？有些人会不假思索地回答：读大学就是学好专业技能，法语专业的人学会法语，冶金专业的人学会冶金，自然就取得真经修成正果了。这个答案看上去无懈可击，可仔细一推敲，就会发现按照这样一种思路读大学是非常危险的。

首先，有一些专业并不具备很强的技术性，如果把读大学理解为学专业技能，大学就没法读了。比如中文、历史、数学。

其次，如果大学四年就是学习专业技能，就业将会变得非常尴尬，因为每个人都必须找到专业对口的工作，他所学的专业技能才有用武之地，否则大学就白读了。可是，哲学系、历史系的毕业生到哪去找专业对口的工作呢？日本没有一家哲学研究株式会社，中国也没有一家历史发展有限公司。法学、计算机等专业的学生虽然可以对口就业，可是，在严重供过于求的背景下，有相当大一部分人注定要从事跟专业并不直接相关的工作。如果大学四年学会的全部就是专业，毕业以后从事的工作又跟专业无关，读大学还有什么意义呢？

第三，就算一名大学生在毕业时凭借其专业技能找到了一份对口的工作，随着知识技术日新月异的发展，他的技能很快就会过时，甚至他所从事的专业领域将不复存在。有人预计2015年以后将不再有DVD出售。到2029年，30岁以下的人都不会知道DVD究竟是什么。2008年消失的工作职位比此前5年新出现的还要多。美国前教育部长Richard Riley认为，2010年最迫切需求的10种职位在2004年时根本不存在。当一个人工作了一段时间以后发现他所从事的工作已经成为历史，他的专业技能不再有用武之地，而他在大学里除了专业技能之外什么也没有学到，他又该何去何从？

如果读大学就是学专业技能，对于很多人来说，压根儿就没必要花上一大笔学费加上四年的青春在大学里了。比如说外语专业，如果一个人想要掌握某种语言，能够运用该语言流利地交流，他大可不必浪费很多时间在大学里学无聊的毛概、写无用的论文。他只要跑到法国去卖几年烤红薯或者擦几年皮鞋，说出来的法语十之八九会比法语系的大学毕业生更地道。不用交学费，还能赚欧元，运气好的话还能泡个法国妞，生个浪漫可爱的小混血，岂不是比读大学爽得多？

其实，把读大学单纯地理解为学专业技能，说白了就是在大学和技校之间画上了等号，只是二者的专业设置有所不同罢了——正因为专业设置的不同，技校的专业更加实用，专业技能性更强，所以近年来技校的就业率比普通高校要高得多。如果把大学等同于技校，事实上就承认了大学生不如技校生，因为就学习专业技能而言，技校的教育模式显然比大学更加务实高效。比如，技校厨师专业的学生第一节课可能就要学配菜、切菜，而假如大学开设了厨师专业，恐怕要用两年来研究厨师的社会使命、职业道德、历史演变和学术分类，大四再用一年查阅大量的资料写出一篇惊天地泣鬼神的毕业论文：《论社会主义厨师与资本主义厨师的阶级区别》。

可惜，我们的大学在1952年院系调整之后基本上都变成了技校，而且是很蹩脚的技校。现在这些学校虽然又都合并回去了，可办学理念却没有回到1952年之前。比如，一些高校将中文、哲学等传统专业打入冷宫，对电子商务、数字媒体艺术、编辑出版学、高尔夫管理等专业则趋之若鹜。一位数字媒体艺术专业的读者曾经向我抱怨："我对于广告创意、影视策划都比较感兴趣，所以填志愿的时候选择了这个专业。两年下来，后悔不已。我们所有的专业课无非是学习各种各样的软件操作。因为专业刚设立，师资匮乏，很多老师都是临危受命的，只好边学边教，我们也就只能学到一点皮毛。更何况等我们毕业找工作的时候，一些软件可能早就过时了。"如果专业课只是学软件操作，这样的大学跟技校还有什么区别呢？

我曾问过出版界的不少资深人士对编辑出版学这个专业的看法，他们的评价都不高，说这个专业的毕业生就算进了出版社一般也只是做发行方面的工作，真能成为优秀编辑的寥寥无几。有一家出版社的老总说："虽然有一些学编辑出版的大学生不满足于学点专业技能，最终能够学有所成，但更多的人却被学校牵着鼻子走，以为只要掌握一定的编校技能就可以做编辑了。这些基础知识哪里要用四年来学？用4个星期，甚至用4天来做个短期培训就足够了。我们曾经招过一些科班出身的人来做编辑，都不太好用，后来宁愿招文史哲甚至理工科专业的毕业生了。"

为什么中文、哲学等专业的毕业生比编辑出版学专业的毕业生更容易成为一名优秀的编辑？答案其实很简单：前者比后者更有可能按照读大学，而不是读技校的思路来读书。一个好的编辑需要有广阔的视野，有良好的敏感度、领悟力和想象力，能较好地把握图书市场的发展趋势并做出预测，对于图书的宣传推广也要有一定的营销策划能力。而所有这一切都需要以批判性思维为基础，需要独立地发现问题、分析问题、解决问题。只有在大学期间培养了这种能力，大学才有了意义；只有具备了这种能力，我们才有可能在瞬息万变的社会中以不变应万变，才有可能在将来胜任现在还不存在的工作，使用现在还未出现的科技，去解决我们现在还不曾想到过的问题。

大学不等于养猪场

读中学是为了学习已有的知识，读技校是为了掌握已有的技能，读大学则是为了探索新的知识、创造新的技能。要探索新的知识、创造新的技能、提出新的管理模式，首先就需要有新的思想。所以，思想是大学的根基与灵魂。

帕斯卡尔有一段名言："人，只不过是一根苇草，是自然界最脆弱的东西；但他是一根能思想的苇草。用不着整个宇宙都拿起武器来才能毁灭；一口气、一滴水就足以致他死命了。然而，纵使宇宙毁灭了他，人却仍然要比致他于死命的东西高贵得多；因为他知道自己要死亡，以及宇宙对他所具有的优势，而宇宙对此却是一无所知。因而，我们全部的尊严就在于思想。"

我们全部的尊严就在于思想，而大学作为孕育先进思想的摇篮，全部的尊严也就在于思想。所以，衡量一个人读大学读得好不好，不在于看他学到了多少知识和技术，而要看他是否学会了独立地思考，是否训练了批判性思维，是否可以参与到新思想的孕育与传播。

大学理应成为思想最自由的地方。当创新被扼杀、思想被禁锢，大学就成了不折不扣的养猪场。很不幸，我们的很多大学就走在通往养猪场的路上。比如，据《新京报》报道，北京物资学院校园网上曾出现两条不当的留言，校方调查是从该校学生杨某电脑发出的。杨某因此受到校方多次调查，精神受到刺激，被医院确诊为精神分裂症。什么叫做"不当的留言"呢？如果触犯了法律，你们可以让司法机关来追究其法律责任；如果没有触犯法律，法无禁止即自由，学校又凭什么干涉学生的自由呢？如果学生的思想和言论与政治教材稍有出入就算不当，就要接二连三地接受调查，直到患上精神分裂症为止，那么，这样的大学就连养猪场都不如了——养猪场至少还能宽容那些鼾声不够悦耳的猪。

就连一度将"思想自由，兼容并包"作为校训的北大都未能免俗。2011年，北大在全校推广实施对“重点学生”进行学业会商的制度，将思想偏激、生活独立等十类学生纳入会商范围。如果思想偏激是危险的、有害的，那么，当年的北大校长蔡元培为捍卫思想自由而多次向政府抗议，算不算思想偏激？以北大为主要阵地的新文化运动宣称“打倒孔家店”，算不算思想偏激？哥白尼、布鲁诺反对地心说，算不算思想偏激？达尔文在剑桥神学院怀疑上帝的存在，算不算思想偏激？而历史恰恰就是由这些偏激的人物和事件推动着前进的。要是人类的思想从来不曾偏激，我们现在或许还停留在刀耕火种的年代。

曾经看过这样一则笑话——在一所国际学校里，教师给各国学生出了一道题：“有谁思考过世界上其他国家粮食紧缺的问题？”学生们都说“不知道”。非洲学生不知道什么叫“粮食”，欧洲学生不知道什么叫“紧缺”，美国学生不知道什么叫“其他国家”，中国学生不知道什么叫“思考”。正因为如此，在香港回归前夕，撒切尔夫人不无傲慢地说：“你们根本不用担心中国，因为中国在未来几十年，甚至一百年内，无法给世界提供任何新思想。”这句振聋发聩的话对于中国人来说无异于奇耻大辱。耻辱并不可怕，可怕的是恬不知耻。如果我们的大学师生满足于在学术刊物上发表毫无新意的垃圾论文，如果我们的企业满足于山寨，满足于通过破坏环境、浪费资源、剥削廉价劳动力赚取一点可怜的利润，那么，这个国家就真的不值得友邦们担心了。

对于大学生来说，面对撒切尔夫人的这句话，又该如何知耻而后勇呢？我不禁想起了王小波的一篇经典杂文：《一只特立独行的猪》。大学越是沦为养猪场，不甘堕落的大学生们就越要坚持“独立之精神，自由之思想”，做“一只特立独行的猪”。教育体制的沉疴已是积重难返，如果有人问我中国足球和中国教育哪个更有希望，我会毫不犹豫地选择前者。可是，这不足以让大学生们怨天尤人、自暴自弃。只要你们能够自觉地训练批判性思维，敢于思考，善于思考，你们的前途就将充满希望，这个国家也将充满希望。正如温家宝总理所说：“如果每个人都有独立思维和创造精神，那么这个国家是任何力量都打不败的。”

大胆假设，小心求证

大学的学习目标与中学、技校有着本质的区别，这就决定了大学的学习方式与中学、技校也截然不同。中学主要是靠机械记忆、反复做题，技校主要是靠动手练习、熟能生巧，大学则离不开批判性思维。批判性思维包括两个方面：第一，敢于对通常被接受的结论提出疑问和挑战；第二，善于用分析性、创造性、建设性的方式对疑问和挑战提出新解释、作出新判断。用胡适的话来说就是“大胆假设，小心求证”。

大学之道：始于怀疑，终于信仰

培根说，伟大的哲学应该始于怀疑，终于信仰。大学又何尝不是如此呢？通过怀疑学会独立地发现问题、解决问题，毕业后带着信仰融入社会创造价值。信仰未必千篇一律，比如，做学者的人将真理作为信仰，做法官的人将法治作为信仰，但有一点是可以肯定的：如果我们的毕业生毫无信仰可言，这样的教育是失败透顶的，这样的社会是危险至极的。“终于信仰”是一个非常大的话题，后面多个章节中还会有零星的涉及，这里就只着重谈谈“始于怀疑”了。

罗素在《怀疑论集》一书中说过，英国的历史教材说打败拿破仑的功劳都是英国的，德国的历史教材却说功劳都是德国的，而罗素主张课堂上让学生兼念两种。有人担心学生将不知所措，罗素说：“能够教得学生不信，就成功了。”

对罗素此论，与季羡林、金克木合称“燕园三老”的张中行大加赞赏，屡屡提及。张中行一家三代共有7人毕业于北京大学，他是老北大，其他6人都是新北大。拿老北大和新北大作比较时，张中行总是说老北大比新北大好，因为老北大让人疑，新北大只让人信。当北大约他撰文纪念建校90周年时，他的文章题目就是“怀疑与信仰”。他认为，教育的成功就是教人“疑”，让人不信。

张中行对老北大和新北大的比较，其实就是对中国1952年院系调整以前的大学和1952年以后的大学的比较。前者让人疑，后者让人信。正因为如此，成果周期涵盖20世纪最后40年的23位“两弹一星”功勋科学家没有一位是1952年以后在国内完成大学学业的；从2002年到2010年，共有18位科学家获得国家最高科学技术奖，其中有14位毕业于1952年以前的大学。在人文社科领域，1952年以后培养的学者更是无法与潘光旦、费孝通、王铁崖、季羡林那一代比肩。

所以，要想成才，尤其是要成大才，首先就要用一种怀疑的姿态读大学。不管教材上的理论是多么主流，不管老师的观点是多么权威，你在接受它之前都要先画上一个问号。我在招聘员工时一直坚持一个原则：一个经过独立思考而坚持错误观点的人比一个不假思索而接受正确观点的人更值得肯定。因为他们将要从事的工作没有现成的标准答案，而前者至少有可能通过其独立的思考找到答案，后者却一点可能性都没有，他只能等待别人告诉他答案是什么。

乔治·奥威尔说："我们真正的敌人是随波逐流、不管对当下思想认不认同都随之起舞的应声虫。"对于大学生来说，如果他成了这样一个随波逐流、人云亦云的应声虫，不管他考试的分数有多高，不管他拿到了多少奖学金，他都是一个不合格的大学生。孟子说："劳心者役人，劳力者役于人。"这种没有独立人格的应声虫注定只能成为一个"役于人"的"劳力者"，永远不可能成为"役人"的"劳心者"。

参加新浪微博的微访谈时，有网友问我为什么一直强调独立思考和批判性思维，我说："美国人靠创造iPhone赚钱，我们却只能靠生产iPhone赚钱。"如果有人花299美元买一个苹果公司的产品，苹果公司的利润是80美元，而富士康生产该产品只能赚4美元。为什么会相差这么大呢？我们或许可以通过苹果公司每个产品都有的一个标识来找到答案：Designed by Apple in California。别人是靠设计、品牌和技术赚钱，我们却只能靠加工和组装赚钱。人家是"劳心者"，而我们只是"劳力者"。当所有的手机都离不开键盘，乔布斯想：能不能发明没有键盘的手机？当所有的手写屏都是离不开触控笔的单点触摸，乔布斯想：能不能通过多点触摸让手指可以直接在屏幕上操作？这就是"疑"，这就是批判性思维，这就是创新。

中国人缺少的恰恰就是这些东西。根据教育进展国际评估组织2009年的一项调查，在全球21个受调查国家中，中国孩子的计算能力排名第一，想象力排名倒数第一，创造力排名倒数第五。

我们并不是天生的"劳力者"，只是过于强调"信"的教育体制已经极大地扼杀了我们的想象力和创造力。有这样一道试题："《匆匆》这篇课文是现代著名作家朱自清先生写的，你能把自己最喜欢，印象最深刻的一句写下来吗？"有学生答道："我的日子滴在时间的流里，没有声音，也没有影子。"老师画了一把大大的叉，因为标准答案是："但是，聪明的，你告诉我，我们的日子为什么一去不复返呢？"这样的教育分明就是"毁人不倦"呀！在这样的教育体制下，就算爱因斯坦投胎到中国，他顶多只能成为高考状元，而不可能成为伟大的科学家。

更荒唐的是有运动员在得了冠军以后竟然因为只感谢父母而被人诟病，理由是没有先感谢党和国家。这就是只让人信的可怕之处！这就是标准答案的可怕之处！当获奖以后要先感谢党和国家被作为一个标准答案告诉我们的时候，我们为什么要不假思索地接受这个答案呢？

进入大学以后，没有了升学的压力，没有了太大的考试压力，当务之急就是赶紧从标准答案中解脱出来，从“信”的思维定势中解脱出来。当你考虑一个问题的时候，别再想着书上是怎么说的了，别再想着考试的标准答案会是什么了，大胆地怀疑吧！大胆地给一切金科玉律画上问号吧！哈维尔说：“我不采纳任何意识形态或教条教义，不管是左派的还是右派的，以及其他任何对于这个世界封闭的、事先准备好了的推论体系。与此相反，我总是试图独立地去思考，运用我自己的理性权力，并且极力抵制种种将自己束之高阁的诱惑。我感到自己随时准备接受有意思的和有说服力的每件事情，随时准备吸收新的观念和将它们纳入自己的世界图景。”大学生需要的不正是这样一种思维方式吗？

学习：于无疑处生疑

既然我们应该用一种怀疑的、思考的姿态读大学，那么，究竟应该从哪些地方怀疑、从哪些角度思考呢？我们不妨从学习和生活两个方面来举例说明。

怀疑与思考理应贯穿整个大学期间的学习，无论是上课、自习还是做实验。已经有不少高校开设了批判性思维课，其实，要培养学生的批判性思维哪需要专门开设这样一门课呢？只要提供一个“思想自由，兼容并包”的环境，任何一门课都足以培养学生的批判性思维；相反，如果没有这样的环境，就算批判性思维课的比重比英语还要大也无济于事。

不管是多么枯燥乏味的课程，只要我们用一种怀疑的、思考的姿态去学习，都可以变得有滋有味。毛概、邓论、马哲等政治公共课是公认的最无聊的课程，绝大多数同学都是迫于老师点名的淫威而无可奈何地坐在教室里，上课时不是打瞌睡就是交头接耳，或者看与课程毫不相干的书。有很多人用手机上我的微博发表评论时，就表示正在上政治公共课。难道这些课程就真的这么折磨人吗？我们同学当年就把这种折磨变成了享受。老师随便说一个什么观点，不管这个观点是多么四平八稳，都随时可能被我们批驳得体无完肤。当然，也会有人力挺老师的观点，结果整个课堂就变成了一个热闹的辩论会，其热烈程度远远超过了香港的法庭，直逼台湾的立法院。

姑且以毛概为例。“近代中国社会与民族民主革命”一节是这样评价太平天国运动的：太平天国是一次反帝反封建的农民运动，是中国几千年来中国农民战争的最高峰，具有不可磨灭的历史功绩和巨大的历史意义。我们只要对太平天国稍有了解就应该对这个评价产生质疑。事实上太平天国既不反帝，也不反封建。1858年，太平军误击了一艘英国军舰，洪秀全立即将发炮的军士斩首，派人向英国人道歉，还写下打油诗诏书示好。咸丰帝有名号的嫔妃只有18个，而洪秀全却有88个。至于等级制度、服饰规定、官员品级、爵位世袭等，太平天国比起清政府来有过之而无不及。如果这也算是反帝反封建，那秦桧岂不是中国历史上头号民族英雄？梁启超说："所谓太平天国，所谓四海兄弟，所谓平和博爱，所谓平等自由，皆不过外面之假名。至其真相，实与中国古来历代之流寇毫无所异。"

毛概还一定会谈到土改的问题。在旧社会，占农村人口不到10%的地主、富农占有70%～80%的土地，他们凭借占有的土地残酷剥削和压迫农民。土改彻底结束了这种不公平的土地制度，打倒了不劳而获的土豪劣绅，把他们的土地分给广大农民，实现了耕者有其田，这不能不说是一次伟大的革命。可是，土改是不是一点问题都没有呢？我们有些同学就提出了一些质疑——难道所有被打倒的地主都是反动的吗？难道所有被压迫、被剥削的无产者都是代表先进生产力的吗？我们假设有甲、乙二人。甲聪明勤奋、勤俭节约，把通过合法经营挣来的钱积攒下来买田置地，就像现在的人买房投资，然后雇佣了一些长工，就像现在的企业家为社会提供就业岗位。乙好吃懒做，又嫖又赌，还吸食鸦片，不但败光了家业，还欠了甲一屁股债。突然有一天，根正苗红的乙打着革命的旗号抢了甲的地、夺了甲的妻、要了甲的命。在这种情况下，土改在整体上的正义性是否掩盖了局部的不公正？虽然确实有很多土豪劣绅无恶不作，大部分的农民也不是因为好吃懒做才一贫如洗，可我们只要去农村找一些老人稍微了解一下那段历史，就会知道像甲一样的地主、像乙一样的农民绝非虚构。

改革旧的、不合理的农村土地制度确实势在必行，可是"打土豪，分田地"是不是最好的一种方式？如果政府用现金、债券或者股票购买地主的土地，再免费或者以合理的价格租售给无地、少地的农民，地主可以拿钱投入工商业，农民也实现了耕者有其田，各得其所，会不会更好呢？事实上现在学术界已经有不少人在反思土改了，人民网也曾刊登过一篇题为"关于战后中共和平土改的尝试与可能问题"的文章，感兴趣的朋友可以找来看看。

公共课可以于无疑处生疑，专业课更是如此。我曾多次跟着一个法学院的朋友去听他们的刑法课。他们全班同学总会围绕一些看起来不成为问题的问题展开激烈的辩论。比如，《刑法》第二十条第三款规定："对正在进行的行凶、杀人、抢劫、强奸、绑架以及其他严重危及人身安全的暴力犯罪，采取防卫行为，造成不法侵害人伤亡的，不属防卫过当，不负刑事责任。"可能很多人认为只要把适用无过当防卫的这几种情形背下来就行了，而我朋友他们班的很多同学却提出了深层次的质疑——《刑法》有两个最基本的功能：保护功能和保障功能，通俗地说，《刑法》既要保护受害人，又要保护犯罪的人，而无限防卫权的规定完全无视《刑法》的保障功能，完全无视犯罪者的人权，未通过程序法而剥夺了犯罪者的生命。同时，这样的法律会发生变态的、可怕的鼓吹效果，让犯罪者产生“反正别人可以打死自己，不如把别人打死算了”的邪恶念头。后来学到刑罚种类时，全班同学就死刑是否应该废除足足辩论了2节课，很多同学一开始坚持为死刑唱赞歌，后来变成了坚定的死刑废除论者。

讲到强奸罪的时候，整个课堂更是一下子炸开了锅，全班同学不分男女老幼宗教信仰政治面貌和性取向，对每一个问题都表现出了极大的兴趣。为什么强奸的直接正犯只能是男性？如果一个女子违背对方意志，通过暴力、胁迫或者其他手段与一男子发生了性关系，事后该男子衣衫褴褛泪眼朦胧地跑去告状，法官是不是要判他得了便宜还卖乖？（津巴布韦就曾有一群“劫精女”先后将多名男性游客强行带上车，用刀、枪甚至毒蛇威逼男子与其发生性关系。）如果该女子未满十四周岁，这个被奸污的倒霉男子岂不是成了强奸犯？同性强奸是否论罪？既然中国不承认婚内强奸，那对于不符合结婚实质要件导致无效或可撤销的婚姻而言，是否存在强奸？如果一个艾滋病患者为了杀人而实施强奸，又该如何定罪？

这些问题看似无厘头，其实每一个问题都随时可能关系到一些人的自由乃至生命。虽然这些同学毕业以后只有一小部分从事了法律职业，就算从事了法律职业，接触到类似案件的概率也很低，但是他们在这样的课堂上确确实实享受到了思想的快乐，也让批判性思维能力得到了提升。既然他们能够独立地发现法律上的问题并思考如何完善法律来解决这些问题，将来从事汽车、金融、房地产、互联网、生物制药等各行各业的工作时，也就一定能够运用这种思维能力独立地发现并解决其工作中的问题。

有些人或许会说：“你举的例子都是文科领域的啊！对于理工科而言，对的就是对的，错的就是错的，谈何批判性思维呢？总不能为了标新立异而怀疑一加一等于二吧？”这其实是对批判性思维的误解。其实，理工科学生在学习中更需要怀疑，因为任何科学技术的进步都是以批判性思维为基础的。如果从来不曾有人像伽利略一样质疑过亚里士多德的“落体运动法则”，我们现在还在坚信落体的速度与重量成正比；如果从来不曾有人像汤飞凡一样质疑并通过实验证伪野口英世等人的学说，我们至今还会对由衣原体感染引起的疾病束手无策。

理工科的学生在学习专业课时完全可以跟前面提到的那些法学院的学生一样

质疑、辩论。钱学森先生在生前的最后一次系统谈话中回忆了母校加州理工学院的学习氛围："整个学校的一个精神就是创新。在这里，你必须想别人没有想到的东西，说别人没有说过的话……加州理工学院给这些学者、教授们，也给年轻的学生、研究生们提供了充分的学术权利和民主氛围。不同的学派、不同的学术观点都可以充分发表。学生们也可以充分发表自己的不同学术见解，可以向权威们挑战。"虽然我们的大学没有提供加州理工学院这样的环境，但我们不应该因此就放弃怀疑、不敢挑战。

中国人和犹太人都非常注重教育，在科技上的成就却有着天壤之别。只有2000万人口的犹太人已经有近200人获得诺贝尔科学奖，而中国人要加上外籍华裔才有8位诺贝尔科学奖得主，而且他们赖以获奖的成就都不是在中国完成的。是什么原因造成这种巨大的差距呢？我们只要对比一下两个民族的教育理念就明白了。当中国学生回到家里，家长都问："你今天学到了什么新知识？"而犹太人学生回到家里，家长却问："你今天问了什么好问题？"前者侧重于学习已有的知识，后者侧重于发现未知的问题。

与其临渊羡鱼，不如退而结网。与其对犹太人的成就感到羡慕嫉妒恨，不如赶紧问自己："我今天问了什么好问题？"

生活：见微知著

我们不但要在学习中"大胆假设，小心求证"，更要在生活中见微知著。每天都有很多件小事从我们身边悄悄地溜走。看到一则广告，听到一则新闻，这在我们日常生活中是再普通不过的事情。可是，只要你善于思考这些看上去似乎毫无意义的小事，你会发现生活就是一本最好的教科书。

宝洁公司对于大学生来说绝对不会陌生，大学宿舍里到处可见宝洁公司的产品：舒肤佳、玉兰油、碧浪、汰渍、佳洁士、护舒宝，等等。而洗发水这一类产品，宝洁公司就拥有飘柔、潘婷、沙宣、海飞丝、伊卡璐等多个品牌。就算你没有使用这几个品牌中任何一种洗发水，你身边肯定会有人使用，你也肯定看过这些产品的广告。可是，你有没有想过这样一些问题：宝洁为什么要推出这么多个洗发水品牌呢？这些品牌之间又有什么区别呢？"宝洁"本身就是一个知名度很高的品牌，它为何不就只做一个宝洁牌洗发水呢？那样的话不是能节省很多广告费么？甚至更进一步，将"宝洁"这个品牌覆盖牙膏、沐浴露等多种产品，那将会是什么效果呢？如果此路不通，那"美的"、"海尔"等品牌又为何覆盖了电饭煲、电风扇、冰箱、空调、洗衣机、豆浆机、抽油烟机、手机甚至汽车、房地产？这种大面积的覆盖又究竟在多大程度上是有效的？

这一连串的问题足以把很多人搞得晕头转向，可是，你只要平时多注意身边人的消费习惯，多留意不同品牌的电视广告有何区别，必要时再查阅一些相关的资料，自然就能一步一步地接近问题的答案。只要你把这些问题弄明白了，将来从事很多方面的工作都会得心应手。我毕业以后之所以能够胜任营销策划、品牌企划等方面的工作，很大程度上就是因为大学期间的这种思考。

一些很有争议的社会热点问题就算跟大学生的生活不那么贴近，这也不应该成为选择性失明的借口。事实上越是有争议的热点问题就越能训练我们的批判性思维，更何况这些问题迟早将与我们每个人的日常生活息息相关。比如城市交通问题，你读书的时候在宿舍、教学楼、食堂之间三点一线，完全不用担心塞车，可是工作以后却在劫难逃。为了解决交通拥堵的问题，专家们纷纷献计献策，很多地方也相继出台了一系列的措施，比如修建BRT、单双号限行、购车摇号等。可是，所有这些措施似乎都没有达到预期的效果，首都北京依然是“首堵”，全国绝大多数大中城市依然是“堵城”。交通问题为什么会这么严重呢？我曾经在一次面试时用这个问题问了几个求职者。有人不假思索地说：“因为车太多了。”这就好比我问他为什么今天很热，他告诉我那是因为今天温度很高。我只好进一步问道：“为什么车子会太多了呢？再说了，世界上有很多地方的车也非常多，道路还远没有我们的宽，可人家就是很少塞车，这又是为什么呢？”如果他们哑口无言或者支支吾吾，面试基本上就可以宣告结束了。

有一个人的回答却让我眼前一亮。他先是简明扼要地说了公车太多、道路设计不合理等因素，然后着重分析了一个我在媒体上不曾见过的理由：资源过度集中是塞车的根源。全国最优质的资源都集中在北京等少数几个大城市，最好的发展机会就在这些地方，于是，人们出于趋利避害的本能，自然一窝蜂地往这些地方挤。人越来越多，车自然越来越多，而城市道路却没办法相应地拓宽，拥堵就在所难免了。在一个城市内部，资源的分配也是极其不均衡的。就拿深圳来说，优势资源都在关内，大家就都把公司开在关内，工作机会也就在关内，而大多数人却只能住在关外，于是，上班时所有人从关外往关内跑，下班时所有人又从关内往关外跑，不塞车才怪呢。如果资源配置比较均衡，人们在每一个片区都能找到合适的工作机会，交通拥堵的问题自然迎刃而解了。

不管这个人的观点在多大程度上是正确的，他这种看问题的角度和深度就足以证明他的价值。他既然能对生活中的问题提出独到的见解，也就一定能对工作中的问题做出与众不同的分析与判断。所以，在他做完上述分析以后，我就直接问他对薪酬的期望值了。

住房问题比交通问题更加尖锐。高房价不但威胁着大学生毕业以后的租房和买房，还影响着大学生的求职。当写字楼和厂房的售价、租金大幅上涨，企业经营成本必然直线上升。同时，员工的租房、买房压力剧增，劳动力成本也就相应地增加，进一步抬高了企业的经营成本。为了控制成本，必然控制人员规模，也就减少了工作机会。当房价不断上涨，炒房的利润大大超出了开公司、办工厂的利润，大量资本从实体经济中撤出来参与炒房也就不足为奇了。可是炒房并不能为大学生提供就业机会啊！

中国的房价已经远远超出了普通民众的实际购买力，这是毋庸置疑的事实。可是，房价到底会何去何从？会继续坚挺下去，还是会像当年的日本一样突然崩盘？这个问题困扰着无数人。我身边有不少人在这个问题上缺乏独立的思考和判断，盲目相信某一种观点，结果吃尽了苦头。2007年房价疯狂的时候，有些人听任志强说中国房价根本没有泡沫，房价要到2020年以后才会下降，于是一窝蜂地去抢房，结果到了2008年金融风暴的时候，房子还没入伙呢，房价就跌去了三四成。于是，很多人又开始相信牛刀等人的楼市崩盘论，等着楼市走进冰河时代，可是一眨眼的功夫，房价不但涨了回去，而且创了新高，大好的买房机会就这么错过了。

所以，生活不但能够训练批判性思维，而且，生活离不开批判性思维。读大学又何尝不是为了更好地生活呢？

读大学，究竟为什么

覃老师：

您好！几个月前，我刚参加完高考，正在读大三的表哥就把您的《读大学，究竟读什么》和《求职，从大一开始》作为礼物送给我。我很庆幸能在进入大学之前就通过您这两本书对大学生活有了清晰的认识。当同学们还在迷茫着、郁闷着、纠结着，我已经找到了人生的方向，并且一步一个脚印地朝着这个目标迈进了。在此，我想诚挚地向您说一声：谢谢！

您的书中关于职业规划、求职技巧甚至逃课、恋爱的观点我都非常赞同，只是有一点似乎难以接受：您为什么要把批判性思维能力放在那么重要的位置呢？读大学无非是为了从事更加体面的工作，挣更多的钱，拥有更幸福的生活。您的书，以及您创办的取贝网，归根结底也就是帮助我们实现这一点。去木取贝，让“才”变成“财”，说白了不就是用知识去赚钱么？然而，赚钱并不一定要有批判性思维啊！我有两个亲戚只有初中文化，上世纪80年代开始下海经商，现在都有了几千万的身家。他们一句外语都不会说，可他们生产的玩具、家具却进入了欧美多个国家。大把的大学毕业生成为“蚁族”，住着农民房，挤着公交车，我这两个亲戚却住着别墅、开着奔驰。他们根本就谈不上什么批判性思维，可他们不也成功了吗？

理想很丰满，现实很骨感。可能很多人看了您的书以后都寄希望于通过批判性思维改变命运、走向成功，可事实却是很多有批判性思维的人想给没有批判性思维的人打工还不一定有机会。覃老师，您怎么看待这个问题呢？

小颖

小颖：

你好！我很欣慰我的书给了你如此大的帮助，我更欣慰的是你能用一种批判的眼光来看我的书。你并不赞同我把批判性思维放在那么重要的位置，还用你生活中的例子来证明你的质疑，这本身就是一种批判性思维。

你的来信不禁让我想起一位亲戚。在经济短缺、交通不便的计划经济时代，他的工作是用板车从一百多公里以外的郴州拉几百斤货物回到永州市宁远县，一个来回就得好几天。改革开放初期，他就靠着一身蛮力用这种方式赚了第一桶金。随后，他在县城做起了食糖生意，一做就是三十年，生意越做越大，如今至少已有上千万的家产。可他只有小学文化，很多汉字都不认识，英语更是全然不知。

在你看来，这样一个没文化的粗人肯定是没有批判性思维的，对吧？我起初也这么认为，可是，有一件事情彻底改变了我的看法。当时食糖最主要的产区广西出现了严重的冰灾，很多经销商担心食糖因为产量下滑而价格暴涨，所以赶紧动用大笔资金来囤货。可是，我这个亲戚经过再三权衡，放弃了囤货的念头。他说，食糖的价格已经被人炒得很高了，政府肯定不会坐视不管，参与炒作的资金也一定会找个合适的机会全身而退。开春前的冰灾对当年食糖产量的影响也不会太大，没必要过于恐慌。再说了，只是广西有冰灾，越南等的地方没受影响，国内食糖的价格总会受到国际市场的影响。果不其然，接下来的食糖价格不但没有暴涨，反而一路下滑。

我亲戚的这种分析判断能力不就是我说的批判性思维能力么？他没有文化，没有学历，也没有任何专业技能。他赖以发家致富的主要法宝就是这种批判性思维。他的成功不但不能否定批判性思维的重要性，反而进一步证明了这种能力的价值。我相信你那两位亲戚的情况也差不多。你只要试着去观察，就一定能够发现他们将批判性思维运用在企业的经营管理之中。任何成功都不是偶然的，每一个人的成功背后一定有他成功的原因。

说到这里，你或许会问：既然没文化的人也可以有批判性思维，那我们又何必通过读大学来培养这一思维呢？我觉得这个问题应该从两个方面来看。首先，按照正确的方式读大学可以让批判性思维从无到有，从弱到强。即使你不读大学，或许也有一定的批判性思维，可如果通过读大学让这一能力得到了大幅度的提升，你不是更加容易成功了吗？其次，时代背景客观上要求我们通过读大学获得更深入、更系统的批判性思维能力。在过去的这三十年里，中国经济飞速发展，可谓遍地是黄金，即使是没什么文化的人只要具有一定的批判性思维就很容易成功。然而，伴随着中国经济进入转型，这种情况一去不复返了。

长期以来，我国经济上取得的成就更多的是以廉价的劳动力为基础的，是以破坏环境、浪费资源为代价的。我一个朋友十几年前在广东惠州开了家OEM的工厂，主要生产圣诞树。因为劳动力成本极其低廉，产品报价也就非常低，所以很容易接到外商的订单。到了旺季，整个工厂都是通宵达旦地加班。不出几年，我这朋友就积累了万贯家财。想必你那两位亲戚的发家史大抵也是如此吧。在这种背景下，具有朴素的批判性思维就足以赚钱了。然而，2008年的全球金融风暴已经为这种经济模式敲响了丧钟。既然你的一位亲戚是生产玩具的，他就应该知道当时在“世界玩具之都”东莞有多少家玩具企业的老总一夜之间倾家荡产。现在金融风暴虽然过去了，可是随着劳动力成本的不断攀升，加上人民币升值、房价高企等各种因素的影响，中国的经济转型已经势在必行。对于你们这一代人来说，要想复制你那两位亲戚的成功已经完全不可能了。

随着“中国制造”转变为“中国创造”，任何企业要想在激烈的市场竞争中立于不败之地，都离不开从技术到管理的全方位的创新。像诺基亚这么大的企业都因为创新的速度不够快而被苹果打得落花流水，市场占有率一落千丈，遑论其他中小企业？在这样的环境下，如果你没有创新的魄力和能力，找工作时又怎么可能得到用人单位的青睐？创业时又怎么可能让你的企业发展壮大？要创新，自然就需要有系统而深入的批判性思维。

说到这里，我本可以结束给你的回信了，可我还想就你的来信再谈谈另外一个问题——读大学，究竟为什么？你说“读大学无非是为了从事更加体面的工作，赚更多的钱”，这恐怕是绝大多数人的共识，就连一些知名学者也不例外。北京师范大学房地产研究中心主任董藩就对学生提出了这样的要求：“当你40岁时，没有4千万身价不要来见我，也别说是我学生。对高学历者来说，贫穷意味着耻辱和失败。”

难道读书就只是为了赚钱吗？难道成功就只有这一种模式吗？焦裕禄、孔繁森等一大批党员干部将毕生的精力投入到“为官一任，造福一方”的事业中，不但没有发家致富，反而一贫如洗，难道他们的人生是失败的人生吗？荷兰哲学家斯宾诺莎被开除教籍以后以磨镜片为生，穷困潦倒，疾病缠身，44岁便因肺痨病而英年早逝，可他却让黑格尔做出了这样的评价：“要达到斯宾诺莎的哲学成就是不容易的，要达到斯宾诺莎的人格是不可能的。”难道这还不能算是一种成功呢？

俗话说，君子爱财，取之有道。可对于很多人来说，只要坚持这一原则就不可能赚大钱。2012年初，美国在台协会主席薄瑞光给马英九拜年时说：“恭喜发财！”马英九答道：“总统是不应该发财的。”不应该发财的又何止马英九？《中华人民共和国公务员法》明确规定公务人员不得从事或者参与营利性活动，而他们的工资、奖金加起来又能有多少？其他的很多职业，比如记者、医生，就算做得再好，每个月的收入也就那么多，要想达到董藩的要求，唯一的途径就是想方设法捞灰色收入、黑色收入，比如记者发现了负面新闻就敲诈勒索，医生收的红包不够多就不进手术室。

如果你对官员贪污受贿、记者敲诈勒索、医生索要红包等行为深恶痛绝，你就必须承认赚钱不应该是衡量他们是否成功的标准，至少不是唯一的标准。在一个价值多元的时代，对成功的定义也必然是多元的。一个环保志愿者为某种濒危动物提供了栖息的家园，他就是成功的；一个慈善工作者募集善款让山区的失学儿童重返校园，他也是成功的。

你说，读书是为了更幸福的生活。这一点我深以为然，只是你忽视了一点：一个人的幸福并不会跟他赚的钱成正比，就如一个国家的社会文明并不会跟它的GDP成正比。即使你赚了很多钱，可是你的各种权利都得不到有效的保障，你身处的社会环境不能给你足够的安全和温暖，你一定不会感到幸福。所以，“读大学，究竟读什么”这个问题的答案就理应包括公民意识、批判性思维等内容。只有具备了批判性思维，你在痛恨罪犯的残忍时才可能思考造成犯罪的深层次社会原因，你在同情贫困山区的失学儿童时才有可能思考如何消除经济发展不平衡所造成的不公，你在看到城管殴打摊贩、拆迁户被逼自焚时才可能思考如何从制度层面更好地保护公民的自由、财产和生命安全。

正因为如此，耶鲁大学制定的对本科生的培养理念是：如果学生从耶鲁毕业后，在某一个领域投入极深，却忽视更广泛的做有思辨能力的公民的机会，那将是耶鲁的失败。我想这就是耶鲁为什么能够成为伟大学府的根本原因了。我们读大学的意义固然是多方面的，可在我看来，最核心、最重要的价值绝不是学会赚钱，也不是成为在某个领域投入极深的专家，而是成为一个有思辨能力的公民，有独立的思想，有创新的胆识，一点一滴地推动着社会的进步。

祝愿你因为读了大学而赚到更多的钱，更要祝愿这个社会因为你读了大学而变得更加美好。前提是你能意识到读大学不只是为了赚钱，而是为了做一个更有用的人，做一个有品位的人，做一个脱离低级趣味的人，做一个有尊严、有思想的人，做一个不但能够主宰自己的命运，而且能够帮助别人改变命运的人。

覃彪喜

读万卷书：读大学的三种路径

如果你更多的时间不是在读书，而是在吃饭、睡觉、谈恋爱、玩游戏，你就不是在读大学，而是在吃大学、睡大学、谈大学、玩大学……如果有天堂，天堂就应该是图书馆的模样……尽管每次网到鱼的不过是一个网眼，但要想捕到鱼，就必须编织一张网……讨论班理应是大学最重要、最核心的课堂形式……

在探讨了"读大学，究竟读什么"和"读大学，究竟为什么"之后，一个更加现实的问题摆在了我们面前：读大学，究竟怎么读？

大致来说，我们可以通过这么两种途径来读大学：第一种途径是"读万卷书"，通过上课、自习、听讲座等方式获得知识与思想，主要局限于象牙塔内；第二种途径是"行万里路"，通过参加社会实践提高认识、锻炼能力，往往需要走出象牙塔，融入社会。对于任何一名大学生而言，这两种方式都是不可或缺的，只是每一种方式所占的比重因人而异。

我将通过两个专题分别阐述这两种途径。在这个专题中，我们先来谈谈如何通过"读万卷书"来读大学。这里的"读万卷书"不应该简单地理解为读很多本书，而是包括直接和间接两个方面。别人看了很多书以后，将他从书中获取的信息拿来跟你分享、交流，这何尝不是一种间接的读书呢？基于这种理解，我将"读万卷书"的路径分为三种：读大师，读图书馆，读同学。

大学是用来读的

在讨论"怎么读"之前，我觉得有必要先来谈谈"读"本身。

我曾经在火车上问坐我旁边的一个年轻人："你是做什么工作的呢？"他说："我还是学生，我还在读大学。"我感到有点意外："现在既不是假期，也不是周末，你怎么不在学校里呢？"他说："我去广州看我女朋友。反正呆在学校里也无非是睡觉、玩游戏，在不在学校也没什么区别。"

他说得轻描淡写，似乎这一切比火车将每一个乘客安全送达目的地更理所当然——事实上就算火车没有做到这一点，铁道部也觉得理所当然。至于你信不信，我反正信了。可是，既然他的大学生活就是睡懒觉、玩游戏、找女朋友，他又哪里还有资格说“我是学生，我在读大学”？

对于程序员来说，工作就是写程序，工作的方式就是“写”；对于飞行员来说，工作就是开飞机，工作的方式就是“开”。如果一个程序员在上班时间更多的是“说”、是“听”，他就不能算是一个程序员；如果一个飞行员在上班时间更多的是“造”、是“修”，他也就不能算是一个飞行员。同样的，对于一个职业是大学生的人而言，他的工作就是读大学，工作的方式就是“读”。如果他更多的时间是在“睡”、在“玩”，他也就不能算是一名大学生了。按照8小时工作制，一名大学生每天至少要有8个小时在读书才能算是合格的大学生。如果一天只读4个小时的书，他就只是半个大学生；如果1个小时的书都没有读，说他是大学生就跟说他是奥特曼一样不着边际了。

当大学生说“我在读大学”这几个字的时候，如果有重音，一定是落在“大学”二字上，因为读大学总比读别的学校更值得骄傲自豪。然而，在我看来，这句话的重音应该是“读”字。大学是用来读的，只有用读的姿态面对大学，大学才有意义。如果你更多的时间不是在读书，而是在吃饭、睡觉、谈恋爱、玩游戏，你就不是在读大学，而是在吃大学、睡大学、谈大学、玩大学。

可惜，在很多大学里，图书馆总是冷冷清清，书店也是门可罗雀，以至于一些书店老板大呼卖书不如卖套。与之形成鲜明对比的是，大学周边的网吧总是通宵营业，餐馆总是人声鼎沸，无痛人流挂号排队，日租房如果不提前预订就没有床位。我这么说倒不是要一棍子打死所有的大学生，可是大学的学风每况愈下、越来越多的大学生不思进取，这是无可否认的事实。根据《钱江晚报》公布的调查数据，大学生中每天看书2小时以上的只有17%，而高达66%的大学生每天看书不到1小时，甚至有29%的人每天的读书时间不到30分钟。

我去浙江大学做讲座时，看到校门口立着一块石碑，上面刻着老校长竺可桢的一段话：“诸位在校，有两个问题应该自己问问：第一，到浙大来做什么？第二，将来毕业后做什么样的人？”浙大的同学告诉我，第一个问题的答案是“混”，第二个问题的答案是“混混”。这当然只是一种带有娱乐精神的自嘲，然而，在全国各地的大学校园里，很多大学生又何尝不是用一种“混”的方式读大学呢？

有一首打油诗把这种“混”描述得栩栩如生：“上课一排全睡，游戏如痴如醉，恋爱谈到乏味，A片看到反胃，短信发到欠费，抽烟搓麻全会，白酒两瓶不醉，逃课成群结队，逛街花钱干脆，大学生活万岁！”临近期末，就换成了另外一种混法：“整个学期全荒废，临近考试全心碎，一周时间全没睡，考试之前全在背，走进考场全崩溃，拿到卷子全流泪，背的东西全不考，考的东西全不会。”

下面这几句话往往是大学宿舍里出现频率最高的——

从明天开始，我一定要好好读书了。

我再也不玩游戏了！

今天老师有没有点名？

今天星期几？

兄弟，几级了？

打牌啊，一缺三。

说前两句话的人总是非常严肃认真，可只要有人说最后一句话，他们立马将刚才信誓旦旦说过的话抛到了九霄云外。如果按照这样一种方式“混”大学，毕业以后不沦为“混混”那真是苍天无眼了。

我们每天都要面对各种各样的不公平，唯有时间对每个人都是公平的。无论你是簪缨世胄还是平民布衣，每天拥有的都是24小时。对于大学生来说，这24个小时就是每天最大的资产。有些人将这些资产投资在了图书馆和自习室，有些人却将这些资产轻而易举地挥霍掉了。你一天有多少时间在吃饭、睡觉？有多少时间在打电话、发短信？有多少时间在QQ上聊天、在论坛里灌水？有多少时间在看电影、玩游戏？有多少时间在陪恋人逛街、陪朋友扯淡？除掉这些时间以后，你每天的24小时还能剩下多少？

从大一入学到大四毕业离校，其实也就46个月。就算从高考结束算起，满打满算也就49个月。你只需要用一张小小的便笺纸，画一个7×7的表格，每个月结束时就根据你对自己的满意程度在一个空格里打个勾或者画把叉。你全部的大学生涯就在这张不足0.004平方米的小纸片上。看看你曾经得了多少个勾、多少把叉，你就会很清晰地知道那些已经永远逝去的岁月是如何蹉跎掉的。而表格上那些暂时空白的部分，你又将用一种什么样的态度去面对？

大学期间我基本上每天早上都是第一个走进图书馆，每天晚上都是最后一个离开教学楼——图书馆先开门，教学楼后熄灯。正因为如此，我往往连续好几天都没有说一句话。早上离开宿舍的时候同学们都还在睡觉；白天无论是在图书馆或者教学楼里自习，还是在食堂里吃饭，身边都很可能没有一个认识的人；晚上回到宿舍的时候，同学们又或许已经睡着了。

有很多读者看到我在书中提到大学期间平均每天的自习时间在10个小时以上，感到匪夷所思，问我到底是怎么做到的。这其实是一道很简单的数学题。从早上6点半到晚上10点半，这中间有16个小时。三餐加起来大概要1个小时，中午趴在课桌上睡20分钟，晚餐后到岳麓山的树林里或者校园的草地上休息40分钟，要是有不想逃或者不能逃的课，再用2个小时或者4个小时去上课，剩下的自习时间不是在10个小时以上么？

曾经有电视台想让我谈谈当年的大学生活，可是，他们听完我的描述以后立马放弃了这一想法。编导很无奈地说："你的大学生活太不好玩了，会影响我们的收视率的。"尽管如此，如果让我重新选择一次，我还会用这么"不好玩"的方式读大学。我记得长沙的冬天特别冷，教室里没有暖气，一些窗户边还会有冷冽的寒风从缝隙里钻进来。当我坐在自习室里，那双二十几块钱的鞋子失去了任何御寒的功能，双脚就像是踩在冰块上一样。可我依然会坚持到教学楼熄灯。因为我心里始终坚持着一个信念：虽然我不是这栋楼里最聪明的人，但是我一定要做这栋楼里最成功的人，那我就只能做这栋楼里最刻苦的人。现在的我虽然离"最成功"相差甚远，但有一点我是可以肯定的：如果我当时满足于温暖的被窝、沉醉于刺激的游戏，我一定走不到今天。

可以毫不夸张地说，大学几年是我们一生中最好读书的时光。这一点我在大学毕业以后有了更深刻的认识。在学校的时候我可以一大早就拿本书坐在岳麓山的某一棵古树下感受着"鸟鸣山更幽"，而工作以后却必须一大早就去挤公交车上班，迟到就要扣工资；在学校的时候我虽然有经济上的压力，但毕竟不用完全自食其力，可以无忧无虑地潜心学习，而工作以后却不得不面对每天的柴米油盐酱醋茶，一旦交不起房租，我就会被房东赶到大街上去过夜；在学校的时候坐在图书馆的自习室里还会挑剔光线不够好或者偶尔有点噪音，而工作以后能坐在上下班的公交车上看书已经是一件非常满足的事情了；在学校的时候任何三教五流天文地理的书我都会有心情而且有时间去找来看，而毕业以后很长一段时间内我都没再翻过那些跟工作没有直接关系的书……

正因为大学时光如此宝贵，所以，当网友在微博上问我"有没有大学必做的几件事”时，我毫不犹豫地说：“大学必做的三件事：读书，带着思考读书，带着思考读很多很多书。”读到这里，再结合上一个专题的内容，你应该能够理解这三件事的意义了吧？

当然，导致“整个学期全荒废”的未必就是吃喝玩乐谈恋爱。做兼职、参加社团活动应该算是有意义的、积极进取的，可有些人把太多的时间花在了这上面，读书的时间反而得不到保证了，本末倒置，也就不能算是用“读”的方式上大学。

读大学，必先读大师

清华大学老校长梅贻琦先生当年曾说：“所谓大学者，非谓有大楼之谓也，有大师之谓也。”这句话早已广为传颂，可是我们的大学有没有做到这一点呢？我们又是否准确地理解了这句话的含义呢？

大学之大，不在大楼

很多同学刚进入大学时会比较在乎学校的硬件设施，譬如：学校占地面积有多大，学生宿舍是带洗手间的公寓还是苏联式的筒子楼，宿舍里有没有空调和电视，图书馆、体育馆、食堂等建筑是不是很气派，足球场有没有草皮，跑道有没有塑胶，如此等等。

不能否认这些方面是一所学校最直观的表现，也不能否认这些方面对于学生的求学和生活有着重要的影响，但是，如果用这些指标来衡量一所高校的好坏，那就大错特错了。牛津、剑桥等大学的建筑都很陈旧，可这丝毫不影响它们培养一名又一名诺贝尔奖得主；普林斯顿大学的占地面积只有1820亩，可这丝毫不影响它成为美国最好的大学。而我们的很多大学没几个像样的教授，占地面积却动辄数千亩，建筑也是气派无比，光是一个校门就足以花费数百万元。

英国诺丁汉大学曾意外地得到了1000万英镑的奖金，学校决定以5万英镑的年薪从世界各地引进200名优秀人才。在接下来的几年里，诺丁汉大学实力大增，在不少领域的排名纷纷上升。对此，一位中国大学校长感慨：“这笔钱如果到了中国高校手里，第一个用途很可能就是拿来盖楼。”

必须承认，优越的硬件设施能够给学习和生活带来积极的影响，但是，这种影响是非常有限的。宽敞明亮的教室当然能够让学生听课时心情更加愉快，可是，如果讲台上的老师只会照本宣科，再好的教室又有什么用？雄伟气派的图书馆当然能够让人耳目一新，可如果图书馆里找不出几本像样的书，图书馆又还有什么意义？

余杰在《那塔，那湖》一文中写道："小楼的墙壁被爬墙藤密密地覆盖住了。草比人顽强。草在这儿扎根并且繁衍，而无论怎样优秀的学生一年就得换一批。"毕业离校时，当我看着校园里那熟悉的一草一木，又何尝没有这样的感慨呢？一批又一批的大学生带着对大学的自豪和神往踏进了校园，而四年以后，学校却像赶走叫花子一样将这些人赶出了校门。

或许这样的比喻过于刻薄，可这是我作为一个过来人的切身感受。毕业的时候学校不会关心自己的学生将何去何从，不会关心从自己的流水线上生产出来的产品有没有销路，他们只会通知所有的毕业生必须于6月底或者7月初某个确定的日期之前搬出宿舍，只会关心还有哪些学生没有缴清学费所以需要扣押毕业证和学位证。到了那个时候，你还会有心情关心学校的教学楼有多漂亮吗？你还会留恋那间住了四年的舒适的宿舍吗？

每一个人都只不过是匆匆的过客。可是，更多的人却不能及时地意识到这一点。当他们意识到自己作为一个过客无法带走那些曾经引以为荣的大楼时，他们也已经无法带走原本可以带走的东西了。所以，当很多大学生向我抱怨他们的宿舍没有洗手间、没有空调，这丝毫不能引发我的同情之心。我当年不就是住这样的宿舍么？我一个湖南师大的朋友住的宿舍更加简陋，地板只是一层木板，楼上的人走动时，楼下会有很大的声响，一部分地方还被老鼠咬穿了，楼上的人只要趴在地上就足以洞察楼下的一举一动。我朋友他们宿舍的人一直都在祈祷楼下变成女生宿舍，可惜直到毕业都未遂。尽管那间宿舍破旧不已、拥挤不堪，可这丝毫没有妨碍住在里面的10个人成为投行、法律等各行各业的精英。

我一个中学同学阴差阳错进了湖南中医学院，大学期间经常抱怨他们学校只有半边屁股大，田径场的跑道也只有250米。毕业后我们叙旧时曾谈到此事，他用"不懂事"来形容当初的自己，"一个学校只要能让学生学到东西，谁在乎它的跑道是400米还是250米呢？就好比一家公司只要能让员工赚到钱，谁在乎它的车是奔驰还是捷达呢？"

经师不易遇，人师更难遭

大学之大，在于大师。何为大师？我们习惯通过看一个人有什么样的头衔、出版了多少专著、发表了多少论文来判断他是不是大师。按照钱穆的说法，这样的理解“所尊仅在知识，不在人”。《资治通鉴》有一句话：“经师易遇，人师难遭。”大师应该是经师与人师的统一，也就是“道德文章，堪为师表”，不但有渊博的知识，有原创性、奠基性、开拓性、前沿性的学术成就，还能做到文以载道，是知识和品格完美结合的代表，是知行统一的典范。

如果按照这样一个标准来打量现在的大学老师，能够称得上是大师的实在凤毛麟角。很多人本科毕业的时候发现找不到工作，只好去考研究生；读完研究生发现仍然找不到工作，只好又读了博士；博士毕业以后发现自己其实什么也做不来，只好找所学校教书了。还有些人通过各种关系混入了大学的编制，然后再通过各种方式欺世盗名投机取巧成了教授。如果这种不学无术的学术投机分子都能成为大师，按照铁道部新闻发言人王勇平的说法，那真是一个奇迹了。

经师不易遇，人师更难遭。当专家沦为“砖家”，教授沦为“叫兽”，独立的人格与高尚的情操就成了绝对的奢侈品。近年来，学术腐败日益猖獗，就连很多院士课题组的论文都因涉嫌学术造假被国际期刊撤销。上海交通大学微电子学院院长陈进教授从美国买来10片摩托罗拉的芯片，请民工用砂纸磨掉表面的“MOTO”等字样，然后打上“汉芯一号”的字样并加上汉芯的LOGO，“自主研发”的汉芯一号便横空出世了，上亿元的科研经费轻松到手。当一部分院士和教授成为剽窃的代言人，他们还有什么资格被称为“人师”？

就连北京大学厉以宁教授这种泰斗级的人物都放弃了一个学者所应有的良知。他说：“中国的贫富差距还不够大，只有拉大差距，社会才能进步，和谐社会才能有希望。中国穷人为什么穷，因为他们都有仇富心理。我要为富人说话，不是为了讨好富人。今天有些人骂富人，好像是给穷人出气，其实他们是害了穷人。杀富济不了贫，穷人应该将富人看成自己的大哥，大哥穿新衣小弟穿旧衣，天经地义。”一个人要无耻到什么样的程度才能说出这样的话来呢？这样的人又有什么资格被称为大师呢？

一方面是高校教师中堪称大师的人越来越少，另一方面是大学师生间的距离越来越远，就算有大师，学生也很难感受到他的存在。这是多个方面的原因造成的。首先，我们的院士、博导、资深教授几乎不参与本科生的授课。在耶鲁、普林斯顿等世界名校，大一新生的老师就很可能是个诺贝尔奖得主，这对于中国的大学生而言简直是天方夜谭。其次，对高校教师的考核主要是出版了多少本专著、发表了多少篇论文、引入了多少科研经费，这就势必导致教师无暇顾及授课，更不用说课外与学生的交流。

大学城、新校区、异地办学进一步拉大了师生间的距离。当学生都搬到了郊区的大学城，教师大都还住在市区里，他们一下课就急急忙忙地赶着去坐学校的大巴返城，哪里还有时间跟学生交流呢？我在中山大学珠海校区做讲座时，很多学生跟我反映在课外时间从来不曾见过老师的身影，老师一听到下课铃声就赶着去坐大巴回广州了。在重庆大学虎溪校区，我更是亲身感受了一回。讲座结束时，回市区的最后一趟班车马上就要发车了，我只好急急忙忙跑去坐车，有好几个学生很想问我一些问题，他们一路小跑跟着我到班车的门口，最终也没机会问。那一刻，我想起我原来读书时老师带着孩子来宿舍找我们聊天、我们跟老师一起打球、周末去老师家里吃饭的情景，想起剑桥的学生跟世界顶级教授一起坐在咖啡厅里聊天的情景，再看着车外那些学生遗憾的眼神被淹没于无边的夜，心里真的很不是滋味。

梅贻琦在就任清华校长时说："我们的智识，固有赖于教授的教导指点，就是我们的精神修养，亦全赖有教授的inspiration。"这一观点在他上世纪40年代初写的《大学一解》中有了更加精彩的论述：

> 古者学子从师受业，谓之从游，孟子曰，"游于圣人之门者难为言"，间尝思之，游之时义大矣哉。学校犹水也，师生犹鱼也，其行动犹游泳也，大鱼前导，小鱼尾随，是从游也，从游既久，其濡染观摩之效，自不求而至，不为而成。反观今日师生之关系，直一奏技者与看客之关系耳，去从游之义不綦远哉！

如果说当时的师生关系是"奏技者"与"看客"的关系，现在就连这一重关系都将不复存在了。老师上课只不过是将PPT逐页播放了一遍，一下课，甚至离下课还有5到10分钟就溜之大吉，这算哪门子"奏技者"？在如此疏远的师生关系之下，谁还奢望"大鱼前导，小鱼尾随"的"从游"？

透过缝隙去呼吸

即使大师渐渐远去，即使各种有形或者无形的屏障将我们和大师分隔两边，我们都没有理由放弃通过读大师来读大学。只要这道屏障还留下了最后一条缝隙，我们就应该透过缝隙去感受大师的存在，去呼吸大师的精神与思想。

当然，我们需要适当降低大师的标准。这么说虽然有些"时无英雄，遂使竖子成名”的无奈与悲凉，但不失为一种切合实际的思路。王国维、陈寅恪这样的大师恐怕中国在未来500年之内都不会再有了，任继愈、季羡林等学界泰斗也已相继远去，如果非要按照他们这样的标准，目前中国恐怕一个大师都找不出来了。就算降格以求，把在相关领域有所建树的资深教授都称为大师，大多数非重点院校的学生也望尘莫及。所以，我们不妨把“读大师”改为“读老师”。任何一位老师，不管他有没有两院院士、长江学者之类的光环，也不管他是知名的教授还是年轻的讲师，只要他是一个有着真才实学并且坚持“独立之精神、自由之思想”的学者，都值得我们去“从游”。

读老师的首要方式固然是听课。很多人看了“不逃课的学生不是好学生”这个专题后问我：到底哪些课该逃，哪些课又不该逃？其实，要回答这个问题，关键不是课程本身，而是看讲授这门课的是什么人。如果老师只是照本宣科地念讲义、播放PPT，又不允许学生怀疑，你就别指望从他身上读到什么了；如果老师能够给你一些教材上没有的新知识、新思路，能够引导你把思维的触角伸入一些未知的领域，即使他讲授的是马哲、毛概之类的课程，你也没有理由错过的。不但要认真听课，必要的时候还要记好笔记。

如果你对其他院系其他班级的某个老师很感兴趣，而且切实可行，不妨大胆跑去别的班级听课。如果那个班级的同学中有你的朋友固然更好，没有朋友也可以一回生二回熟的。一般情况下不用担心老师把你赶出去，你慕名而去一睹他的风采，他应该很有成就感才对呢。我大一的时候就经常跟着一个法律系三年级的朋友去听他们的专业课，后来又跑去湖南师大等周边院校听过不少课，有段时间还千里迢迢跑去了北大法学院。虽然投入了不少精力，但确实受益匪浅。

在课堂上要尽量抓住机会跟老师交流，甚至要敢于理直气壮地跟老师辩论。越是有学问的老师往往越是虚怀若谷，你可以放心大胆地阐述自己的观点。很多问题可能在你脑海里困扰了很久，在你表述出来以后，老师三言两语就为你廓清了，很多你坚持已久的观点也可能会在老师轻描淡写的分析之后被你摒弃或者修正。在这种时候，你不但会切实感受到老师的魅力，更能享受到与其进行思想碰撞所带来的乐趣。

因为很多老师都是“匆匆地，我坐着班车走了，正如我匆匆地来”，他们往往会把电子邮箱告诉学生，既方便学生提交作业，又方便师生之间的交流。在这种时候，E-mail就成了让你呼吸知识与思想的那条缝隙。首先，你的作业不要敷衍了事，哪怕是写一篇一两千字的短论文，也要力求做到既有语言的美感，又闪耀着思想的光芒。这样的话，老师一定会欣赏你、喜欢你，也就乐于跟你有更多的交流。然后，你就可以畅所欲言地跟老师探讨问题了。我在中国人民大学讲课时认识了一个学生，直到现在还保持着联系。他不但在课堂上踊跃发言，而且在课后也通过电子邮件跟大多数老师有着密切的交流。老师推荐的书他一般都会认真阅读，读书的过程中有什么疑问、有什么想法，都会跟老师沟通。有些人或许会担心这么做会耽误老师的时间、引起老师的反感，可是，一位老师在回复给他的邮件中写道："你让我真正体会到了孟子所说的'得天下英才而教育之'的快乐。谢谢你！"

除了听课之外，最重要的读大师、读老师的方式就是听讲座了。每一所大学都会经常性地举办各种各样的讲座。有些讲座的专业性很强，比如"聚合物太阳能电池的理论模拟""高性能电镜技术与应用"，如果你没有相关方面的专业背景，听这样的讲座纯粹就是催眠。有一些讲座却是任何一个专业的学生都能从中受益的，就算不能让你增加多少知识、学会多少技能，也能给你一种思想上的享受、精神上的愉悦。如果你能听一场陈丹青谈鲁迅的讲座，你一定会对鲁迅及其生活的时代有更深入的认识；如果你听一场茅于轼谈经济的讲座，你一定会对当前的经济问题与社会问题有更深层的担忧。

我读书的时候曾经听过一位导演的讲座，他帮我们赏析了电影《红》。这是电影大师克日什托夫·基耶斯洛夫斯基拍摄的《蓝》《白》《红》三部曲的最后一部，也是迄今为止我看过的最经典的几部电影之一。那场讲座彻底改变了我对电影的认识：原来导演可以通过如此精致的镜头来讲述一个故事，原来观众可以通过如此细腻的触角去感受导演的思想。

越是名牌大学、重点大学，讲座的数量就越多，质量也越高。如果你就读的大学没有足够的讲座，不妨在现实条件允许的情况下多去别的大学。既可以通过互联网留意周边高校的讲座信息，也可以让其他院校的朋友充当你的"线人"，一有合适的讲座就及时通知你。当然，并不是好学校的每场讲座都值得听，也不是差一点的学校举办的讲座就一定差，很多时候大可不必舍近求远。

如果遇到了真正精彩的讲座，逃课也要去听，就算要凭门票入场而你没有门票，也不妨去跟工作人员软磨硬泡一番。可是，并非每一场讲座都值得你这么做。事实上大学里的讲座总是良莠不齐的，有一些主讲人虽然大名鼎鼎却讲不出什么东西来，还有一些讲座纯粹就是哗众取宠的商业行为。万一判断失误去听了这样的讲座，那就赶紧开溜吧。

不管你的消息多么灵通、占座多么及时，能够听到的讲座毕竟是非常有限的。所以，有必要通过别的方式来弥补这个遗憾。第一个方式是观看互联网上的视频。很多讲座都有全程录像并被公布在网上，很容易找出来。第二个方式是通过书籍、杂志、互联网看一些精彩讲座的整理稿，虽然少了声情并茂的现场感，但是收藏起来更加方便。

大学就是图书馆

著名文学史家、戏剧史家王季思先生曾说："做学问不是靠拼命，而是靠长命。"然而，即便是像周有光先生一样长命的大师也迟早是要离我们而去的。所以，需要有一个载体将大师的智慧和思想积淀下来，传承下去。那，就是图书馆。

正因为如此，林语堂先生说："一个学校的好坏，取决于图书馆的大小。"1919年，林语堂卸下清华大学的教职，入读哈佛大学比较文学研究所。面对着有几百万册图书的卫德诺图书馆，林语堂感慨道："这个世界，卫德诺图书馆就是哈佛，哈佛也就是卫德诺图书馆。"我们不妨把林语堂的这句话推而广之，也就是说：图书馆就是大学，大学也就是图书馆。

天堂应该是图书馆的模样

不知道是不是跟处女座有关，我在很多方面都存在洁癖和完美主义倾向，对于书尤其如此。我一直都对盗版书嗤之以鼻，也很难接受编校质量很差的正版书，不到万不得已不买二手书，也不看别人的旧书。我自己的书被别人借去看了以后，如果被弄脏了或者做了一些记号，我宁愿把书送人或者扔掉，然后重新买一本新的。清人袁枚说："书非借不能读也。"可我如果喜欢哪本书，只要市场上还能买得到，我就绝不会去借。

按理来说，像我这样的人是不需要图书馆的。可事实正好相反，我是最离不开图书馆的人。因为很多我喜欢的书在市场上根本就买不到了，只能去图书馆借阅；有些书并不需要通读，只要借来看其中部分内容就够了；就算每一本书都买得到，也没必要花那么多钱，家里也没足够多的地方来安放。除此之外，还有一个很重要的原因：我喜欢坐在宽敞明亮的图书馆里看书的感觉。

对于需要经常查阅各种文献资料的大学师生来说，图书馆的重要性更为明显，它是大学的心脏。可以毫不夸张地说，图书馆对于大学生的重要性就如同水对于鱼的重要性。如果大学四年没有安安稳稳坐在图书馆里好好看过几本书，那就绝对不能算是读过大学。

曾任阿根廷国家图书馆馆长的著名作家赫尔博斯说："如果有天堂，天堂就应该是图书馆的模样。"可惜，原本应该跟天堂一样美好的图书馆在中国却不那么美好了。第一个问题是图书馆的藏书太少，与世界一流大学完全不具有可比性。根据教育部高校图工委2005年对314所高校图书馆的不完全统计，藏书量在200万册以上的只有23所。考虑到我国高校图书馆的大部分藏书都有3个以上的复本，其藏书的种数至少还要将册数除以3。而哈佛大学80多个图书馆共有近1600万册图书，仅专门收藏东亚文献的燕京图书馆就超过了100万册，而且几乎没有复本。也就是说，绝大多数国内一流大学图书馆的藏书种数还不及哈佛大学的一个东亚图书馆。

藏书太少，好书更少。北京等地有很多做图书馆装备的公司，主要就是将各个出版机构卖不出去的库存书按略高于废纸的价格收购，然后再高价卖给全国各地的图书馆，自然包括高校的图书馆。图书馆如此采购来的书还能指望有什么好书呢？从中获益的是奸商和图书馆采购人员，受伤的却是作为读者的师生。网上一度流行"伤不起"，可惜这三个字跟大学生无关。学校就把你伤了，你能怎么着？

在这种情况下，我们只能尽可能充分利用已有的资源并想办法弥补这种资源的不足。所谓充分利用，就是说要能够从图书馆有限的藏书中寻找真正有用的书，毕竟藏书再少也还不至于无书可读。事实上图书馆除了采购特价书之外，每年或多或少还要装备一些高质量的新书。只要"去粗取精，去伪存真"，还是不难在图书馆找到好书的。况且图书馆除了纸本藏书以外还有丰富的学术期刊、电子文献等方面的资源。所谓弥补不足，就是说通过图书馆以外的渠道找到在学校图书馆里找不到的好书来读。一方面可以通过买书，另一方面可以通过去别的图书馆借书。可以通过朋友从其他高校的图书馆找书，也可以去社会图书馆办证借书。

可惜，不是每个大学生都能做到这一点，有很多人根本就没有去图书馆借书、读书的热情。我去一所高校做讲座时，学校上下正在全力以赴迎接本科教学评估。一位负责学生工作的老师对我说："评估组可能会调查部分学生的图书借阅情况，我们只好提前做相应的准备，结果发现每个学期都借了几十本书的学生寥寥无几，甚至有好多人在学校呆了两三年，借书证一次都还没用过。我们只好通过程序给这些人增加了一定的借书记录。"

如果客观上没什么好书可借，主观上又没有借书的热情，图书馆又如何媲美天堂？大学又还有什么意义？如果一个民族失去了读书的耐心，它作为一个整体又谈何追求更高境界的动力和执著？2010年我国国民年人均阅读图书只有4.25本，而同期发达国家的人均年阅读量都在10本以上，以色列、丹麦、瑞典等国甚至高达四五十本。网上曾经热传据说是日本著名管理大师大前研一在其著作《低智商社会》中的一段话："在中国旅行时我发现，城市遍街按摩店而书店寥寥无几，中国人均每天读书不足15分钟，人均阅读量只有日本的几十分之一，中国是典型的'低智商社会'，未来毫无希望成为发达国家。"这段话虽然是借题发挥杜撰的，可它所反映的现状却是客观存在的事实。当我们都放弃了阅读，中国如何不沦为低智商社会？当大学的图书馆变成了摆设，大学又如何不沦为低智商大学？

有些人或许会说：现在是电子阅读、网络阅读时代了，在网上看书或者下载电子书都比去图书馆借书方便得多，为什么还要强调图书馆的重要性呢？我承认电子阅读是一个不可阻挡的趋势，但这并不能否定图书馆的价值。首先，现在几乎所有的图书馆都提供了电子文献资料，其丰富程度是互联网和一般的电子阅读器难以企及的。其次，现在网上绝大多数电子书并没有取得出版社的授权，都是网站或者网友通过各种途径整理出来的，所以不太完整，而且篇章结构比较紊乱。有很多读者就是通过电子版看了我的书，他们只看到一部分内容而已，却误以为看完了整本书。第三，有很多经典的著作并没有电子版。第四，至少就我个人而言，我总觉得看电子书少了看书的那种感觉。

多读原著

我们常说"开卷有益"，可事实上有很多书不但无益，而且有害。所以，正如诺贝尔文学奖获得者大江健三郎所说："要多读好书，只有不读坏书。"网上有一句话更加传神："天天读烂书，迟早变成猪。"

目前中国出版界中固然有不少人在坚持着为读者提供丰富的精神食粮，像三联书店、广西师范大学出版社、新星出版社，都是我非常尊敬的。可是，更多的出版机构却唯利是图。当全民炒股成为一种趋势，书店里遍地都是"炒股秘籍"、"炒股绝技"、"三天学会炒股"；当一夜情成为热门话题，书店里又一下子全是"天亮说分手"、"天不亮说分手"、"天亮不分手"。我这本《读大学，究竟读什么》畅销以后，也有很多人一窝蜂地来跟风。我叫"读大学，究竟读什么"，他们就叫"上大学，究竟上什么"、"读大学，究竟怎么读"、"读大学，到底读什么"等等。有一个读者毕业后进入北京一家文化公司，老板让他编一本指导大学生学习和就业的书，并且拿了几本书给他做参考资料，其中自然包括我的书。他说刚大学毕业，社会阅历太少，无法胜任，老板说："又不是要你原创！你只要把这几本书的内容重新排列组合一下，先从这里抄一段，再从那里抄一段，这有什么不能胜任的？"我这个读者不忍心抄袭我的书，在邮件里问我怎么办。我还真不知道怎么办。就算我能说服他不抄，也无法阻止别人一个接一个地抄。在这样的环境之下，书店也好，图书馆也好，要是没有坏书可真是奇怪了！所以，买书也好，去图书馆借书也好，都要审慎地选择，避免被文字垃圾影响心情、浪费时间。

那什么才算是好书呢？这是一个仁者见仁、智者见智的问题，答案因人而异。在我看来，一切有原创性的观点、真实地呈现历史与现实、能够启发读者思考的书都是好书。我并不认为只有通读四大名著或者看《红岩》、《红日》之类的"红色书籍"才算是看书。尽管如此，大学生的阅读现状还是让我颇感焦虑。我记得原来读书的时候，我们学校的图书馆里借阅率最高的全是英语四六级或者考研、考公务员之类的书，其余那些跟考试不怎么相关的书则很少有人问津，就连《现代化的陷阱》这种难得一见的好书也只能静静地躺在书架上。

一些文艺类图书也很受大学生的欢迎。云南省某州市一所高校曾对校内图书馆2009年外借热门图书进行过统计，前100名外借热门图书竟无一名著。除饶雪漫、郭敬明等相对知名的作者外，其他热门书籍均出自不知名的网络写手。如果图书馆只是被用来休闲消遣，那跟洗脚城、桑拿店还有什么区别呢？

大学生要多读好书，尤其要多读原著。中国和美国差不多同等基础的新生进入大学，为什么毕业时的学术水平却有了天壤之别？很重要的一个原因就是国内的大学并不鼓励学生阅读和研究原著。香港中文大学甘阳教授说，他在北大、清华、中山大学等多所高校讲过学，不少中文系学生在四年本科、三年硕士的课程结束之后还没有完整地读过一本原著。不少高校的外文系学生的外文水平竟然比不过理工科的学生。"我问过读西班牙语的学生，几乎没人读过《堂·吉诃德》。"

在这一方面，美国的高校恰恰相反，哈佛、耶鲁等高校都明确要求学生阅读原著。"美国学生在刚进校时都很'笨'，在大一、大二阶段就开始读大量原著，老师让读什么就读什么。像在国内连研究生也不愿碰的《利维坦》，有的美国学生简直是边读边哭。美国大学生每周课程要求的阅读量大约在500～800页，而我们这里的大学生每周阅读量可能不到100页。后来我在清华上通识教育课时发现，国内大学生的阅读能力低得惊人。因为国内高校通常都是上大课，听听就行，不要求课后读很多书。”

互联网时代的阅读越来越碎片化，140字以内的微博很容易传播，几千字的长篇大论却总是无人问津。在这种大背景下，厚厚一本的原著被打入冷宫也就不足为奇了。可是，如果不大量地、系统地阅读原著，接受的信息都是别人转述的“二手货”，都是别人咀嚼过后吐出来的残渣，又如何吸收学术的养分呢？正如周国平所说，一切转述都必定受转述者的眼界和水平所限制，在第二手乃至第三手、第四手的转述中，思想的原创性递减，平庸性递增。“我们要了解任何一位大哲学家的思想，都必须去读原著，而不能通过别人的转述，哪怕这个别人是这位大哲学家的弟子、后继者或者研究他的专家和权威。”哲学如此，其他任何一门学科又何尝不是如此？如果政治系的人不读马基雅维利、托克维尔、罗尔斯，法学院的不读哈特、庞德、博登海默，他们就永远只能徘徊在政治学和法学的大门之外。

多读“无用”之书

有一个读者在邮件中跟我说：“我基本上只去图书馆自习，很少去那里借书。不是不想借，而是学习实在太忙了，英语和专业课都应付不过来，哪里还有时间去看那些没用的书呢？”

读书要尽可能读有用的书，犯不着去读没用的书，这恐怕是很多大学生的心态。有调查发现，大学生平均每天花在外语、专业课和计算机上的时间至少有9.3个小时，西北地区的学生花的时间更多，达到10个小时以上。精力都用在这上面了，哪里还有心思去读没用的书呢？

在很多大学生看来，有用的书主要包括三类：第一是对考试有用的书，第二是对求职有用的书，第三是对将来的工作有用的书。我并不否认看这些书的必要性，可是，从长远来看，这些书未必是最有用的，甚至有一些书是完全没用的。有很多人为了英语四六级考试的分数尽量高一点，反反复复地背单词、做模拟试题，可他毕业以后很可能再也不需要用到英语了，过不了几年就把在学校里好不容易才背下来的单词忘了一大半。我当年为了考试把政治教材背得滚瓜烂熟，如果真有时光机器，我恨不得回到过去将那个时候的自己狠狠臭骂一顿：“你现在死记硬背的这些狗屁东西除了应付考试之外一点用都没有！”

其实，非要用有用或者无用来衡量一本书的价值，这本身就是对书的亵渎。

我们做的很多事情都是没有用的，比如下棋、听歌，既不能延年益寿，又不能创造GDP，为什么读书就一定要有用呢？当我们读一本好书，通过文字与千年以前或者千里之外的一位智者交流，你看不到他，却分明能够感受到他的精神和思想，这何尝不是一种简单而神奇的快乐呢？

就算用功利的眼光来看，一些看起来跟考试、求职和工作都毫不相关的“无用”之书或许比考研胜经、面试宝典之类的书有用得多。就拿炒股来说，人们首先想到的有用之书肯定是各种关于炒股技巧的“秘籍”，可我一个在股市里轻轻松松赚了上千万的朋友却对这类书不屑一顾。他说他炒股主要是靠思维，靠对各种信息作出分析和预测，而这种思维能力是通过看乱七八糟的书渐渐培养出来的。我问他什么叫做“乱七八糟的书”，他一口气列举了一大串，其中有一本书让我印象特别深刻：勒庞的《乌合之众》。这是一本关于群体心理的社会学经典著作，看上去并没有什么用，可它为我朋友带来了真金白银的财富，难道这还不能算是有用吗？

相反，那些看上去很有用的书却可能毫无用处。每当我看到有人拿着《李嘉诚成功宝典》、《巴菲特投资秘籍》之类的书，我就会毫不客气地对他说：“你看这些书是永远也成为不了李嘉诚、巴菲特的，因为李嘉诚、巴菲特从来不读这种书。”读书注重的是厚积薄发，抱着急功近利的心态读书是万万不可的。

我大三的时候在图书馆看到了《独秀文存》，后来便借出来看完了，还认真做了笔记。后来接连看了不少关于陈独秀和胡适的书。在当时看来，看这样的书是肯定没什么用的，而且我当时也不指望能够有什么用。可是，在三年以后，我在深圳的某一栋写字楼里，碰到了一个同样喜欢陈独秀和胡适的上司。虽然这一切跟工作没有任何关系，可是，仅仅因为这个原因，这个上司对我可谓是“百般宠爱”。我刚刚进入地产行业，“容积率”这样一个基本的名词都不知道是什么意思，而这位上司却不遗余力地教我，我因此很快就融入了这个行业并当上了项目经理。

有一位做业务员的朋友很喜欢老庄哲学，对道家思想也颇有心得。有一次他去拜访一位重要的客户，因为客户正好在看书，所以两个人就从看书谈起。客户问这位朋友：中国古代文化中你比较喜欢看哪方面的书？朋友答：老子和庄子的书我比较喜欢。话音刚落，客户便眉飞色舞起来。二人关于道家思想谈了几个小时，而生意的事情似乎抛诸九霄云外了。后来这位朋友自然顺利地签下了那个单，还跟客户成了莫逆之交。

或许有些读者看到这里便会暗暗告诉自己：我也赶紧去图书馆借《独秀文存》，去找老庄的书。可是，你怎么知道你以后的上司一定喜欢陈独秀、你的客户一定喜欢老庄呢？如果他们喜欢的是孔子、孟子或者康德、黑格尔呢？尽管每次网到鱼的不过是一个网眼，但要想捕到鱼，就必须编织一张网。

三人行，必有我师

《礼记·学记》上讲："独学而无友，则孤陋而寡闻"。所以，读大学还要学会"读同学"。这里说的同学不只是同班的同学，还包括高年级和低年级的同学，包括别的班级别的院系甚至别的学校的同学。

真理越辩越明

"读同学"，在一定程度上其实就是"读大师"和"读图书馆"的延伸。不同的学生会从不同的老师那里获得知识和思想，同学之间的交流也就相当于间接地从别的老师那里获得了知识和思想。同时，每个人读书的内容也截然不同，就是同一个专业的人都可能在研究完全不同的方向。譬如，同样是中文系的学生，可能有一些人很喜欢张爱玲，有些人在研究索尔仁尼琴，还有些人会用一大段时间去钻研甲骨文。通过跟同学们讨论、交流，也就可以或多或少地对他们学习的内容有所了解。

因为每一个同学都是有主体思想的人，所以他们的价值远远不只是让别人间接地读大师、读图书馆。面对同样的信息，不同的人会做不同的解读。有些全面，有的片面；有的深刻，有的肤浅。在跟同学交流之前，你又怎能断定你的观点就一定是全面的、深刻的呢？真理不辩不明。如果没有交流，片面的就不能变得全面，肤浅的就不能变得深刻。所以，同学之间互相讨论是开阔视野、启发思考、提高思辨能力的极为重要的方式。何兆武先生回忆在西南联大求学的情景时就专门谈到了同学之间经常讨论，"我的许多想法就是在和同学们的交谈中得到的启发，有些甚至伴我一生。"

大学的时候我们班曾盛行论辩之风。这一点在上世纪80年代的大学可谓是司空见惯，可是在那之后的大学却是不多见的。我们班只有32位同学，可是在很多门课程的课堂上总能就或大或小的问题分成几个阵营唇枪舌剑互不相让。对于同一个问题，有些同学从哲学的角度来阐释，有些同学从法学的角度来论证，又有些人或许索性从数学的角度来分析。罗素、杜威、尼采、哈耶克、昆德拉、何清涟、朱苏力、拉德布鲁赫……这些不同国籍不同时代不同学术领域的人名同时出现在了一间小小的教室里。虽然彼此之间针锋相对，想要证明的观点截然相反，但是，在这样一种论辩的过程中，我们不但分享了彼此的知识，而且通过论辩碰撞出了思想的火花，这对于训练我们的批判性思维无疑起到了重要的作用，对毕业以后的工作也有莫大的帮助。

当然，我们班并非每个同学都是如此，也并非每个专业、每个班级都是如此。有一些公共课是我们班和其他一些专业的班级一起上大课，我们班的同学总是争先恐后的发言，其他班级的很多同学却一语不发，甚至私下里说我们班的人喜欢出风头。毕业多年以后再回过头去看，一个很明显的事实就是：当年在课堂上踊跃发言、观点犀利、旁征博引的那些人，不管他选择的是商界、仕途还是学术，不管他在哪一个省市、从事哪一个行业，相对于那些沉默寡言或者人云亦云的人而言，要成功得多。

当然，我强调“读同学”的重要性，不等于说跟同学讨论可以替代自习，也不是说需要跟同学一起成群结队去自习。有两种形式的自习我是非常不赞同的。第一是在宿舍或者校外租住的房子里读书。如果你没有超强的自制力，在这种环境下读书总是会受到各种各样的因素干扰，学习的效率会非常低。如果让我把最不适合自习的地方做一个排名，宿舍估计位于春运期间的广州火车站和下班高峰期的北京地铁之间。第二是一大群熟人一起去自习。这么做虽然能够享受互相占座等方面的便利，但也很容易互相影响，从而降低学习的效率。如果非要找朋友陪着自己读书，有一两个就足够了。

讨论班是大学课堂的核心形式

我一直认为，讨论班理应是大学最重要、最核心的课堂形式。大学课堂的意义不在于老师让学生知道教材上讲了些什么，而是老师带领学生一起讨论教材上为什么会这么说，教材上的观点哪些是正确的，哪些是错误的。学生完全可以在上课之前了解教材并阅读必要的参考资料，在这个过程中发现了什么问题、产生了什么想法，再拿到课堂上跟老师和同学交流。如果大学的课堂不过是老师在黑板上板书知识点，或者索性用PPT来替代粉笔，最后再归纳一下段落大意、中心思想，那么，大学跟中学甚至小学就没什么区别了。

英美的大多数一流大学不但注重通过严格的寄宿学院制确保教师与学生、学生与学生之间有充分的交流，而且特别注重“讨论班”（seminar）这一课堂形式，即使是上大课，老师讲完以后，学生也要分成小组，参加由研究生、助教主持的讨论班，每个班的人数都控制在十几个，确保人人都能参与讨论。如今中国的大学却完全是另一番景象，学生在课堂上参与讨论的机会几乎为零。这一方面是因为高校教师乃至整个教育体制都没有意识到讨论班的重要性，仍然将填鸭式教学看成天经地义的授课方式；另一方面是因为大学扩招太快了，师生比急剧下滑，无论是公共课还是专业课，都不可能做到小班授课。

在如此不利的客观条件下，中国的大学生们又该通过什么样的方式来“读同学”呢？我觉得可以从以下三个方面来努力：

第一，把不可能变成可能。按理来说，大班上课的时候要想有热烈的课堂讨论是不太可能的，坐在后排的同学发言时，前排的同学都未必听得清楚。可是，至少有两个途径有机会将这种不可能变为可能。第一个途径是在课间休息或者其他合适的时间里跟老师进行善意的沟通，恳请老师在课堂上就某些观点组织一些讨论，总会有一些老师顺应民意的。更何况对于老师来说，组织学生讨论比他一个人滔滔不绝地从上课讲到下课要轻松得多。第二个途径就是当你有什么疑问或者想法时，大胆地举手发言。当然，就算你是反驳老师的观点，也不要带有敌意，尽量避免说话的口吻有火药味。只要有人带头发言，就很容易有其他的同学跟进，讨论班自然而然就开展起来了。

第二，把可能变成现实。当你对某本书上的一个理论产生了怀疑，或许你们宿舍的其他同学也在怀疑；当你在课堂上想对老师的某个观点从一个角度加以补充，或许你身边的很多同学正准备从别的角度加以补充。在这种时候，你和同学之间展开一次热烈的讨论是完全可能的，但是，这种可能未必成为现实。如果你的想法没有让同学们知道，同学们的想法也没有让你知道，讨论就无从说起。所以，要主动地将自己的想法跟同学分享。晚上睡觉之前的“卧谈会”就是一个很重要的机会。从大一开始，我们宿舍的8个人就经常会在熄灯以后就一些学术问题争论到深夜，虽然最后的结果往往是谁也说服不了谁，但是我们的思维能力、表达能力都得到了提升。

第三，把偶然变成必然。跟同一个班级、同一间宿舍的同学虽然接触机会很多，但他们未必跟你有共同语言。你想跟他们谈李泽厚，他们却只想谈李泽楷；你想跟他们谈营销学中的4P理论，他们却把“4P”做一种有悖于社会主义精神文明的解读。在这种时候，你一定期望从别的班级、别的院系寻找志同道合的人。

你或许会在某次自习时看到旁边一个同学正在跟你看同样的书，然后两个人一见如故，迫不及待地走到教室外面就那本书讨论起来。这固然是一件美好的事情，可是，这纯属偶然事件。如何才能把这种偶然变成必然呢？那就需要参加或者组建一个团体，让一群喜欢读书、喜欢思考的同学能够定期或者不定期地聚集在一起，交流读书心得，或者交换对某些时事的看法。近年来邀请我去做讲座的不少学生社团就时常会举办这样的活动，我还曾经参加过一些，感触颇深。在那些博览群书而且敢想、敢说、敢做的年轻人身上，我看到了这个国家的希望。

看到这里，我想你应该已经明白我们为什么不在家里读书而要千里迢迢跑到大学里来了——你在家里可以请到家教，却请不到大师；你可以买很多书，却买不到图书馆；你可以找个陪读的书童，却找不到跟你交流论辩的那群同学。从这个意义上来说，如果你忽视了大师、图书馆和同学，你就干脆回“家里蹲大学”好了。

推荐大学生阅读的50本书

我一直对“必读书目”很是反感，尽管我的《读大学，究竟读什么》和《求职，从大一开始》已被很多人列入了大学生必读的若干本书。同一本书对于不同的读者而言，其价值往往截然不同。这世界上没有一本书是每个人都必读的。也正因为如此，我一直不曾为大学生列出一个像样的书目。我相信大学生有足够的判断力去挑选适合他自己的书。可是，当我接触了很多大学生之后，才发现好多经典的书他们闻所未闻，另外一些宣传力度很大的书却轻而易举地占据了他们的阅读时间，读完以后才发现一无所获。为了尽可能避免这种悲剧的发生，我觉得还是有必要将我认为值得绝大多数大学生一读的书陈列出来，至少也能让大家知道我究竟是看了些什么书才得以走到今天。

用这么一段文字来交代背景，是为了让大家明白接下来的这个书目并不值得迷信。很多更为经典的著作因为我的孤陋寡闻或者其他某种不得已的原因而有意无意地遗漏了，而我郑重推荐的一些书又可能与你的阅读兴趣相去甚远。对于这个挂一漏万的书目，我唯一能够做到的自信就是：这中间至少有一本书足以改变你看待这个世界的方式。

《鲁迅全集》

为什么要推荐这套书呢？因为鲁迅当年批判的很多人都复活了。只是对于学生来说，购买一套定价近千元的书似乎不太现实。先去图书馆借吧，或者先买较为便宜的选集，以后有条件了再买全集来“温故而知新”。我就是这么干的。

《胡适口述自传》《胡适杂忆》（胡适，唐德刚）

李慎之先生说：“20世纪是鲁迅的世纪，21世纪是胡适的世纪。”这就不难理解我为何在推荐了鲁迅之后紧接着推荐胡适了。中国近现代学者中，我最敬仰的两个人是陈寅恪和胡适。至于《陈寅恪集》，我估计大多数人跟我一样，就算买了回来也很难有毅力读完，所以还是推荐另一本书好了：《陈寅恪的最后20年》。至于胡适，我本应推荐《胡适文存》才对，可惜买不到，季羡林主编的《胡适全集》倒是将其囊括其中，可是3860元的定价又足以把人雷得里焦外嫩，不如推荐唐德刚执笔的这两本书好了。后一本书其实是前一本书的序言。大师写大师，珠与椟，传与注，皆为瑰宝。《容忍与自由：胡适读本》是我见过的胡适选集中较好的一部，一并推荐。唐德刚写的其他几本书，比如《晚清七十年》、《袁氏当国》，也都是绝对的佳作。

《1984》《动物农场》（乔治·奥威尔）

如果这个书目只能有一本书，我会从这两本当中选择一本，尤其是《1984》。因为多一个人看奥威尔，就多了一份自由的保障。阿道司·赫胥黎的《美丽新世界》、扎米亚京的《我们》也值得一读，这两本书和《1984》并称为反乌托邦的三部代表作。这些外国文学名著，我一般优先考虑上海译文出版社的。

《常识》（托马斯·潘恩）

这本书缔造了现代美国。之所以推荐这本小小的册子，是因为我们正处于一个常识匮乏的时代。很多人都在仰慕着华盛顿，同时却忽略了一个重要的事实——任何一个国家在有潘恩这样的思想家传播常识之前，都不可能有华盛顿这种伟大总统的诞生。

《上学记》（何兆武）

这是一份珍贵的口述资料。通过何兆武先生的回忆，看看1949年以前旧社会的学校是如何办学、学生是如何读书，你不但会明白西南联大为什么能够在那么短的时间里、那么艰苦的条件下成为世界一流大学，而且会知道你在今时今日应该做些什么。

《通往奴役之路》《致命的自负》（哈耶克）

哈耶克是20世纪最伟大的自由主义学者。他不但获得了诺贝尔经济学奖，而且在政治学、法学、哲学等多个领域作出了重要的贡献。而他的书我远远不止是推荐给这些专业的人。任何一名大学生，只要你认同自由这一普世价值，就没有理由忽视哈耶克的存在。还有两本书可以在这里一并推荐：卡尔·波普尔的《开放社会及其敌人》和汉娜·阿伦特的《极权主义的起源》。

《夹边沟记事》（杨显惠）

从1957年10月至1960年年底的短短三年间，被关押在夹边沟农场劳动改造的近3000名“右派”绝大部分被活活饿死，最后只剩下三四百人。满腔热血支援大西北的医生董建义死后被人把肉剜去吃了，20世纪30年代毕业于清华大学的工程师骆宏远被狼吃得只剩下一小块头皮……这段真实的历史仅仅过去50多年，现在又还有多少人记得？当历史的悲剧被彻底遗忘，距离悲剧重演也就不远了。如有兴趣，还可以看看《定西孤儿院纪事》。

《经济学原理》（曼昆）

著名经济学家马歇尔说：经济学是一门研究人们日常生活事务的学问。从这个意义上来说，每个人，不管他学的是什么专业，也不管他将要从事的是什么工作，都应该懂一点经济学，从而让“日常生活事务”变得更有效率。有人说：每个大学生都必修了马克思主义政治经济学，难道这还不够么？如果那也算是经济学，那河马也是马、蜗牛也是牛、春哥也是哥了。这门课只能让懂经济学的人变得不懂经济学，让不懂经济学的人变得更加不懂经济学。市场上已有不少经济学的通俗读物，不过我觉得还是曼昆的这套教材最值得推荐。

《西方哲学史》（罗素）

对于一名非哲学专业的人来说，你可以不看康德、海德格尔，但不能对哲学一无所知。哲学足以深刻地改变一个人的气质。它帮助我们去思考人与世界的关系，去思考我们自身作为一种存在的价值。罗素的这套《西方哲学史》会让你发现哲学其实是很可爱的，因为罗素实在太可爱了。

《后台》（南方周末）

大学四年，几乎每一个星期四我都要做同一件事：买《南方周末》。这份报纸现在依然是我读报的首选。看看这套《后台》，你自然就会明白我为何如此执著。尤其是对于新闻系的大学生来说，忽视这套书的存在简直没有天理。一并推荐《南方都市报》的社论精选《南方的立场》和名家评论精选《热言时代》。

《牛棚杂忆》（季羡林）

巴金先生晚年最大的愿望是建“文革”博物馆。可惜，不但他没有等到这一天，就连年轻如我之辈都不知道能不能在有生之年实现这一夙愿。幸亏有季羡林老先生的这本书，通过幽默甚至是调侃的笔调为那个充斥罪恶与荒唐的年代留下了一个侧影。

《围城》《人·兽·鬼》（钱钟书）

看了《围城》，你就会知道不是所有的笑话都能算作幽默；看了《人·兽·鬼》中的几个故事，你就知道网上的爱情小说和电视上的都市情感剧是多么苍白。当然，钱钟书的价值远远不止是这些，只是他的《管锥编》、《谈艺录》等著作实在不是凡夫俗子所能读懂。如果对钱钟书感兴趣，倒是可以看看他的夫人杨绛先生写的《我们仨》。

囿于篇幅，下面这些书就不再一一介绍了。我这么做不等于这些书的价值逊色于前面推荐的书。

《寻找家园》（高尔泰），《巨流河》（齐邦媛），《金融的逻辑》（陈志武），《退步集》《荒废集》（陈丹青），《论美国的民主》（托克维尔），《社会契约论》（卢梭），《论自由》（约翰·密尔），《论民主》（科恩），《正义论》（罗尔斯），《国民财富的性质和原因的研究》（亚当·斯密），《不能承受的生命之轻》（米兰·昆德拉），《万历十五年》（黄仁宇），《古拉格群岛》（索尔仁尼琴），《亮剑》（都梁。推荐这本书主要是因为电视剧没有涉及的后半部分），《美的历程》《论语今读》《中国思想史论》（李泽厚），《红楼梦》（曹雪芹），《唐诗鉴赏辞典》《宋词鉴赏辞典》（上海辞书出版社），《沉默的大多数》（王小波），《民主的细节》（刘瑜），《重新发现社会》（熊培云），《历史深处的忧虑》（林达），《史记》（司马迁），《乡土中国》（费孝通），《傅雷家书》（傅雷），《瓦尔登湖》（梭罗），《活着》（余华），《往事并不如烟》（章诒和），《乌合之众》（勒庞），《曾国藩》（唐浩明），《读库》（杂志书。我最珍爱的一期是0903）。

顺便再用一点篇幅推荐20部电影。

《肖申克的救赎》（美国），《辛德勒的名单》（美国），《十二怒汉》（美国），《阿甘正传》（美国），《窃听风暴》（德国），《浪潮》（德国），《美丽人生》（意大利），《天堂电影院》（意大利），《海上钢琴师》（意大利），《蓝》《白》《红》三部曲（法国），《放牛班的春天》（法国），《霸王别姬》（中国），《鬼子来了》（中国），《入殓师》（日本），《三傻大闹宝莱坞》（印度），《小鞋子》（伊朗），《上帝之城》（巴西），《地下》（前南斯拉夫）。

行万里路：从无字句处读书

如果连一个小小的社团都适应不了、改变不了，将来谈何适应社会、改变社会……中国正处于空前的社会变革之中，在这个无比宏大的社会背景下，为什么不通过做社会调查去见证正在发生的历史呢……当大学生沦为兼职学生，他究竟凭什么让用人单位相信他比没有大学学历的人更优秀……

周恩来在南开学校读书时写了一副自勉联："与有肝胆人共事，从无字句处读书。"将近一个世纪以后，胡锦涛在庆祝清华大学建校100周年大会上给清华大学的同学和全国青年学生提出了三点希望，特别指出"希望同学们把创新思维和社会实践紧密结合起来"。这句话可以看作是对"从无字句处读书"的解读和延伸。

因为知离不开行，思维离不开实践，所以，大学生既要从有字句处读书，又要从无字句处读书；既要读万卷书，又要行万里路；既要在图书馆和教学楼里学习，又要在生活和社会实践中学习。

我在第一个专题里谈了如何在日常生活中通过观察和思考培养批判性思维，现在将要阐述的则是如何通过社会实践提升包括思维能力在内的各种能力。社会实践包括社团活动、社会调查、实习、兼职等多种形式。第一版的书稿中有一个谈论勤工助学的专题，考虑到该专题的内容在《求职，从大一开始》一书中做了非常详尽的扩充，所以不再保留其"番号"，部分内容将"整编"到现在这个专题中。

走出象牙塔

批判性思维能力是大学生区别于非大学生的本质特征，然而，这种能力并不是关起门来读书、思考就可以培养出来的。闭门造车可以做到"大胆假设"，但未必能够"小心求证"，就算求证了，往往也会"纸上得来终觉浅"。我在北大法学院听课时，有一位老师说他曾经坚决拥护死刑，虽然看了不少主张废除死刑的文章，但始终难以接受其观点。后来接触了一些死刑犯，并且在刑场亲眼目睹了行刑的经过，事后又针对废除死刑可能造成的后果做了一系列的社会调查，从此彻底转变成了死刑废除论者。

大学生除了要培养批判性思维之外，还需要锻炼很多其他方面的能力，比如团队协作能力、组织管理能力，而这些能力的培养是离不开社会实践的。就好比学习游泳，看游泳的理论书籍也好，站在岸上看别人游泳也好，都是不可能学会的，必须自己下水才行。

社团：朝气与活力的源泉

20岁左右的大学生正处于一生中最有朝气、最有活力的阶段，大学也就理应是充满朝气与活力的地方，而各种各样的学生社团则是朝气与活力的源泉。正因为如此，哈佛大学有400多个学生社团，耶鲁大学有500多个学生社团，任何学生只要有兴趣就能找到适合自己的社团。学生想成立社团，只要注册就可以了，学校还会为每个社团提供500美元的经费。我在网上看过耶鲁大学的一个招生宣传片，只字未提连续三位美国总统老布什、克林顿、小布什毕业于耶鲁，倒是着重强调了五花八门的学生社团和多姿多彩的校园生活：17个舞蹈团，35个运动队，21个歌唱团，9个戏剧社，22个合奏团，19个政治性组织，36份学生刊物……

当然，国内高校的学生社团无论是数量还是质量都无法与耶鲁等世界顶级学府媲美，申请成立新的社团往往难于上青天，举办社团活动也总会受到各种各样的掣肘。尽管如此，在我去高校做讲座的过程中，有很多非常优秀的学生社团给我留下了深刻的印象。比如，我在成都几所高校做巡回讲座时，本来并没有计划去西南财经大学，可他们学校公共管理学院一个叫学生职业发展部的学生组织及时跟我取得了联系，并用诚意打动了我。为了让尽可能多的同学听到我的讲座，他们坚持要用能容纳一千多人的报告厅。时间非常紧张，他们必须在不到两天的时间里完成活动的审批、场地的申请和布置以及全校范围的宣传。然而，他们做到了。讲座还未开始，报告厅里已是座无虚席，过道里还站了很多人。平心而论，如果让我在如此短的时间里组织这么大规模的一次活动，别说当年读书的时候办不到，就是现在都未必能够做好。

在组织活动的那两天里，他们社团里很多人耽误了学习、影响了休息，可是，他们的付出不但让我和一千多名学生得到了面对面交流的机会，也让他们自身的能力得到了提升。他们在这次活动中所表现出来的组织能力和沟通能力绝非一日之功，而是在此前的很多次活动中慢慢积累起来的；通过这次活动的锻炼，他们在将来的活动和工作中又一定会更加出色。

当然，大学生通过社团所能得到的远远不止是这些。读书类的协会可以让你阅读的视野更加开阔，社会活动类的协会可以让你有更多机会融入社会。有一些社团跟专业直接相关，比如法学研究会、市场营销协会，可以帮你更好地训练专业思维；有一些社团则与专业以外的个人兴趣密切相关，比如吉他协会、摄影协会，可以让你从一个业余爱好者朝专业化迈进一步。

我原则上希望每个大学生在大学期间至少参加一个社团。可以是校级的，也可以是院系的；可以是几百上千人的大组织，也可以是十来个人的小众团体；可以是学生会、团委、社团联合会等官方色彩比较浓的学生组织，也可以是围棋协会之类的民间色彩比较浓的社团。

在同一个社团里，领导者和普通成员所能得到的锻炼往往是截然不同的。只有独当一面地负责一些事情，才能让各方面的能力得到充分的提升。所以，不但要加入社团，而且要争取担任社团的领导职务。当然，这需要一个过程。刚加入社团的大一新生往往都是做些不太起眼的琐事，很多人会觉得屈才，一气之下就退出了。没有谁一入伍就当将军，为什么不给自己多一点耐心呢？事实上到了大二，很多人就会有机会得到提升。

不过，这一切都不应该绝对化。如果学校确实没有一个适合你的社团，客观上也没有条件让你去创建一个新的社团，那就索性用别的方式参加社会实践好了。现在高校的很多学生组织都错综复杂，要在学生会或者社团做到领导职务，难免会面对一些难以接受的游戏规则。在这种时候，我不建议轻言放弃。大学生毕业以后将要面对的是一个更加错综复杂的社会，如果连一个小小的社团都适应不了、改变不了，将来谈何适应社会、改变社会？当然，如果这样的适应和改变需要你付出过多的代价，尤其是会严重影响到你的学业，那就另当别论了。

参加社团固然有益，盲目地参加社团却可能弊大于利。所以，大学生参加社团要坚持以下三个原则。

第一，要选择真正适合自己的社团。什么叫做适合呢？主要从职业规划和兴趣爱好两个角度来权衡。如果一个协会既不符合你的职业规划，又跟你的兴趣爱好没有太大的关系，也就是说，既不能让你锻炼能力，又不能让你享受快乐，你又何必加入呢？那就好比一个男的既没有能力赚钱养家，又不懂得疼你爱你，你还嫁给他干什么？

第二，要选择真正有含金量的社团。现在大学的学生社团虽多，可是良莠不齐，有很多社团在迎新的时候极尽忽悠之能事，展板如画，巧舌如簧，乍一看还以为是个多么好的社团，可是在你交了费以后，他们就消失得无影无踪了。有些社团就算没有玩失踪，也举办不了一次像样的活动，到头来“万佛归宗”，什么协会都变成了婚介中心，一个一个进去，一对一对出来。果真如此倒也罢了，多少还为和谐社会作了点贡献，怕就怕一些协会名义上是学生的社团，执行的却都是官方的意志，通过社团为你开辟思想政治教育的第二条战线。所以，在加入社团时，一定要提高视网膜的分辨率。如果你一时拿捏不准，最好通过BBS等途径咨询一下老师和学长。

第三，不要加入过多的社团，不要花费过多的精力在社团活动上。如果非要量化的话，我认为同时加入的社团不应该超过2个，平均每天花在社团活动上的时间不应该超过2个小时。

实习：连接书本与社会的纽带

无论是纳入教学计划、由学校统一安排的实习，还是学生自己联系的实习，都是大学生接触社会、融入社会的一种重要实践方式。它至少具有以下四个方面的重大意义。

第一，实习是完善职业规划的重要途径。大学生在做职业规划时往往缺乏对社会的了解和认识，有一些很适合他的行业和职业他可能闻所未闻，他感兴趣的工作又未必真的适合他。在实习的过程中可以接触到大量真实有效的信息，从而可以规避这两个方面的风险。如果你想去广告公司从事平面设计或者文案策划方面的工作，而你又是一个害怕加班、喜欢早睡晚起的人，只要你去广告公司实习了一段时间，估计很快就会放弃做广告人的念头，因为在广告公司，加班才正常，通宵加班也不奇怪，按时下班反而不正常了；如果你想从事市场营销类的工作，而你读的又不是这个专业，所以想报考市场营销专业的研究生，只要你在实习的过程中接触了一些做市场营销的人，你就很可能会觉得考研的想法实在是科学无法解释的。

第二，实习是把在学校学到的知识、技能在社会实践中检验、证明的过程，通过一段时间的实习实训，能够加深对书本知识的理解。比如，法学院的学生可能在学校里学了几年都没接触过一本卷宗、没写过一份裁判文书，就算学习过很多案例，也总是把案例简单化、模式化了，并不能深入了解案件的大量细节，更不可能接触到案件的当事人。实习却为这一切提供了可能。我的毕业实习是在湘潭市中级人民法院。在实习的过程中，我结合平时学的知识认真研究每一份案卷，偶尔跟审判这些案件的法官讨论一番，很快就对教材上的很多观点和法律法规中的很多条文有了全新的认识。

第三，实习能够切实提高多个方面的能力。大学生在学校里主要是跟熟悉的老师和同学打交道，实习却是进入一个陌生的环境跟一群陌生的人相处，甚至可能每天都会接触到陌生的人，自然对人际交往方面的能力提出了较高的要求。我去山东卫视录制一期节目时，一名大三的学生正在台里实习，晚上时不时要加班到一两点。让一个每天都可以优哉游哉过日子的大学生突然进入如此紧张的工作状态，不但能提高业务能力，更能锻炼抗压能力。

第四，实习也是实现就业的一种有效途径。只要你在实习的过程中表现足够优秀，用人单位就很可能让你毕业以后加入他们，甚至不用等到毕业，实习结束就留下来正式上班。有很多用人单位都会这么做。如果遇到了合适的人才，谁不想好好珍惜呢？就算不能留在实习的单位工作，你实习期间的上司、同事也可能会推荐你去别的用人单位。

正因为实习如此重要，美国有的工科院校规定，大学生在大学四年中要花十五个月的时间在工厂、企业学习。在哥伦比亚大学，国际关系专业的学生可以到联合国旁听席上“听课”，学经济的可以去华尔街实习。在其他一些大学，学历史的要去档案馆、博物馆见习，学法律的要去立法、司法机构见习，学政治的要在政治机构或公共决策机构工作见习。德国更是将招收实习生作为企业的一项法定义务，如果不履行该义务，在税收上就会区别对待。

然而，中国的现状却是政府、学校、用人单位和大学生都没有对实习予以足够的重视。大量扩招以后，很多高校根本就不能提供足够多的实习岗位，本该学校统一组织的实习就只好让学生自己去联系用人单位，而真正用心去找并且能够得到实习机会的学生只是少数，其他的人只好随便找家公司在实习鉴定书上盖个公章就算是完成实习、修满学分了。还有一些学校把实习当成了创收的大好机会，把学生统一拉到某个工厂去当流水线工人，工厂象征性地给学生一些工资，当然也少不了学校官方的好处。学生如果不参加这样的“实习”，对不起，不给你学分。

即便是得到了不错的实习机会，很多大学生也不懂得好好珍惜。我一个郑州的朋友曾经招了两个暑期实习生，答应按应届毕业生的标准给他们发工资，然后派他们俩去山东分公司上班，给他们买好了火车票并开车送他们到火车站，没想到这两个人当起了黄牛党，在售票厅把火车票卖掉就回学校了。从那以后，我这朋友就天天嚷着火车票必须跟飞机票一样实名制。

虽然这样的大学生只是个例，可是用一种吊儿郎当的态度应付实习的大学生却非常普遍。这也在一定程度上导致用人单位更加不愿意为大学生提供实习岗位了。所以，我希望大学生一方面要积极争取适合自己的实习机会，另一方面要好好珍惜这样的机会。鉴于很多大学生实习无门，我创办的去木取贝网将会联合尽可能多的用人单位，在为应届毕业生提供就业机会的同时也为在校大学生提供实习的机会。

社会调查：把耳朵贴在时代的胸口

我大一在学生会当了一年部长，后来没再担任学生会的任何职务，也没有加入任何社团。文学社时常找我要几首诗去发表，但我并不是文学社的成员。除了学校统一安排的两次实习之外，我也没有参加过别的实习。虽然做过一些兼职，在当时看来赚的钱也不少，可是跟社会接触得并不多，恐怕算不上是社会实践。

然而，我的种种不作为并不意味着我对社团活动和社会实践持消极的态度。中学六年，我在一所省重点中学把学生能够当的“官”全都当了一遍：学生会主席，团委副书记，文学社社长……因为有了比较好的基础，而边际效用是递减的，我觉得把时间用在担任学生干部、参加社团活动上的投入产出比不如用在学习上了，所以就远离了学生会和社团。之所以没有自己联系用人单位做暑期实习，则是因为我把精力用于另一件更有意义的事情了——做社会调查。我先后用了两个暑假通过社会调查的方式来“小心求证”我的两个“大胆假设”：家庭联产承包责任制是不是阻碍社会的发展了？一胎制的计划生育政策是不是造成了严重的社会后果，到了非调整不可的时候了？

我学的并不是农业经济学、社会学、人口学一类的专业，也不准备朝这些方向发展我的事业，但我对农业、人口方面的很多问题都抱有浓厚的兴趣。教材说“大包干”是一次伟大的革命，我承认它相对于人民公社来说是伟大的进步，可是，相对于现在中国乃至全世界的经济发展水平来说，这种小农经济体制是不是值得商榷呢？在我的家乡，每一户农民只能分到一两亩稻田，不管他们怎么精耕细作，光靠种植庄稼是无法维持生计的，所以绝大多数青壮年劳动力都外出打工了，导致本来可以种植两季水稻的良田只种植一季，灌溉条件略差的稻田基本上就荒芜了，机械化大生产的农业生产方式更是闻所未闻。究竟有多少农业产能因此被浪费了？如果改革农业经济体制，农民希望的又是一种怎样的改革？改革之后粮食产量会提升多少？这样的改革又是否会带来新的社会问题？有没有办法解决这些可能出现的问题？

带着这一系列的问题，我通过调查问卷加访谈的方式走访了200多户农民和十几名农村基层干部。尽管天气酷热难耐，尽管好多次都碰了钉子，我也丝毫没有气馁。对这个国家、对这片乡土的焦虑和担心占据了我全部的心思。那一张又一张面孔，那一片又一片土地，那一个又一个数据，让我的耳朵似乎贴在了这个时代的胸口，清晰地聆听到了最清晰的脉搏。

回到学校以后，我把调查的成果写成了一篇论文。虽然没有一家刊物愿意发表（当时我压根儿还不知道发表论文是要给版面费的），也没有引起任何权威人士的注意，可我一点也不后悔曾经付出那么多努力。第二年的暑假，我又带着对计划生育政策的质疑做了一次社会调查。当然，后来写的论文同样没能发表。不过，我现在回想起来，这两次社会调查是我大学四年受益最深、也最有成就感的社会实践。

中国正处于空前的社会变革之中，在这个无比宏大的社会背景下，一定有很多事情引起了你的怀疑、吸引了你的注意。在农村，大量的留守儿童享受不到父爱和母爱，那他们能享受到改革开放的成果吗？他们的学习和生活究竟是怎样的？沿着他们的成长轨迹一眼望去，我们能预见到哪些社会问题？在矿山，有很多矿工明知道在那么恶劣的环境下工作会患上尘肺病，可他们别无选择，直到失去劳动能力以后被矿主和社会同时抛弃。他们究竟处于一个怎样的生存状态？他们的权利又是如何被漠视的？在城市，有一个群体被称为“走鬼”，也就是无证经营的流动小摊贩。这个群体的人员构成是怎样的？他们的生活状态和心理状态又是什么样子？他们的子女能够正常上学吗？不同的社会群体分别是如何评价他们的？他们跟城管的矛盾又是如何激化的？有没有可能通过调查研究为中国的城市管理提出建设性的意见？如此等等，不一而足。如果你对类似的问题感兴趣，那为什么不去做社会调查呢？为什么不进入社会的腹地去见证正在发生的历史呢？

令人欣慰的是，社会调查已经成为不少大学生社会实践的方式。2005年初，清华大学大二学生李强利用春节假期回家乡调查，形成了长篇调查报告《乡村八记》，深刻而生动地反映了当前农村的现状，得到了清华大学新闻与传播学院几位领导的高度赞扬，随后被《人民日报》选摘部分内容发表，引起了广泛的社会关注。

河南财经政法大学的12名大学生组成了调查小组“北极星”，花费两个月的时间，通过查验水、电、气表，点数“黑灯率”等调查手段，从郑州六个区29家大型楼盘抽取了约1.1万套商住房进行空置率调查。调查结果表明，郑东新区商住房空置率高达55.17%，其他五区也都超过20%。不管他们这种调查方式是否科学、调查结果是否可信，这种敢想敢做、“沉下去”直面社会的治学态度就足以让他们从莘莘学子中脱颖而出了。

有很多高校会为学生做社会调查提供经费、论文指导等方面的支持，如果你想做社会调查，最好先打听一下学校能够提供哪些支持，要得到学校的支持又需要走什么样的程序。社会上很多机构也会提供相关方面的支持，力度往往比学校更大，只是申请的难度也要大一些。比如，广东省社会科学院曾经组织过一次“调查广东——大学生寒假社会调查征文大赛”，共评选出了100篇优秀作品，特等奖得主获得了3万元奖金。南风窗杂志社也于2005年发起和组织了“调研中国——《南风窗》中国大学生社会调查活动”，活动每年3月中旬接受报名申请，6月中旬公布当年入选团队名单，每个入选团队可获不低于1万元的资助。

能够得到这样的支持固然更好，就算申请不成功也没有关系，大不了像我当年一样，把社会调查当成“无组织，有纪律”的个人行为来完成。调查报告完成以后，最好拿给相关学科领域的一些老师看看，恳求得到他们的指导。只要你的调查确确实实是下了工夫的，我相信大部分老师都乐于给你提供必要的帮助。

社会调查还是门技术活。如果方法不得当，往往会费力不讨好，做一些无用功。2009年7月，广州的6名大学生利用假期对迪斯尼在中国的代工工厂进行了调查，并将调查结果形成一份报告，向媒体发布。他们的勇气和社会责任感值得肯定，但他们的报告做得并不专业，很多地方都不严谨，该有数据的地方没有数据，引用的数据又有很多弄错了，甚至连整个调查的大方向都存在问题——当工厂存在非法压榨劳工的现象，我们首先应该把矛头指向负有监管责任的政府部门，而不是迪斯尼。

要想避免这些不足，那就需要在做社会调查之前掌握必要的理论和技巧。社会调查与统计是一门非常重要、非常实用的课程，无论是大学期间做社会调查还是工作以后做市场调查，都离不开这方面的专业知识。每一个专业的大学生，至少是所有文科专业的大学生都应该好好学习这门课。一些经典的社会学著作也可以帮你更加懂得如何去做社会调查，比如费孝通的《江村经济》《乡土中国》。

不要成为“兼职学生”

很多大学生看到社会招聘的绝大多数职位都要求应聘者具备一定的工作经验，便误以为社会实践的经历越丰富，就业的筹码就越多，而学习成绩倒是无足轻重。坐在图书馆里看胡适、看李泽厚，这看上去跟将来的求职和工作没有任何关系，而社会实践，尤其是实习和兼职，对求职和工作的帮助几乎是看得见、摸得着的。于是，很多大学生纷纷提前“下海”，先是湿了双脚，最后浑身湿透。他们在毕业求职材料里也都不忘津津乐道自己丰富的社会实践经验，如数家珍。

大学生通过实习或者兼职等形式参与社会实践，这固然是一件好事，但是，是不是兼职越多越好呢？是不是在毕业以前取得的工作成绩越突出就证明这个学生越优秀呢？在回答这个问题之前，我们先来看看一段文字。这段文字是一名应届毕业生写的，他有着非常丰富也非常成功的社会实践经验，但是在参加万科的面试过程中惨遭滑铁卢。

这是我在南昌万科笔试后的第4天，本来是满心喜悦，打了电话到南昌万科人事部询问下一步的事宜，却突然被告知笔试成绩不过关，连及格的一半要求都没达到，而且评价是：语言能力、逻辑思维能力、数字推理能力十分糟糕。

听罢，首先是震惊，然后是疑惑，再有就是愤怒。对我本人的智力我从来不谦虚，我对自己能力的认知是来自社会的考验和评价。

我在2003年3月（大三下期）便来到深圳，并在两天之内找到了工作，之后被派到北京操作良乡区项目，5月份因为非典回到学校，暑假进入了深圳市华济房地产经纪公司南昌总部任高级策划师，11月又到江西博天营销策划公司任房地产策划部经理，以上均为全职且有据可查，期间短短的4个月时间，共写作房地产策划报告、营销执行案50余篇，均有底稿且得到了老总和开发商的高度评价，报告均全部得到执行，如其中的“南昌湾里九州画意居”项目取得了1个月销售120套的佳绩，创造了南昌湾里房地产市场的奇迹。现在在博天刚刚完成湖北黄石市1600亩的住宅项目的地块规划、开发模式、项目定位、营销包装、广告推广的全程策划报告。

在如此短的时间，我能在南昌的房地产领域中如此成功并任策划部经理负责公司全部项目及下属的专业培训工作，试问一个还没毕业的大学生有几个能达到如此的成就？而且我是一个人独自闯天下，没有得到任何帮助和支持，完全是凭借自己的能力去领悟和学习，我想你们应该知道操作一个项目、写作一个可执行性强、各方均认可的全程报告是需要多么缜密的逻辑思维和语言能力，而且对于数学能力，我是从小学到高中都被选拔参加全国奥赛的！

我不知道贵公司的笔试标准，而且我在做完之后感觉很好，根本没有常人的慌乱和瞎猜，所以我十分怀疑笔试成绩的结果，而且就算结果是如此，这笔试的成绩能代表能力和水平吗？我真的如万科笔试所反映的逻辑混乱、语言能力差、数学推理能力糟糕吗？

人不可有傲气，但要有傲骨！万科的这种招聘模式和个别招聘人员的态度是很值得关注的！还好今天得到通知的是我，而我有着充分的自信和经验，所以万科的评价对我影响不大，但是换成是其他刚刚踏入社会的大学生呢？你们这个乱七八糟的评价说不定会毁了别人一生！

不得不承认，这是一位非常优秀的大学毕业生。我曾经在房地产行业有过短暂的工作经历，但面对这位同学，我自愧弗如。可是，这么优秀的一位毕业生为什么仍然会被拒绝呢？我们不妨再来看看万科的面试官对这篇讨伐的檄文所做出的回应。

本想把您的笔试成绩公开，但询问了一下集团总部，这么做不合规定，我们得为所有应聘人员的笔试成绩保密，以免给应聘者今后的其他应聘制造麻烦。

作为您的面试官，拒绝您，因而让您对我产生不满，我也理解。您的面谈实际上做得还不错，表现出了超出你年龄段的老道和机智，但笔试环节，确实做得不好。万科的笔试，考察的主要是认知能力，表现在评分上，对正确率和速度都有很高要求。在规定的时间内，您完成的题量非常有限，这直接影响到您的笔试成绩。我想，您当时不会不知道自己有很多题没完成吧？

本来，正面答复到这里应该足够了，但我是万科集团有名的啰嗦分子，所以，还想说点。您列举了很多东西来说明您的能力绝对没问题。我想，如果要列举的话，万科招的新动力，都能列出一堆，而且不比您逊色。但说得再多，也要通过科学模型来验证，这是万科对待人才的严谨态度。或许您的能力真的不错，但我们的笔试，针对在校生学习能力和应试能力强的特点，要求很高，而您作为2004年的本科毕业生，从2003年初开始就把大量精力投入各类社会实践（您的自述说得很清楚），在学习和应试能力方面有所下降，毫不奇怪。我本人从小也是数学奥赛参加者，在全国知名的重点高中数学也是排名靠前，高二下学期的时候做当年的高考卷就能得一百四十多分，但高三由于对自己的数学能力过分自信，把精力全部投入其他学科中，高三数学复习题基本没做，结果高考时由于老不做题，生疏了，答题很慢，结果有最后2道半大题来不及做，虽然前面全对，也只得了118分。好在其他学科发挥正常，没落榜。后来我从北京大学毕业时，我们需要参加北京市公务员考试，就是行政能力测试，比逻辑和速度，我由于高考后经常注意锻炼自己的反应速度，加上考前认真地做题练习，最后取得了当年应试的2000多北大毕业生（本科加硕士、博士）第8名。我自己的例子，就说明一个用进废退的原理。

啰嗦了半天，其实是在说简单的道理。相信您还记得刚开始面试您时我说过：每个企业选人都有自己的偏好和特点，即使万科没选中您，并不代表您不是人才，只是不适合万科而已。我毕业5年多，今天能够坐在面试官的位置上跟大家交流，我觉得不断总结失败教训是我进步的关键。当年找工作时被IBM、宝洁等知名公司在最后一轮拒绝的经历，提醒我始终与最出色的人有距离，要不停地发现自己的不足加以改进，才能不输给同龄人中的佼佼者。我很庆幸自己是这么看待问题的，或许这是我在毕业2年后能进入万科的原因。

您很聪明，志存高远。说实话，这些年我面试的毕业生里，您是最应对自如的一个，为这个，我还为您笔试的成绩遗憾了一把，把您的档案FILE起来，准备在新动力招聘之外，社会招聘时给您一个与那些有经验的地产营销人员一起竞争职位的机会，那对于认知能力的要求就没那么高，更看重已经取得的成就和经验。现在，我毫不讳言，我只有更遗憾了。

请原谅我的直白，感谢万科的企业理念，我可以坦率直白地说出自己的想法，不需要扭扭捏捏。希望您的职业生涯，因为这次挫折，今后可以少些挫折。

如果我的理解没错，“您作为2004年的本科毕业生，从2003年初开始就把大量精力投入各类社会实践”便是这位面试官之所以拒绝录用那位应聘者的根本原因。一个将大学期间大部分的时间用在了工作上的大学生还算什么大学生呢？如果找份社会上的工作也算是读大学，那些高考落榜以后便参加工作的人岂不是比每一名大学生都更优秀？所谓兼职，就是在八小时工作制以外的业余时间从事的副业，如果主副颠倒了，用主要的精力来从事副业了，副业便成了主业。当学习下降到次要的地位，大学生就只能说是兼职的学生了。当大学生沦为兼职学生，他究竟凭什么让用人单位相信他比没有大学学历的人更优秀？

在福州一家著名高科技公司里，人事部主管将收到的一份求职自荐材料束之高阁。在个人简历中，有一位应届大学毕业生罗列出了在大学四年期间每年都兼职或同时兼职于若干家公司的经历，兼职过的公司竟多达50多家，并称其“积累了丰富的工作经验，可以立即胜任任何工作岗位”。人事部主管说，像这种年年有兼职、一年兼数职的学生，简历一般很难通过他们的初审，因为兼职过多的学生很有可能没有好好珍惜自己的大学时光，没有利用好人生中最好的学习机会。兼职虽然能带来一定的社会经验，过度了就必然耽误学习。

一些企业家认为，要想对某个行业从接触到熟悉，需要一个比较长的实践过程。大学生许多兼职经历都非常短暂，然而在简历中却大量列举自己在各个领域广泛兼职的经历，而且自荐材料上兼职生涯都写得非常出色，这也有吹牛嫌疑。

福建金得利集团董事长林永霖在谈到择人之道时就说：“我们喜欢说老实话、做老实事的人。”而金得利集团的总裁助理鲍永芳说，在招聘过程的初审阶段，通常要筛选简历。兼职太多的学生，公司并不太愿意接受。兼职多，说明该毕业生心态太浮躁，没好好抓学习。单位招人关键是看能否在工作岗位上扎扎实实干工作，而不希望毕业生以为自己有了一点点兼职工作经验，导致期望值很高不安心本职工作。

这世上有挣不完的钱，自然不用急于去挣；而工作经验在毕业以后也有的是机会去积累，可能读大学时通过社会实践好不容易才弄明白的东西，毕业以后很快就学会了。读书却不一样，大学毕业踏出校门以后就很难再像大学毕业以前一样读书了。一方面是因为为生活奔波，没有足够的时间和心情；另一方面是因为没有了良好的学习环境，没有了安静的图书馆和明亮的教学楼，也没有了可以一起探讨的同学和良好的学习氛围。

每个人在不同的阶段做同一件事情，投入产出比是不一样的，因为环境不一样，资源不一样。对于大学生来说，积累工作经验是事倍功半的，学习是事半功倍的，对于已经工作的毕业生来说则正好相反。有些东西你毕业以后将用几十年去学，所以不用急于去学；而有些东西你走出校门就再也不会有机会去学了，所以一定要抓紧去学。可以在学习之余从事一份合适的兼职工作，但请不要在工作之余回到校园做一名兼职学生。

学生干部非当不可吗

覃老师：

您好！我是一名财务管理专业的大学生。您的书给了我很多方面的启发，可我仍然有一些困惑不得其解。

读高中的时候，我们学校与一所大学只有一墙之隔，我时常会去隔壁的那所大学闲逛。看到大学里有各种各样的学生活动，跟死气沉沉的中学形成了鲜明的对比，我便立志进入大学以后一定不再读死书，而要投身到丰富多彩的校园生活中去。

去年，我如愿以偿地考上了理想的大学。军训刚结束，我就迫不及待地报名加入了我们院里的学生会，还一口气加入了5个社团。当时我满怀着美好的憧憬，一心想着在大学这个宽广的舞台上一展身手。然而，一个多学期过去了，现在的我却已心灰意冷。社团这边虽然举办了一些活动，可是都无聊透顶，我起初还很积极，后来就懒得去了。我不去，他们也不管我，虽然没有正式退出，可事实上就相当于退出了，无非是浪费了当初交的那150块钱。

学生会这边也让我非常失望。首先就是很影响学习，付出的努力还得不到承认。这一点我本来是有思想准备的，可还是大大超乎了我的意料。前几天有一个活动的策划案，辅导员交给学生会主席做，学生会主席交给部长做，部长交给我来做，我是最底层的小干事，只能硬着头皮自己来做了。因为白天课程太多，实在抽不出时间，所以只好熬了一个通宵，第二天上课时我都趴在课桌上睡着了。我把方案发给部长以后，他竟然邮件都没有回，“谢谢”二字都懒得跟我说，估计学生会主席和辅导员也不会知道我在这件事情中的存在。

学生会的复杂程度也远远超乎我的想象。大一即将结束，跟我同时进入学生会的干事有一些将会成为部长、副部长。我本以为凭借我的工作能力当个副部长是毫无悬念的，现在看来，这个想法未免太天真了。有一些人能力平平，可是溜须拍马非常专业。平时就跟辅导员和学生会的几个头头们打成一片，时不时请他们吃饭，现在这个紧要关头，他们更是八仙过海各显神通。据说前不久辅导员的女儿满月，有个学生会的人去喝满月酒，包了600块钱的红包。他本来就是个贫困生，找了好几个人借钱才凑够这个数。我对这种行径是不屑一顾的，所以，我对于自己在学生会的前途也就有了自知之明。

在这种情况下，我自然而然想到了放弃。最多做完这个学期我就退出学生会好了。可是，我又有好一些顾虑。首先，我不想成为一个读死书的人，如果社团和学生会我都退出来了，那岂不是又回到了高中时的状态？其次，没有当学生干部的话，在评奖学金和各种评优的时候将处于很不利的境地，这是我不愿意看到的。

另外还有一个很重要的因素让我不敢轻易放弃——如果没有在学生会做到主席或者部长，以后找工作时将会困难得多。听说很多用人单位招人的时候都是优先考虑曾经在学生会担任过主要领导职务的人，而我只做了一年干事，岂不是被直接淘汰？您在书中说到求职时“做人不要太厚道”，简历和面试可以有适当的虚构，那我是不是可以在没有当过部长、主席的情况下，跟用人单位说我做过这些职务呢？

希望您能够从百忙之中抽出一点时间给我指点。您的回信将影响我此后三年的大学时光。谢谢您了！

纠结的小敏

小敏：

你好！非常感谢你对我的信任。你不满足于读死书，也不甘于同流合污，这都是难能可贵的，只是你对于退出学生会的三点顾虑都不成立。

是不是不参加社团活动、不担任学生干部就是读死书呢？如果那样的话，那我当年简直就是读死书的典型了。我从大二开始一直跟学生会和所有社团绝缘，大一虽然在学生会当了个部长，工作也不太积极，纯粹是碍于面子，不想辜负了老师的知遇之恩。现在回想起来，并没有觉得我当初的选择有什么不对。什么叫做读死书呢？死记硬背、不会思考才叫读死书。只要你在读书的过程中保持独立的思考，那就不能算是读死书。

当然，光有书本知识是不够的，适当参加一些社会实践也很重要。然而，并不是只有参加社团活动、担任学生干部才算是社会实践。去企业做暑期实习，和同学组成一个团队就某个感兴趣的问题开展社会调查，利用周末的时间去做义工……这不都是社会实践么？这些社会实践所能给你的不会比当学生干部少吧？

你对奖学金和各种评优比较看重，这是有进取心的表现，我本不应给你泼冷水，可事实却是：这些虚名也好，实利也好，当你毕业一段时间以后再回过头去看，你会发现原来都不过是浮云。我中学期间获奖无数，可是高考不会因此多给我一些分数（能够获得高考加分的省市两级评优指标是轮不到我这种“农二代”

的）；我大学期间也每年都是校三好学生，可用人单位并没有因此多给我一点工资。我来深圳的时候带了一大摞证书，可除了毕业证、学位证在办理入职手续时被公司拿去人才市场做了鉴定之外，其他的证件，比如英语六级证、校优秀毕业生证，至今都没派上过用场。面试时我曾带上过，可人家看都懒得看。一开始我还挺纳闷的，后来我自己成了面试官，才深深意识到了一点：如果应聘者具备足够的能力，又何必要什么荣誉证书？如果不具备足够的能力，有一大堆荣誉证书又有何用？至于是不是具备相应的能力，面试官自有办法来衡量。如果你认为他需要通过三好学生之类的证书来判断，那就太小瞧面试官了。

至于你最后一点顾虑，更是与很多用人单位的想法正好相反。早些年，用人单位确实会优先考虑党员和学生干部，现在却并非如此了。早在2002年，湖北一家公司在招应届毕业生时就明确表示不欢迎“校、院、系学生会干部及班长”。我好一些开公司或者做HR的朋友知道我经常跟大学生接触，所以总让我给他们推荐应届毕业生。我起初以为他们会优先考虑学生干部，所以推荐的都是在学生组织担任过领导职务的人，没想到他们不约而同地对我说：“如果你能推荐的人都是些学生干部，以后还是不麻烦你了。”

为什么学生干部会遭如此冷落？我想主要有这么几个方面的原因：很多学生干部在大学期间把主要精力放在了各种各样的活动上，学习反而被荒废了；一些学生干部的官僚气息很浓厚，喜欢玩手段，就连说话都带着官腔，企业非常反感这一套；学生干部在学校期间有一种优越感，进入企业以后往往期望值过高，心高气傲，不好管理，而且容易跳槽……

当然，并不是所有的用人单位都排斥学生干部。要不要做学生干部，归根结底还是要看你的职业规划。如果你准备去党政机关做公务员，或者想留校当辅导员，又或者是想进入国企负责党团方面的工作，学生干部的优势会比较明显。就算是去外企、私企，只要你想从事的工作对人际交往、组织协调等方面的能力要求比较高，用人单位也可能会对你担任学生干部的经历感兴趣。可是，我注意到你的专业是财务管理，如果你准备毕业时去企业应聘财务方面的职位，那么，有一点是可以肯定的：用人单位绝不会因为你在学生会做到了什么职位而给你加分。

现在，我帮你把三个方面的顾虑都消除了。你可能会以为我是想劝你退出学生会，想告诉你从纠结的状态中摆脱出来的最好办法就是放弃。如果你真是这么想的，那么，我可以负责任地告诉你：你猜对了。我还真就准备让你放弃了。只是现在还没到放弃的时候。在抗日战争全面爆发之前，蒋介石说过这么一句话：

“和平未到完全绝望时期，决不放弃和平；牺牲未到最后关头，亦决不轻言牺牲。”你现在还未到放弃的最后关头，又何必轻言放弃呢?

《南方周末》曾经深入报道了中山大学校学生会主席竞选，候选人的一些手段看上去似乎比陈水扁为了连任“总统”而导演苦肉计更肮脏。很多人看了那篇新闻以后惊呼高校黑暗无比、学生会堕落不堪，我却不这么看。只要民主选举的意识深入人心，候选人的所有活动都严格限制在游戏规则所允许的范围之内，那就是值得肯定的。如果政治免不了肮脏，在肮脏的民主和肮脏的独裁之间，我宁愿选择前者。

我不知道你们学生会换届会不会跟很多高校一样通过选举或者竞聘的形式，如果会，我建议你在退出学生会之前先去争取一回。你说这一年中为学生会付出了很多却没有得到承认，可如果你在竞聘时把你做过的事情都呈现出来，说不准别人就承认了呢！你说你对别的同学给辅导员送礼不屑一顾，说不准辅导员把那个人的红包退回去了呢！就算他收下了，那也未必因此就“保送”那个人当学生会主席呀！

如果你能坚持你的原则、按照你的方式如愿以偿地竞聘上部长或者更高的职位，你就可以通过你的影响力让学生会的风气变得好一些。把一个不好的事情变得好起来，不是比一味地逃避更有意义么？如果竞聘失败了，真正到了既不愿妥协，又无能改变的地步，那就彻底退出学生会好了，洒脱地“挥一挥衣袖，不带走一片云彩”。

毕竟，谁说学生干部非当不可呢?

覃彪喜

三三制的职业规划路径

不走弯路，便是捷径……如果说职业规划是一桩婚姻，青春便是最宝贵的彩礼和嫁妆……不要叶公好龙，也不要轻易认定自己对某个领域没有兴趣……所谓事业，就是当你失败了，有了挫折感，有了很大的心理压力，可还是想继续做下去的事……扬长避短的智慧比勤能补拙的精神更重要……

不走弯路，便是捷径。要避免走弯路，就必须找准目标，矢志不渝地朝着目标前进。如果你不知道该去哪里，到头来只会哪里都去不了。所以，职业规划对于每一个大学生来说都是非常重要的。正因为如此，我在本书第一版第二章着重强调了职业规划的意义和路径，后来又专门写了一本《求职，从大一开始》来全面阐述职业规划与求职的战略战术。

近年来，大学生对职业生涯规划的重视程度与日俱增，“职业规划”迅速成为大学校园最流行的词语之一，教育部也明确要求所有高校将职业发展与就业指导课程纳入教学计划。然而，这一切都没有从根本上解决问题。相关课程往往流于形式，缺乏与社会现实的结合。编写职业规划教材的老师可能自己都没做过职业规划，于是“大学教材是一家，你抄我来我抄他”；讲授求职技巧的老师可能一场招聘会都没参加过，上课无非是照本宣科敷衍了事。学生接触的信息量也非常有限，很多观念都是以讹传讹……

在这样一个环境下，大学生如何才能做好职业规划呢？

摆脱三个误区

大学生对职业规划存在多个方面的误区，在这里就只谈谈最具普遍性和危害性的三个。

临渴掘井

复旦大学学生职业发展中心曾在复旦大学、上海交大、同济大学等7所高校发放了调查问卷，在被访的2321位大学生中，只有7.6%的受访者称对职业生涯规划非常了解，有34%的人表示对职业生涯规划不了解甚至从未听说过。对自己的兴趣、性格和特长都非常了解的仅占35%，对自己最不喜欢和最喜欢的职业都非常了解的仅占20.4%，对职业发展面临的优势非常了解的仅占16.3%，十分清楚自己未来三到五年的职业发展计划的仅占10.3%。

之所以造成这种局面，落后的教育模式固然负有不可推卸的责任。比如，跟法学专业的学生谈职业规划，至少应该说说法官、检察官、律师等职业相对其他职业而言有什么优势和劣势，从事这些职业分别应该具备什么条件、拥有什么能力，如果不适合从事这些工作，还可以通过哪些努力往其他哪些职业领域发展。可事实上无论是职业规划的教材还是讲授这门课的老师，对这些内容都避而不谈，只一味地纠缠于职业规划的概念、原则、分类、意义和职业规划书的格式。如果背几个理论就能做好职业规划，那猪八戒是不是只要背几条泡妞的原则就足以让所有妖精对他死心塌地三从四德？

然而，最主要的原因还是学生自己。在很多大学生看来，求职只是大四的事情，如果继续读研，求职只是研究生毕业前的事情，而职业规划完全可以等到快要求职的时候才去做。在此之前，只要按部就班地上课、做作业、参加考试就行了。就好像读高中的时候只要努力读书，至于报考什么学校什么专业，那是填报高考志愿时才需要考虑的事情。

求职又怎能与高考相提并论呢？高考是纯粹的“唯分数论”，不管你报考什么学校，录取的唯一标准就是分数，而求职却不是考试，即使有笔试、面试，也不像高考那样一切都是分数说了算。有一些用人单位在招聘应届毕业生时会看一下求职者大学期间的成绩单，但不会非常看重；更多的用人单位则完全不在乎，翻厚厚一本的应届毕业生求职简历时，翻到成绩单那一页就直接跳过去了。

很多大学生也都知道用人单位重能力、轻成绩，可究竟需要什么样的能力呢？他们心里没底。于是，当有人说学生干部更好找工作，他们赶紧去参加学生会和各种社团；当有人说多做一些兼职会有助于就业，他们赶紧去找兼职；当有人说“证多不压身”，他们就不惜血本地去考一个又一个证书；当有人说研究生比本科生更好找工作，他们又毫不犹豫地投身考研大军……他们既不玩游戏，又不睡懒觉，也没谈恋爱，整个大学四年都在起早贪黑争分夺秒地刻苦奋斗。然而，用人单位丝毫也不肯买他们的账，他们投出去的简历总是石沉大海，他们参加完面试总是被要求回去等永远也不会有的通知。不是说天道酬勤么？为何他们的付出却得不到回报呢？

只要打一个很简单的比方就足以回答这个问题了。大学生求职，说白了就是把自己作为一个劳动力商品推销出去。推销劳动力商品也好，推销服装、电器等其他商品也好，归根结底都是要满足顾客的需求。要想满足顾客的需求，就必须在生产商品之前弄明白顾客究竟有什么样的需求，自己想要满足他哪一方面的需求，生产什么样的产品才能最好地满足这一需求。对于大学生而言，职业规划就是发现顾客需求、进行产品定位，大学四年的学习就是生产符合市场需求的产品。不知道要生产什么产品的企业不会知道如何组织生产，不知道要把自己培养成哪一类人才的大学生又怎么知道如何安排大学四年呢？当他们盲目地去考证、考研、当学生干部，就像是一个服装厂听说人们喜欢穿透明的衣服就赶紧把衣服做成透明的，听说人们喜欢每条裤子有二十个口袋又赶紧缝上二十个口袋。这样的产品怎么可能有销路呢？

很多人要做简历了才开始琢磨“求职意向”一栏该怎么填写，要去面试了才开始思考“请谈谈未来三到五年的规划”一问该如何作答。这种临渴掘井的做法是不可能成功的。只有从大一就开始做职业规划，发现市场的需求，寻找自己的定位，才可能在毕业求职时成为受用人单位欢迎的人。

急于求成

大学生对职业规划漠不关心固然很危险，可目前更突出的问题却是矫枉过正，大学里的职业规划似乎成了一场新的“大跃进”运动。一方面，师生都急于求成，似乎赶两个通宵就能多快好省地完成职业规划，大有当年赶英超美、跑步进入共产主义的英雄气概；另一方面，很多人做职业规划就好比当年土法炼钢，热情高涨却不得其法，做出来的职业规划就好比大炼钢铁时烧出来的废疙瘩一样毫无用处。

大部分高校已将职业规划教育融入新生教育体系。让学生从大一就开始规划职业生涯，这固然是非常必要的，可这并不等于每个人都应该在大一就完成职业规划。职业规划课的老师通常都会要求学生交一份职业规划书，从布置下去到交作业充其量就是几天的时间。如果已经有了明确的职业规划，写这样的作业就毫无意义；如果还没有明确的规划，要想在短短几天内做出真正适合自己的职业规划又很不现实。于是，这份作业不可避免地落入了形式主义的窠臼，很多人上网找一个跟自己专业相关的职业规划书模板，略加改动就大功告成了。这样的职业规划书除了能自欺欺人地捞到学分之外，简直连厕纸都不如。

职业规划书的期限是老师给的，职业规划的期限却掌握在自己手里。然而，很多学生误以为职业规划越早完成越好，看到身边的人都有了职业方向，这个想当律师那个想做会计，他就淡定不下来了，赶紧慌不择路地找了个职业作为自己的目标。就像一些恨嫁女看到闺密们一个个穿上了婚纱，她也迫不及待地随便找了个路人甲结婚。这样的职业规划比不做职业规划更可怕。

职业规划是很难一蹴而就的。正因为如此，我向来只要求大学生从大一开始做职业规划，而不要求在大一完成职业规划。就算你已经有了一个比较明确的职业方向，也大可不必孤注一掷，不妨边走边看，不断结合新的资讯、新的想法来审视、调整自己的职业规划。我很不喜欢“计划赶不上变化”这句话，因为这句话总是被那些缺乏毅力的人作为开脱的借口。然而，变化却是客观存在的，总有一些变化会让我们的坚持变得没有意义。

原太合麦田CEO宋柯可谓唱片业的大佬，可“唱片已死”的现实却让他改行卖烤鸭去了。黄西去美国读了生化博士，可他后来发现自己更喜欢表演脱口秀，便放弃科研，改行做单口相声了。类似的例子实在不胜枚举。鲁迅和孙中山本来都想当个医生，可一个从了文，一个从了政；毛泽东本来是想当个教书先生，可后来却成了“红太阳”。既然伟人的职业规划都不是一步到位的，大学生又怎么可能毕其功于一役，熬几个通宵就规划好漫长的职业生涯呢？

有记者问凤凰卫视主持人沈星：“你对自己的事业有什么规划吗？”沈星说：“我不会去预测今后做什么事情，也不想去预测，事业上要做到什么程度我不很在意。我对以后没有太多的心机。今后做什么全看心情，或许等年纪再大点以后我才会考虑做知性一点的节目。”她是不是没有进取心？当然不是。她一定会认真工作，让事业越来越成功。她对未来是不是没有规划？也不是。她很清楚自己的兴趣和优势分别是什么，只要有合适的机会，她一定会寻求突破和转型。只是她跟那些被成功学洗过脑的人截然不同，不会信誓旦旦地说几年内要做到什么程度，也不会高喊“我一定能，因为我一定要”之类的口号。少一些刻意，多一些淡泊，往往更容易接近成功。

职业规划固然重要，可千万不要草率地规划，更不要因为没有做好规划就停下前进的脚步。一方面，读大学并不只是为了得到一份理想的工作，那些与找工作无关的事情何必等做好职业规划才去做呢？另一方面，不管你的职业规划将是什么，有一些能力都是必须具备的，有一些事情都是必须去做的，那又何不赶紧去做呢？

成功是走出来的，不是规划出来的。如果你还不知道该做什么，就去做你现在该做的事情好了。去图书馆看你感兴趣的书，去参加你认为有意义的社团活动，或者走出校园去接触未知的人与未知的事。只要你有职业规划的意识，在接受各种信息的过程中不断地思考，自然会慢慢找到答案。

画地为牢

另外一个普遍存在的误区就是错把专业当职业，局限在专业对口的范围内做职业规划。这种画地为牢的想法往往会造成两个非常悲催的后果——要么一叶障目不见泰山，只考虑专业对口的工作，就算有其他更适合的工作也坚决不考虑；要么为了从事跟本科专业不对口的工作而盲目地报考一个对口专业的研究生，可谓是“有条件要专业对口，没有条件创造条件也要专业对口”。

当然，我并不是要完全否定专业对口。我们做任何项目的决策时，都需要从必要性和可行性两个角度来考虑，工作如此，婚姻也是如此。因为我爱她，所以我需要跟她结婚；因为她也爱我，所以我能够跟她结婚。职业规划又何尝不是如此呢？所谓必要性，主要是指职业兴趣。因为有这个梦想，所以有必要追求。所谓可行性，主要是指自身的以及外部的各种条件决定需要付出多大的努力才能实现梦想。

显然，专业对口是属于可行性的范畴，而不是必要性的范畴。如果专业对口，找到工作、胜任工作的难度往往会小一些，可这并不意味着我们学了某个专业就有必要从事这个领域的工作。如果那样的话，思想政治教育专业培养的包括本人在内的那么多毕业生到哪去就业呢？难道让全国所有的幼儿园、动物园、美容院、洗脚城、夜总会统统设置马克思主义宣讲员？设想有一群人正在夜总会的包厢里尽情享受精神文明的发展成果，突然进来一个大义凛然的人跟他们神情严肃地谈论全世界无产者联合起来，那将是多么和谐的一番景象！

专业对口既不现实，也没必要。这一点我在后面还将详细阐述，在这里就不赘言了。总之，不管你学的是什么专业，在做职业规划的时候都应该先跳出这个专业，在你所了解的所有职业类型中寻找适合自己的。如果你的专业跟你想要从事的工作正好吻合，那自然最好不过；如果你对某项专业不对口的工作有着更大的兴趣，而且只要付出一定的努力就完全可以从事那方面的工作，那你又何必对现在所学的专业恋恋不舍呢？

认清三个方向

职业规划无非是从社会上各种行业与职业中选择一个作为自己的目标，就好比去商场购物，从琳琅满目的商品中挑选一件中意并且有支付能力的买下来。有些人进入商场之前就有了非常明确的目标。如果想买一支牙膏，他就径直去买牙膏；如果想买一斤牛肉，他就径直去买牛肉。可有些人进了商场以后还不知道该选什么。为了节约挑选商品的时间，他有必要先考虑一下自己到底想买哪一类商品。如果是买水果，就只要逛水果区了；如果是买电器，就只要逛电器区了。

职业规划也是如此。如果你已经有了明确而合理的职业规划，那就放手去追求你的目标；可如果你还没有清晰的职业规划，不妨先想想你到底适合从事哪一类型的工作。只要明确了这一点，有了一个大概的职业方向，大学四年也就知道该如何安排了。至于在这一类型的工作中具体从事哪一项，可以慢慢考虑，甚至可以等到求职的时候再相机行事。

从不同的角度可以对职业做不同的分类。最为常见的一种分类方法是基于行业的角度，比如房地产行业、互联网行业、医疗卫生行业，但我不主张大学生从这个角度来做职业规划。一方面，这样的职业规划注定是片面的，因为有很多行业大学生闻所未闻，他们只能在很有限的几个熟悉的行业领域加以选择；另一方面，在经济迅速发展、社会急剧变迁的年代，这样的职业规划很容易过时，因为几年以后，当大一新生成为职场新人，很多当初如日中天的行业变得日薄西山了，很多蓬勃发展的行业当初还未出现。另外，虽然我们常说“隔行如隔山”，可是跨行业跳槽其实非常普遍，所以根据行业的分类来做职业规划实在没有必要。

在本书第一版中，我将职业分成学术、仕途、商界三类，后来在《求职，从大一开始》一书中做了非常详尽地扩充，这里就只简要地谈一谈了，再附上另外两种分类加以补充。

学术／仕途／商界

大致而言，每个大学生毕业时都将面临一个三岔路口——要么做学问，进入高校或者科研院所从事学术研究；要么走仕途，进入党政机关、军队、事业单位“吃皇粮”；要么去企业，往商界发展。当然，这种分类存在一些问题，像中小学老师划入这三类中的任何一个都不太合适，而医院的院长却可能既是教授，又是处级干部，还是一个绞尽脑汁为医院创收的商人。但对于绝大多数人而言，这个分类是适用的。

大学生要不要入党？要不要当学生干部？要不要考研？学习专业知识和参加社会实践哪一个更重要？已有不计其数的人问过我诸如此类的问题，而这些问题不可能有放之四海而皆准的标准答案，任何一个问题的答案都是因人而异的。如何回答这些问题，首先取决于他在学术、仕途和商界这三条路中如何抉择。

如果选择的是做学问，大学期间最重要的自然是学好专业知识、打好学术基础。入党也好，当学生干部也好，都不那么重要了。与学术研究相关的社会实践可以多参加一些，比如社会调查、与专业相关的实习；其他的社会实践则要有所控制，至少不能影响学习。在目前的体制环境下，要想以学术研究为职业，高学历是必不可少的敲门砖。所以，想走学术之路的大学生不但要考研，而且要考博，还要尽可能考上好的学校、师从好的教授。当然，考试只是手段，不是目的。如果是为了考试而考试，缺乏学术思维的训练，就算考上了名牌大学的硕士、博士，在学术之路上也是走不远的。

如果选择的是仕途经济，在逢进必考的体制下，准备公务员考试便成了头等大事。主要有两个方面的准备：一是报考资质的准备，比如你的意向职位要求报考者是党员，那就得赶紧向党组织靠拢；二是考试能力的准备，力求在考试中拿到高分。因为公务员考试的操作过程充满了中国特色，如何选择报考职位也就大有学问了，只是篇幅所限，这里就不再细说。除了准备公务员考试，大学期间还应该为考上公务员以后做些准备，比如积累一定的业务能力，尤其重要的是要学会在错综复杂的人际关系中立足，担任学生干部则是不错的途径之一。现在很多高校的学生会简直就是一个迷你版的官场。另外，考虑到公务员考试的竞争激烈程度与日俱增，建议选择这条路的大学生不要孤注一掷，给自己留一条退路，必要的时候要舍得放弃，果断止损。

如果你对学术研究没什么兴趣，也不想去做一名“考碗族”，那就只能往企业界发展了。当公务员是通过“分配性努力”获取别人创造的财富，进入商界则是通过“生产性努力”创造财富。前者更多的是靠做人，后者则主要是靠做事。所以，要想在企业界发展，最重要的是要具备做事的能力。这种能力可能与你的专业紧密相关，也可能没有直接的关系。如果是前者，比如你想去企业从事研发类的工作，大学期间就应该以学业为重，认真学好专业知识；如果是后者，比如你想从事市场营销、人力资源类的工作，大学期间就格外应该注重学以致用、活学活用，多参加一些社会实践，提高书本知识以外的能力。

创意型／管理型／执行型

基于分工的差异，我们可以将职业做另一种分类：创意型、管理型、执行型。创意型职业指的是以创意为核心的职业，比如设计师、策划师；管理型职业则主要负责人力、物力的组织与管理，比如各种职业经理人；执行型职业则负责具体事务的实施，将创意变为现实，比如程序员、业务员。

想从事创意型职业的大学生尤其需要注重批判性思维的训练。随着科技的发展，创意的表述与实现越来越离不开一些现代化的工具。在这种背景下，很多人便误以为工具已经替代了创意，大学期间只注重对工具的掌握，却忽视了创意的培养。我面试过的很多人就想当然地以为只要熟练运用Photoshop、Coreldraw、Illustrator等软件就足以胜任设计师。如果真是那样，岂不是随便一个建筑系的大学生都超越了连AutoCAD都不会用的梁思成？

批判性思维能力既包括“大胆假设”，也包括“小心求证”。所以，并不是整天天马行空地胡思乱想就可以成为创意型人才了。要想胜任创意型工作，既离不开扎实的专业基础，也需要严谨的学术思维。比如，服装设计师要想有好的创意，不但要有色彩学、服装材料学等多个方面的专业功底，还要能运用社会心理学、社会调查与统计学等方面的知识收集资料、分析数据，进而对服装的潮流趋势有一个前瞻性的市场把握。

想从事管理型职业的大学生需要做三个方面的准备。第一，管理是一种科学，所以，学习管理方面的理论知识非常重要。一个管理型人才对彼得·德鲁克等大师的学说置若罔闻，那是不可思议的。当然，我并不主张大学生花很多精力来学习余世维等人过于商业化的讲座、书籍和课程，更是坚决反对大学生痴迷陈安之之类的成功学。那些东西有科学的成分，但更多的内容是反理性的，接近于迷信甚至邪教。

第二，管理是一门做人的学问，只会纸上谈兵的书呆子永远做不好管理，所以，学会与人相处，锻炼实实在在的管理能力更加重要。担任学生干部，独当一面地组织大型活动，自然可以锻炼管理能力；参加其他的社会实践，比如实习、兼职、社会调查，也都是非常有效的途径。

第三，从事管理型职业的人很少从事纯粹的管理工作，而是与某个具体的行业相结合，所以，想成为管理型人才的大学生无论是做职业规划还是塑造核心竞争力，都要避免让管理成为空中楼阁。从事房地产项目管理的人首先要懂房地产，从事IT项目管理的人首先要懂IT。一个只懂管理却不懂房地产或者IT的人，无论他的理论功底多么扎实、管理能力多少优秀，都无法胜任这些工作。正因为如此，从事企业管理工作的人绝大部分不是企业管理专业毕业的，从事行政管理工作的人绝大部分不是行政管理专业毕业的。

如果你更适合从事执行型职业，大学期间最重要的自然是“好好读书，天天向上”，在你感兴趣的某个领域深耕下去，形成自己的核心竞争力。至于担任学生干部、参加五花八门的社团活动，都不是那么重要了。就好比你想做一名球员，那就一门心思提高球技，犯不着一会儿想着如何当好球队老板，一会儿又想着如何去做教练。

事务型/人际型/综合型

基于工作对象和工作方式的差异，我们还可以将职业分为事务型、人际型和综合型。事务型职业以处理各种事务为核心，人际交往的成分相对较少。比如程序员最主要的工作是编写程序，大部分时间都是跟电脑打交道，而不是跟人打交道。人际型职业则以人际交往为核心，其业绩的好坏直接取决于人际交往的质量。比如市场销售人员要想开发新的客户，自然需要与客户建立起良好的人际关系，一个人躲在家里闭门造车是创造不了业绩的。综合型则兼具事务型与人际型的特点，独立处理事物的能力与人际交往的能力都很关键，二者缺一不可。比如平面媒体的记者，既需要有广泛的人脉资源和良好的沟通能力，采访时遇到任何情况都能hold住，又需要有深厚的文字功底，采访结束以后能够一个人坐在电脑前写出精彩的新闻稿。

做职业规划时在这三个类型的职业中如何选择，直接决定了大学四年该如何度过。如果选择的是事务型，那就应该把最主要的精力用于提升处理某类事务的能力。要是想做建筑设计师，那就认认真真学习建筑设计；要是想做会计，那就认认真真学习财务知识。与这无关的社团活动、社会实践都只能是在学有余力的前提下适当参加一些，权当大学生活的调味品了。

如果选择的是人际型，那就应该集中精力提升人际交往的能力，专业知识反而不那么重要了。我一个朋友大学期间学的是中医学，可他一早就明确了将来要做销售，而不是当医生，所以期末考试一次奖学金都没拿过，他也非常淡定。他把更多的精力用于学习人际交往，参加了大量的社会实践，积累了比较丰富的人脉资源。毕业后他进入一家医疗器械公司做销售代表，短短两年就凭借骄人的业绩晋升为大区经理，现在已是国外某医疗器械品牌在中国的独家代理商。

如果选择的是综合型，那就需要在两个方面都加以提升了。比如一名历史系的师范生想去中学当历史老师，他既需要学好历史学、教育学方面的专业知识，又需要提升表达、沟通、人际交往等方面的能力，确保工作以后能与学生、同事乃至家长建立起融洽的人际关系。又比如一名法学院的大学生想做律师，他自然需要学好专业知识。既要学好应用法学，又要学好理论法学；既要熟悉法律法规，又要理解立法原意。然而，这还远远不够。中国特色社会主义制度对律师这一职业提出了更高的要求——必须学会与人相处，学会在错综复杂的阶级矛盾和人民内部矛盾中进退自如。

运用三个指标

职业规划的过程说白了就是选择与放弃的过程，选择最适合自己的职业，放弃不适合自己的职业。什么叫适合，什么叫不适合？回答这个问题的时候，很多人就像是找对象，完全凭感觉，而感觉却未必靠得住。职场上叶公好龙的例子屡见不鲜——很多人满以为某个职业最适合自己，孜孜以求不懈努力终于梦想成真，实现了与这份职业的联姻，可当他步入洞房掀起红盖头看清了这个行业、这份职业的真面目，却又吓得落荒而逃。即使可以离婚重新再选，可他付出的彩礼、她付出的嫁妆却永远也要不回来了。如果说职业规划是一桩婚姻，青春便是最宝贵的彩礼和嫁妆。

为了最大限度地规避这种风险，引入一些可以量化的指标来衡量每份职业的适合程度便很有必要。指标可以有很多种，而最重要的无外乎这么三个：职业兴趣，职业能力，职业前景。兴趣与前景回答的是必要性的问题，因为感兴趣，而且值得去做，所以有必要选择；能力回答的是可能性的问题，因为能够胜任，所以有机会选择。

职业兴趣

孔子曰：“知之者不如好之者，好之者不如乐之者。”兴趣是最好的引路人。学习如此，工作亦如此。能够在某个领域取得成功的人都有一个共同的特点：对他从事的领域充满了浓厚的兴趣，投入了无限的热情，就算遇到挫折与困难，也不会轻易放弃执著的追求。所以，发现自己的职业兴趣理应是职业规划的逻辑起点。如果跳过了这一环，职业规划就注定陷入死胡同。

我一个朋友在收到高考录取通知书之前从来就没有考虑过要当老师。不喜欢跟孩子打交道的她甚至想当丁克一族，即使结了婚也不打算要孩子。可她偏偏被调剂到了一所师范院校。父母觉得女孩子当个老师也挺好的，工作稳定，假期也多。经父母一番劝解，她也就下定决心当老师了。毕业时，父母托人找关系让她顺利进入了一所重点中学。她一开始也很认真地工作，可两三年下来，她越来越后悔当初的选择，最后终于鼓起勇气辞职来深圳找工作。虽然她现在已经从事了非常喜欢的人力资源工作，可毕竟绕了一个大弯，白白浪费了黄金的几年。

在审视自己的职业兴趣时，需要注意三个方面的问题。首先，职业兴趣是可以培养的，是可以从无到有、从少到多的，所以，不要轻易认定自己对某个领域没有兴趣。高考时，有很多人都会被调剂到一个并不怎么感兴趣的专业，报考计算机的可能被调剂到冶金，报考金融的可能被调剂到会计。我从来都不主张抱着“嫁鸡随鸡，嫁狗随狗”的心态轻易接受命运的调剂，可是，每当有读者向我抱怨类似的问题，我都劝他们先别轻易否定了自己的专业。不妨先尝试着去了解，去接受，如果确实不适合再考虑放弃也不迟。

我在前面推荐的20部电影中有一部日本电影《入殓师》，电影中的男主角因为生活所迫，被迫收起大提琴，做了一名入殓师。他一开始非常排斥这份工作，后来却渐渐喜欢上了，即使朋友和妻子都苦苦相逼，他也毅然选择坚持。现实中类似的例子屡见不鲜，我自己就是一个典型。在很长一段时间里，我对商人都抱有“无商不奸”的偏见，总觉得“君子喻于义，小人喻于利”，追逐商业利益是与“义”背道而驰的。事与愿违，我偏偏进入了企业界，无论是最初给别人打工还是后来自己创业，都必须以追求利润为首要目标。最初心里觉得挺别扭的，后来才意识到这是最适合自己的道路。

其次，职业兴趣是需要发现的。有很多大学生对我说，他们知道职业兴趣非常重要，可就是不知道喜欢什么，似乎什么都感兴趣，又似乎什么都不是特别感兴趣。对于这些人来说，当务之急就是通过合适的方法发现自己的职业兴趣。

职业兴趣会通过很多细节反映出来，只要用心观察这些细节，就不难找到自己的兴趣点。比如，当你打开一个综合类的门户网站，哪一类内容更容易让你产生点击的欲望？当你逐页翻过一叠厚厚的综合类报纸，哪个版面你最有可能认认真真看完？当你拿着遥控器切换一个又一个电视频道，哪些节目最能够吸引你的眼球？回答这些问题之后，你就找到一个或多个兴趣点了。然后持续跟踪，对多个兴趣点反复并进行深层次的分析。我原来一个做平面设计的同事每次浏览网站或者翻阅报纸，看得最仔细的都是关于汽车的内容，尤其是品牌企划、市场营销方面的。他渐渐意识到自己最大的职业兴趣是进入汽车行业做企划类的工作，后来终于鼓起勇气跳了槽。

很多时候往往是“当局者迷，旁观者清”，所以，让身边了解自己的朋友、老师提供一些参考意见也是发现职业兴趣的有效途径。网上也有霍兰德职业兴趣测试等多个测评工具，虽不能全信，但也不妨试试，权当参考。

要想知道自己对某项工作会不会有兴趣、有多大的兴趣，最好的办法就是通过实践来检验，跟你想要从事的工作“试婚”。如果你对若干类工作都有一定的兴趣，不妨在大学期间通过实习、兼职在这几个领域分别工作一段时间，或者跟从事这类工作的人有较为深入的接触。总有一些事情我们会因为感兴趣而去尝试，即使失败了，有了挫折感，有了很大的心理压力，可还是想继续做下去，这样的兴趣便是职业兴趣，这样的工作便是事业。相反，如果稍有碰壁就萌生退意，那充其量只能当成业余的兴趣爱好了。

我一个亲戚大学期间一直想进广告公司做策划，暑假期间如愿以偿进入一家大型广告公司实习。当她发现广告公司完全就是把女人当男人使，把男人当畜生使，通宵加班的概率比中国跳水队拿到奥运会金牌还要高，按时下班的概率比中国男子足球队获得世界杯冠军还要低，她赶紧提前结束实习了。像这种叶公好龙的职业兴趣在大学生中非常普遍，要想检验你是不是叶公，最好的办法莫过于创造机会与龙面对面。

发现职业兴趣并不是一朝一夕就能完成的，不妨给自己足够的时间和耐心多观察、多思考、多尝试。正如乔布斯所说：“成就一番伟业的唯一途径就是热爱自己的事业。如果你还没能找到让自己热爱的事业，继续寻找，不要放弃。跟随自己的心，总有一天你会找到的。”

最后，职业兴趣是需要坚持的。兴趣固然是最好的动力，可兴趣毕竟不是万能的。为了把兴趣变成事业，把理想变成现实，我们还需要毅力，需要勇气，需要隐忍，需要坚持。我在后文阐述恋爱的话题时将要谈到一个朋友的叔叔，他从乡村小学教师到重点大学中文系教师，最后成为经济学博士、银行行长。他向我谈起自己的经历时说过这么一句话：“我们为了做自己最感兴趣的事情，总是需要先做很多非常不愿意去做的事，关键就在于你能不能坚持下来。”他最感兴趣的是金融，为了这个理想，他辞了职，失去了收入来源，女儿只能让爷爷奶奶用微薄的退休金来抚养。这样的压力不是每个人都能承受的，不是每个人都敢面对的。如果他当初没有坚持下来，当年的兴趣也就只能成为如今的遗憾了。

职业能力

兴趣不等于能力，热情不等于天分。这本是再简单不过的常识，可很多人在做职业规划时却忘得一干二净了。我认识的一个人并没有什么音乐天分，可他出生于音乐世家，从小受到音乐的熏陶，对音乐自然比较喜欢。出于这种兴趣，同时为了满足父母的期待，他十年如一日地练琴，最后成为一个中规中矩但毫不出色的小提琴师。已至中年的他多次感叹："如果我早年一意识到自己并没有过人的音乐才华就果断放弃，现在或许早就在另外某个领域有所成就了。"放眼职场，类似的悲剧又何尝不比比皆是？

"勤能补拙是良训，一分辛劳一分才。"几乎每一所小学都张贴着华罗庚先生的这句座右铭。然而，扬长避短的智慧比勤能补拙的精神更重要。如果对自身的优势不加以利用，扬短避长地以勤补拙，那是违背经济原则的。一个抽象逻辑思维能力很强、形象思维能力却很糟糕的人如果付出一二十年的努力，或许也能成为一名差强人意的建筑师，可如果他去做程序员，或许只要一两年时间就足以出类拔萃。更何况有些事情再勤都不能补拙。比如，色盲再怎么努力恐怕也做不好服装设计师，侏儒再怎么拼命也成不了NBA球星。

所以，职业规划时必须充分考虑职业所需的能力与自身具备的能力存在多大的匹配度。如果职业所需的能力自己并不具备，即使付出一定的努力也是枉然，而自己能力结构中的优势部分在这项工作中又没有用武之地，那么，做职业规划时就应该毫不犹豫地将这一职业排除在考虑范围之外。比如，做人力资源类的工作往往需要有一定的城府，能够在复杂的人际关系中游刃有余，如果你是一个心直口快的人，肚子里藏不住半个字，恐怕就不适合将人力资源管理作为职业规划了。

要想更好地了解自己的能力结构，可以参照前文关于发现职业兴趣的几种方法。网上也有不少职业能力倾向测试的题目，可供参考。

当然，职业规划不同于看菜吃饭。去客人家吃饭，桌上有多少菜不是你能决定的，如果菜太少，你就只好饿肚子；职业规划的菜却是你自己决定的，即使现在还没有足够的菜，也完全可以利用大学四年做出丰盛的菜来。只是有些菜你可以在短期内做得很好，有些菜你却终其一生都未必做得出来。假如一个中文系的大学生想做律师，他有着良好的语言表达能力、逻辑思维能力和人际交往能力，虽然暂时没有任何法学专业基础，但他完全可以用几年时间认真学习相关课程并准备司法考试。所以，衡量职业能力时，我们不但要考虑已经具备的能力，还要考虑可以预期的能力。

在某些情况下还需要考虑专业、学历甚至家庭背景等因素。比如以学术研究为职业规划，纵使有非常浓厚的学术兴趣和非常深厚的学术功底，如果没有足够的学历做敲门砖，在目前的学术体制下是不可能进入高校和科研院所工作的。在这种时候，学历在事实上就构成了能力的一部分。

职业前景

按理来说，既想做（必要性），又能做（可行性），足以构成充要条件了。可我们还必须考虑另外一个因素，那就是职业前景。

不妨设想这么两种情况。第一个人对某个行业非常感兴趣，大学期间一直在为进入这个行业而努力。功夫不负有心人，他终于如愿以偿，并且迅速成长为该行业某大型公司的骨干。可是，几年以后形势急转直下，整个行业日薄西山，业内所有的企业都纷纷裁员、破产。因为原来掌握的技术、积累的经验都没有了用武之地，所以他只能在一个新的行业从零开始。随着科学技术日新月异地发展，这种情况会越来越普遍。百年老店柯达曾是多么辉煌的一个企业，可如今却落得申请破产保护的下场。从我们的生活中迅速消失的又何止是照相机胶卷呢？传呼机、唱片、投币式公用电话……这些都曾是我们生活中不可缺少的东西，现在却不是早已消失就是正在消失。就连报纸、杂志都很可能随着电子阅读的普及而在不久的将来变得无影无踪。

第二个人毕业以后从事的职业倒不会消失，即使再过几十年，仍然会有大量的人在从事这个职业。可是，他在工作中学不到多少东西，也没有什么上升的空间。如果不主动谋求转型，就算一直干到退休，他的职位、待遇也不会有明显的改变。因为工作经验对于这项工作而言并不是那么重要，年龄的增长反而会成为一种劣势。工作若干年以后，就算他不辞职，公司也会把他辞退掉，让更年轻的人来接替他。前台、客服、文秘、保安等职业则是典型的代表。几年前我曾面试过一个人，她曾是移动公司的话务员，勤勤恳恳干了好些年，一直都是原地踏步，事业上完全看不到一点希望。

无论是以上哪种情况，总而言之就是职业前景非常黯淡。要想避免这些悲剧的发生，就需要对职业的发展前景做出预测。如果是江河日下的夕阳行业、夕阳职业，就算非常喜欢也要慎重，三思而后行。对发展趋势的判断是做职业规划时最关键的环节。如果逆趋势而行，就如逆水行舟，事倍功半；如果顺趋势而行，就如顺水行舟，事半功倍。至于那些干一辈子也无非是原地踏步的工作，作为权宜之计未尝不可，但作为长远的职业规划是万万不可的。刚毕业的大学生在没有更好的工作机会之前，可以先找份文员之类的工作养活自己，可这样的青春饭又能吃几年呢？

S=I×A×P

通过上述分析，职业规划的思路已经大致清晰了。我们不妨更进一步，将以上三个因素分别加以量化，然后通过一个公式来计算，就能更加直观地知道在多个可供选择的职业中该如何取舍。

如果把职业兴趣（Interest）简称为I，职业能力（Ability）简称为A，职业前景（Prospect）简称为P，我们与某份职业的适合度（Suitability）简称为S，那么，职业规划可以通过公式表述为：

$$S=I\times A\times P$$

I、A、P这三个指标值都介于0到100%之间，最后计算出来的S也就介于0到100%之间。为什么是相乘，而不是相加呢？我是想通过这个公式让I、A、P这三项指标中的任何一项都拥有一票否决权。任何一项工作，无论你有多么喜欢，多么能够胜任，只要没有任何发展前景，都应该毫不犹豫地放弃；或者很有发展前景，你也足以胜任，可跟你的兴趣完全背道而驰，不管怎么努力都很难接受，那也完全没有必要勉强自己。

假设有一名中文系的大学生在电视记者、图书编辑、学者、公务员和文案策划这五种职业中不知道如何取舍，我们不妨通过这个公式来终结他的纠结。假设他最感兴趣的是做新闻记者，对其他几个职业的兴趣依次弱之，对学术研究的兴趣最小。以他的能力，本科毕业后进入广告公司从事文案、策划类的工作完全没有问题，读完研究生以后进入电视台或者出版社也没有太大的悬念。他不想考博，也缺乏足够的耐心与严谨，从事学术研究的话恐怕很难出成果。至于从政，他毫无城府，不懂钻营，也没有光鲜的家庭背景，就算考上了公务员估计也难有出头之日。最后再来看看职业本身的发展前景。如果是在日本、美国、中国香港从事学术研究，发展前景是不错的，可中国的学术氛围实在糟糕，发展前景也就蒙上了阴影。鉴于传统出版业受到电子阅读的冲击非常大，图书的出版与发行已成夕阳产业，图书编辑的前景自然也就黯淡了。

基于以上分析，我们可以做出如下这个表格。

职业	I	A	P	S
电视记者	1.0	0.8	0.8	64%
图书编辑	0.5	0.8	0.3	12%
学者	0.4	0.5	0.6	12%
公务员	0.5	0.4	0.8	16%
文案策划	0.6	1.0	0.8	48%

显然，这个人应该首选电视记者，必要的时候将文案策划作为“替补”，其他三个选项则应果断放弃。当然，表中部分指标值可能见仁见智，就好比图书出版在我看来是夕阳产业了，在别人看来就未必如此。不过这些并不重要，我只不过随便举一个例子罢了，希望大家可以举一反三，做出真正适合自己的职业规划。

读双学位对求职有用吗

覃老师：

您好！由于某些不得已的原因，高考报考志愿时我选择了一个非常冷门的专业——农村区域发展。一个学期下来，我对这个专业从怀疑到失望，最后变成了绝望。老师和学长都说我们专业的就业形势非常严峻，所以很多同学都修双学位了。我也有这个想法，想从法学和英语这两个专业中选择一个。可是，几个方面的因素又让我犹豫了。首先是学费的问题。我的家境很不好，父母在家务农赚不了多少钱，学费主要是外出打工的姐姐给的，为了供我上学，她一再推迟婚期，如果再让她每年多给我三千多块钱，我开不了口。其次是精力的问题。据学长说，修双学位会非常辛苦，整个星期从早到晚都有课，只有周日才有半天休息。这样一来我根本就没时间自习了，而老师要求课后阅读的书就有一大堆，准备英语四级也需要不少时间。最后，也是我最困惑的一个问题——修双学位对求职到底有没有用？如果有用，又有多大的用？听学长说双学士学位等于硕士学位，那是不是说我只要修了双学位，求职的时候就能跟研究生享受同等待遇呢？

望您百忙之中抽暇为学生指点迷津，不胜感激！

您的读者

亲爱的朋友：

你好！因为对你的兴趣爱好、能力特征和职业规划都缺乏了解，所以只能就就双学位的问题泛泛地谈谈我的一点想法，仅供参考。

开门见山地说，我原则上是反对大学生读双学位的，像你这种情况更是极力反对。建立双学位制度的初衷或许是好的，可如今却早已沦为很多高校敛财的工具。在薄弱的师资力量和落后的教学模式下，学生修一个学位都修不好，又凭什么让他们去修双学位呢？

即使抛开学费的问题不谈，你后两个方面的顾虑就足以让你打消念头了。中学尚且需要通过自习来巩固课堂上学习的知识，大学就更是如此。每一门课都涉及非常丰富的内容，再优秀、再负责的老师在有限的几十个学时里也只能挂一漏万地讲个大概。师傅领进门，修行在个人。怎么修行？只能通过课前课后的自习阅读大量的资料。可如果每天从早到晚都是不停地上课，你又上哪找时间自习去？向天再借五百年？与其学的每一门课都只是浮光掠影地学点皮毛，还不如集中精力把几门课学精了。

当然，要学精的这几门课不一定就是你的专业课。既然你对自己的专业完全不感兴趣，那另外学一些感兴趣的课程就是了。我大学期间花在法学上的精力可比花在自己专业上的精力多得多，你也完全可以这么做的。可能包括你在内的很多人都认为读双学位总比自习要学得深入一些，其实不然。大学课堂的价值在于老师引导学生一起思考、一起讨论，可事实上我们的老师在课堂上无非是把课件播放一遍，课件上的内容又全是教材上的。双学位的任课教师更是敷衍了事。如果上课只是知道书上写了些什么，那还不如自习了。自己看书总比听老师念教材更高效吧？

就算某些课程很有必要在课堂上感受老师的耳提面命，你即使没有花钱去读双学位，也完全可以去听课的。双学位又不是考研辅导班，上课不需要凭听课证入场。我有次去高校做讲座的时候就有一位大学生跟我说，他没有交一分钱的学费，但是跟着交了钱的同学一起听完了所有双学位的课程。

读双学位的话，因为晚上、周末统统排满了课，你就无暇涉猎这两个专业以外的知识了。在这两个专业之外，肯定还有一些知识是你感兴趣的，同时也能为你将来的工作提供帮助，而双学位的课程中又难免有一些是你不太感兴趣的。时间不能花在最想花的地方，这不是资源配置的错位么？如果不读双学位，就不会面临这个问题了。我大学期间除了学习法学，还学了经济学、历史学、哲学等多个学科的知识。如果读了双学位，我即使有三头六臂也难免顾此失彼了。

你或许会说：自习的话就算学得再好也不能通过一个学位来证明，又有什么用呢？这就谈到你的第三个顾虑上来了。双学位对求职到底有没有用？这个问题不能一概而论。对于这两种人来说，双学位确实是有用的——准备跨专业进入另一个专业性很强的领域，比如一个生物工程专业的人为了从事知识产权方面的工作而攻读法学（知识产权方向）双学位；或者是跨专业进入比较注重专业对口的用人单位，比如一个环境工程专业的人为了去银行工作而攻读金融学双学位。

而你似乎并不属于这两种情况中的任何一种。你感兴趣的两个专业分别是法学和英语，估计你是想从事这两个方面的工作吧？如果想做律师，任何专业的本科毕业生都能参加司法考试，不需要有法学学位的。我见过大把的律师既不是法学院毕业，也没有修法学双学位，却能高分通过司法考试，做律师也做得风生水起。如果想从事外贸之类的工作，或者想凭借良好的英语水平进入外企工作，重要的是你的英语水平，而不是英语专业的学位。英语水平是最好测试的，是骡子是马，拉出来一遛便知。如果你行，没有学位也照样行；如果不行，拥有学位照样不行。我曾经在一所培训机构担任过兼职的英语老师，面试时我既没有英语专业的学位，又没有专业八级的证书。面试官用英语跟我聊了几分钟，然后让我试讲了一节课，就爽快地录用我了。

如果不是想从事这两个方面的工作，只是想当然地以为双学位一定更好就业，那就更不应该了。如果我跟你说，一把汽车钥匙加上一把火车钥匙就能发动飞机，你信吗？如果不信这个，那你又何必相信一个化学专业的学位加上一个新闻学专业的学位就能获得一份程序员的职位？用人单位注重的是实实在在的能力，而不是学位。我在招聘员工时就绝不会因为双学位而给应聘者任何优待。双学位除了能证明你在大学期间花几千块钱多参加过一些考试，还能证明什么呢？如果你认为一个面试官需要通过学位来判断求职者是否具备某个方面的能力，那你就太低估面试官的智商了。

至于双学位与研究生享受同等待遇，这实在是流传甚广的一个误区。之所以很多人这么认为，是因为混淆了“双学位”和“第二学位”这两个概念。根据1987年制定的《高等学校培养第二学士学位生的试行办法》，“获得第二学士学位者，毕业工作后起点工资与研究生班毕业生工资待遇相同”。然而，第二学士学位完全不同于双学位。第二学位是大学毕业并获得学士学位的人才能报考的，毕业后有两个毕业证、两个学位证；你所说的这种双学位却是面向在校大学生的，毕业后有两个专业的学位证，却只有一个专业的毕业证，不但不能享受硕士的待遇，就连报考公务员也是不能用第二学位来报考的，因为这个学位只有你们学校承认，教育部是不承认的。

你因为专业不好而心灰意冷，又因为双学位重新看到了希望，如今这希望的火苗恐怕又被我浇灭了。我为此感到抱歉，同时希望你明白，希望不是迷信出来的，也不是蛮干出来的。只有做好定位，找准方向，苦干加巧干，毅力加智慧，才能一步一步走向成功。这样的人绝不会向任何困难轻易低头，更不会因为专业不满意而踟蹰不前。

覃彪喜

核心竞争力：让别人无法替代

不积跬步，无以至千里，却不是所有的跬步都能致千里……当学分制不允许学生自由选修，那就是赤裸裸的伪学分制……十个百分之十相加等于零……决定事业成功与否的是你能在某一根杆子上爬多高，而不是将你在每一根杆子上所能爬到的高度累加起来……一个人在另一个人眼中的价值取决于他的不可替代性……

如果说人生是一场旅行，职业生涯规划则是寻找旅行的目的地，大学期间的学习则是朝着目标前进，将理想变为现实。有理想，没行动，理想永远是空想；理想很科学，行动很愚昧，到头来也只能是南辕北辙，徒劳一场。不积跬步，无以至千里，却不是所有的跬步都能致千里。同在一间教室埋头苦读的人，究竟谁在接近成功，谁在做无用功？

当你渴望成为一名律师，8万名与你同届的法学专业本科生中至少有一大半跟你有着同样的渴望；当你立志成为一名软件工程师，30万名与你同届的计算机科学与技术、软件工程等专业的本科生、专科生和研究生也在编织着同样的梦想。显然，社会不可能让这么多人全部成为律师或者软件工程师。谁能梦圆，谁将梦碎？

基于职业规划塑造核心竞争力

当文凭早已不是就业的充分条件，大学生要想毕业以后找份好的工作、有个好的前程，办法无外乎两个：要么拼爹，要么拼实力。有资本拼爹的毕竟只是少数，对于此外的绝大多数人而言，塑造核心竞争力便是唯一的出路。

大学生如何塑造核心竞争力？很多人会不假思索地说：学好专业。在他们看来，英语专业的人学好英语，冶金专业的人学好冶金，自然就具有了核心竞争力，大学四年就不是虚度了，进入人才市场也就能受到用人单位的欢迎了。

这种思路的出发点大错特错，道理很简单——当用人单位招聘一个英语专业的毕业生，并不是让他继续学英语，而是从事某项具体的工作，而专业学习的好坏与他胜任这份工作的程度未必成正比。如果他是当英语老师，除了专业知识以外，还需要有亲和力与较强的沟通表达能力；如果是做外贸销售，除了外语能力之外，更重要的是销售技巧和人际交往能力；如果是做人力资源，工作中很少用到外语，专业学得好不好更是无足轻重了，用人单位在乎的是他是否具备系统的人力资源管理理论知识体系，是否熟悉人事政策和劳动法规，是否具备出色的沟通、组织协调能力及分析判断能力。

专业相同的两个人只要职业规划不同，需要塑造的核心竞争力也就不同。所以，塑造核心竞争力的逻辑起点是职业规划，而不是专业。

按客户需求量身定制

小到几块钱一支的牙膏，大到上百万元一套的房子，任何商品能否获得市场的认可，都取决于它在多大程度上满足了客户的需求。准备在人才市场将自己作为劳动力商品推销出去的大学生又何尝不是如此呢？用人单位是客户，大学期间的学习是生产产品，批量颁发的毕业证、学位证则是高校这个“文凭工厂”出具的产品合格证。超市货架上的每一件商品都是合格的，却不是每一件都能卖出去，因为不是每一件都能很好地满足市场需求。大学生要想毕业时顺利地将自己卖出去，并且卖一个好价钱，就必须通过塑造核心竞争力最大限度地满足用人单位的需求。

如何知道用人单位的需求呢？最简单的办法就是看招聘信息。不管你想从事什么样的职业，用人单位都会通过招聘信息告诉你需要具备哪些方面的能力。即便你还是大一新生，求职对你来说还比较遥远，也可以时常去一些招聘网站看看用人单位对自己感兴趣的职位究竟有哪些要求，然后按客户需求量身定制，有针对性地安排学习计划。假如有一名大学生想从事市场策划类的工作，以下四则招聘广告就足以为他提供大量有价值的信息。

招聘企业	招聘职位	招聘要求
上海某信息技术有限公司	市场策划经理	大专以上学历；三年以上市场策划工作经验，有团队管理经验；具有IT、互联网行业的从业背景；具有独立的工作能力和分析能力，较强的观察力、判断力和应变能力；有知名品牌运作和策划工作案例，具有把握市场动态的能力；思维活跃，敢于创新，具备高度的工作热情和事业心，有良好的团队合作精神。

招聘企业	招聘职位	招聘要求
北京某软件股份有限公司	市场策划专员	本科以上学历，两年以上市场策划经验；具有良好的市场分析和创新思维能力；能独立完成创意策划和文案撰写；善于沟通和交流，执行能力强，具备很强的工作责任感；良好的语言表达能力和较强的文字功底；熟练使用WORD、EXCEL等OFFICE办公软件。
广州某食品有限公司	市场推广专员	大专以上学历，市场营销、广告、新闻传播、经济学等相关专业；有一年以上相关工作经验者优先；优秀应届毕业生亦可应聘，在校期间组织策划过大型活动者优先（请附策划案例）；具备较好的沟通交流能力。
深圳某化妆品有限公司	市场企划专员	本科以上学历，两年以上广告公司或者企业文案撰写工作经验；扎实的文字功底，极强的文字组织能力，善于撰写产品推广及品牌宣传稿件，具有良好的专题策划能力；对市场和行业信息具有敏锐的洞察力，良好的人际关系网络及沟通技巧；思维活跃，自信心强，极强的团队意识和工作责任心，能承受工作压力；熟练操作OFFICE办公软件。

综合这四个职位的招聘要求不难看出，市场策划类的职位具有以下几个特点：第一，市场营销等专业的毕业生并没有明显的优势，专业对口并不构成核心竞争力；第二，对学历的要求并不高，对工作经验的要求反而很高，所以，付出积累三年工作经验的机会成本去读硕士研究生是得不偿失的；第三，对写作能力有很高的要求；第四，要求应聘者具有很强的批判性思维能力；第五，良好的人际交往能力和沟通技巧是非常重要的；第六，大学期间策划大型活动的经历是求职的重要筹码。经过这样一番分析，一名想从事市场策划工作的大学生应该从哪些方面塑造核心竞争力也就迎刃而解了。

当然，这个方法也存在一定的局限性。首先，这个方法对仕途和学术类的职位不太适用，因为在招聘网站很难看到这方面的职位。其次，随着技术的不断进步，有很多职位对应聘者的要求是不断变化的，所以运用这个方法的时候要有一定的前瞻性，与时俱进。最后，有一些能力对于某份职业而言是至关重要的，用人单位在面试时尤为注重，但因为不好量化，文字表述也存在一些难度，所以未必会写在招聘信息里。比如，有些企业在招聘服装设计师时会明确要求对服装工艺、结构、面料有较深认识，熟练运用设计软件，对于市场嗅觉、创新能力、创意表现力则轻描淡写甚至只字不提，而这恰恰是服装设计师的核心竞争力中最关键的部分。

核心竞争力是选修出来的

通过上述分析可以看出，我们要想单凭某一个方面的能力胜任某项工作是不太现实的。大学生要塑造的核心竞争力往往并不是某一种能力，而是由多种能力构成的能力体系。

我们不妨想象有这样一个超市，货架上摆放的商品是各种各样的能力，读大学则是进入这个超市购买商品。因为每个人的职业规划不尽相同，也就是说，他们进入这个超市购买商品的目的不尽相同，所以需要购买的商品组合也就存在差异。即使两个人需要购买同一种商品，购买的数量往往也会相差悬殊。也就是说，同一种能力在不同职业的能力体系中所占的权重是不一样的。比如，一个想做报社记者的人和一个想做人力资源的人都需要购买写作能力这一商品，可前者需要大量购买，后者却只要适当购买一些。

作为顾客的大学生需要购买的商品各不相同，大学这个教育超市就理应为每一个顾客提供挑选商品的自由。于是，19世纪末哈佛大学首创的学分制在全世界的高校中得到了普遍的推广。所谓学分制，说白了就是让学生在大学这个教育超市里自由购买商品，只要买到的商品总和达到规定的数量就能毕业。耶鲁大学没有任何必修课，每个学生都可以从2000多门课程中自由选修，课程表怎样安排全由学生自己决定。学校只是宏观调控似的要求学生在毕业之前修满36门课，其中至少12门要在主修专业之外，而且在语言、人文、社会科学和科学这四类课中，每类必须至少选三门课。普林斯顿大学开设的本科课程也有1300多门，还有很多授证书的技能课程。

刘瑜曾撰文感叹过哈佛大学的课程清单。她在哈佛读博士后期间，决定去旁听一些课程。“我问，有没有一个什么社科方面的课程清单，我看看有什么课可选。我问的时候，想象的是几页纸，可以站那顺手翻完。结果说时迟那时快，柔弱的女秘书突然掏出一个庞然大物，向我递过来，我伸手一接，胳膊差点因为不堪重负而当场脱臼。定睛一看，这本1000多页的玩意儿仅仅是本科和文理学院的课程表及课程的简单介绍（一般3～5行的介绍）。我估计，把哈佛全校的课程名单一一排列出来，是不是得绕上赤道一周两周啊。”

然而，中国的大学生却只有羡慕嫉妒恨的份。我大学期间的每一门课都与学分挂钩，可真正由我自己选修的只有对联学、西方美术史等四门课，共8个学分。

中国的大学早已实行学分制，可我们的学分制并不是为了让学生有选修的自由，而是为了让学校进一步有赚钱的自由。学分制之前，补考是免费的；学分制之后，补考变成重修，每一个学分都明码标价。很多高校办了驾校，明确规定学生如果在本校的驾校学车就能获得多少学分。这不也是赤裸裸地用学分制捞钱么？

我们虽然是学分制，可我们的课程表却不由我们做主，每个专业的学生都有统一的课程表。如果你的专业是档案学，不管你对新闻学多么感兴趣，你也只能乖乖地必修档案学的课程，而不会有机会选修新闻学的课程。这就好比超市规定了某个时间段进去的人只能进入肉类区选购商品，不管他们多么想买苹果或者可乐，都不能进入水果区或者饮料区。更悲哀的在于，我们即使接受了强买强卖，在肉类区买到的牛肉都是注水的，买到的猪肉都是含瘦肉精的。更更悲哀的在于，我们到底能在哪个时间段进入超市并不完全由我们自己决定，要不然当年报考法学专业的我就不会被调剂到思想政治教育专业了。

当学分制不允许学生自由选修，那就是赤裸裸的伪学分制、冒牌学分制、山寨学分制、坑爹学分制。在这样的体制环境下，悲催的中国大学生又该如何塑造核心竞争力呢？办法只有一个——既然学校不给我们选修的机会，那我们就自己给自己机会。

假如有一名计算机专业的女生觉得自己无论是做开发还是做测试，都不是很合适，反而对人力资源管理比较感兴趣。于是，她的职业规划定位为去IT企业从事人力资源方面的工作。经过一番分析，她发现要实现这个目标，需要从以下几个方面来塑造核心竞争力（假定各项能力所占权重分别为括号内的数值）：

1. 深入了解人力资源管理的六大模块，具备良好的理论素养；（30%）
2. 熟悉相关政策与法律法规，熟悉政府办事流程；（20%）
3. 有亲和力，有良好的人际沟通与组织协调能力；（20%）
4. 通过实习积累一些与人力资源管理相关的社会实践经验；（15%）
5. 熟练使用Word、Excel、PowerPoint等Office办公软件；（5%）
6. 具有系统的IT知识，比其他专业背景的HR更了解IT业；（5%）
7. 有良好的书面表达能力。（5%）

每一项能力所占的权重大致意味着应该投入多大比例的精力用于培养这种能力。如果她按照学校统一安排的课程表来组织学习，就必然会将绝大部分精力用于学习计算机专业的课程，可这方面的能力在她的能力体系中仅占5%的权重。所以，她在确保期末考试能及格的前提下，逃掉了很大一部分必修课，去商学院旁听了很多关于人力资源管理的课程，去法学院旁听了很多关于劳动法的课程。自习的时候她更多的也是学这些内容，而不是学习计算机编程语言。她参加了一个社团并成为其中的骨干，组织了不少活动，让人际沟通与组织协调的能力得到了显著提升。她下载了不少关于Office的视频教程，无论是Excel的公式还是PowerPoint的技巧，都掌握得非常熟练。每个暑假她都去了IT公司的人力资源部门做暑期实习，积累了丰富的社会实践经验……

大学期间我的职业规划是做一名国际经济法领域的律师，我要塑造的核心竞争力主要是精通法学、熟悉经济学、流利的英语、良好的表达能力与应变能力等。所以，像中国共产党思想政治教育史之类的专业课虽然学分很多，但我基本上都是从开学一直逃到期末考试前最后一节课。更多的时候我都是呆在自习室里学习法学，偶尔还会跑到法学院甚至其他高校去蹭课。尽管我此后的职业规划发生了变化，但现在回想起来，我仍然觉得这种按自己的兴趣和需要来选修的学习方式比任由伪学分制摆布要有用得多。

十个百分之十相加等于零

核心竞争力往往是由多种能力组成的能力体系，这就容易让人误以为能力越全面越好，越是通才越有核心竞争力。现在中国有多所大学在效仿国外的高校搞通识教育，通识教育又叫通才教育，这就更加容易让人望文生义地以为通才比专才更吃香。

谁都希望成为上知天文下知地理的全才，所以，当我们进入大学这个能力超市，每个人都巴不得多买一些商品。然而，每个人能够买到的商品总和是一定的，因为大学期间的精力是一定的。一位叫莱昂内尔·罗宾斯的英国经济学家为经济学做了一个经典的定义——经济学就是对于具有多种用途的稀缺资源的利用的研究。我们赖以在大学这个超市里购买各种能力的本钱是四年青春，这又何尝不是“具有多种用途的稀缺资源”？某一种商品如果你多买了一些，其他的商品你就只能少买一些了。这是很简单的此消彼长的关系。

所以，一道选择题摆在了每一名大学生的面前：是基于职业规划针对某一个特定的职业方向塑造核心竞争力，最后成为该领域的专才，还是针对多个职业方向分别做些准备，最后成为熟悉多个领域但无一精通的通才？

一个萝卜一个坑

经济和科技的发展导致社会分工越来越细。工厂流水线上的工人每天都不过是在机械地重复着同样的动作，对于流水线上的其他环节，他无从可知。一个鞋厂的工人在流水线上工作十年或许也不知道一双鞋究竟是怎么做出来的。如果说工厂是一台大机器，每个工人就只是这台机器的一个零件而已，至于其他零件是如何运转的，他不知道也不需要知道。

写字楼里的白领虽然看上去并不是在机器轰鸣的流水线上工作，但他们却照样被精细的社会分工定格在非常有限的工作领域里。做产品的往往没有机会接触市场，做市场的则很难知道产品的策划和推广，做技术的更难有机会接触到技术以外的工作。在部门内部仍然存在细致的分工，做产品的可能只局限于某一类产品，并且只负责前期策划、品牌包装或其他某一个环节。

我曾经在一家外资企业任职。这家公司采取事业部的组织结构，每个事业部独立负责一块业务范围。我当时担任了其中一个事业部的经理，负责该事业部产品的策划、开发和维护。我的团队只有十来个人，包括产品策划、文案、美工、音乐制作人等。这几个人都独当一面，每个人的工作相互关联却又彼此独立，分工非常清楚。文案不可能为美工设计图片，美工也不可能去为音乐制作人编几曲手机铃声。而我同样受到了分工的制约，不清楚其他事业部开发的产品，也不知道自己产品的市场推广细节，因为这已经是市场部的事情了。对于公司的财务、人事等方面的事情，除非公开，否则更是无从可知。

在这样一个跟流水线毫无区别的工作环境中，衡量一个人的工作能力，最首要的只可能是他能否出色地完成本职工作。一个美工就算没有任何文字功底，而且对于音律一窍不通，只要他能够做出非常精美的设计方案，他就绝对是一个优秀的美工。相反，就算一个美工既能帮文案写点文章，又能帮音乐制作人编些铃声，但如果他设计的图片不够专业，那他就只能收拾东西走人。

任何公司招聘的时候都是按照职位来招人的，决定一个应聘者能否被聘用的也只是他能否胜任这个职位。通俗一点说就是“一个萝卜一个坑”，你必须先明确你要填的是哪一个坑，用人单位再来考核你是否适合这个坑。如果你不适合，就算除此之外有很多个坑适合你，你也照样只能被拒之门外。

我曾经面试过一个美术系的毕业生，她应聘的职位是美工。她有过同行业的工作经验，外表也非常出众，这无疑是可以为她加分的。可当我让她设计一个简单的单张，她却让我非常失望。她用了很长的时间才完成，并且设计的作品比较粗糙，距离工作的专业性要求还有一段距离。我向她表示了我的遗憾。她难过地对我说："我承认我不是一个非常优秀的美工，但是我有过同行业工作经验，除了做美工，我还可以参与产品的策划，而且我文笔也不错，适当分担文案的工作也没有问题。"我问道："那你能够胜任产品策划或者文案的工作吗？"她很不情愿地摇了摇头。如果她能胜任这几个职位中的任何一个，我都会聘用她，可是，我拿着她这个萝卜实在不知道该放进哪一个坑。

所以，在用人单位的眼中，十个百分之十并不是百分之百，而是零。如果有十项工作你都会做一些，但是都做不好，用人单位只会认为你一份工作也不会做。

千招会，不如一招熟

我刚来深圳的时候有一位上司曾跟我强调过这样一句话：千招会，不如一招熟。当时我没太放在心上，后来经历多了，才真正体会到了这句话的含义。

大学毕业后我曾频繁地跳槽，先是在一所专科院校教书，然后辞职来了深圳，在房地产公司做过策划师，在广告公司做过文案，在化妆品公司做过市场企划，还兼职当过英语老师。时间太瘦，指缝太宽。转眼之间近两年的光阴就在频繁的跳槽之中悄然流逝，而我仍然不精通任何一个行业。当我再一次面临工作的选择，我突然发现，逝去的这两年几乎就是失去的两年，蹉跎的两年。

论工作能力，跟我同时以菜鸟身份进入房地产行业的几位同事都远不及我，当我独当一面负责整个楼盘前期策划的时候，他们还没有入门。可是，两年以后，他们在事业的道路上都跑到我前面去了。他们写不出文案，教不了英语，对化妆品行业也一窍不通，可他们成为比我更专业的房地产策划师了，如果我回到房地产行业去，我只能跟在他们后面了。我比他们熟悉更多的行业、更多的职业，可我不可能同时在多个行业从事多种职业。如果我去广告公司，我只是个刚入门的新手；如果我去做市场企划，我仍然是个没有经验的菜鸟。

如果说每一种职业都是一根杆子，追求事业的过程就是爬杆的过程。决定事业成功与否的是你能在某一根杆子上爬多高，而不是将你在每一根杆子上所能爬到的高度累加起来。如果有个人在某根杆子上爬到了顶端，即使他在其他的杆子上一厘米都爬不上，他依然是成功的；相反，如果他在每根杆子上都能爬上一截，可没有一根杆子能爬很高，他依然是失败的。

明白这个道理之后，我进入一家从事SP业务的IT公司安安稳稳地做了较长一段时间，从基层的产品编辑做到了项目经理，并且完成了我在创业之前项目、资金、人脉等多个方面的准备。如果我一毕业就能明白“千招会，不如一招熟”的道理，就不会浪费那么多时间去走弯路了；如果大学生能早点儿明白这个道理，也就不会想着去做什么通才了。如果说追求事业是爬杆，大学生毕业之前塑造核心竞争力则是为爬杆做准备。要是有人想学会爬每一根杆子，最后他只能一根杆子都爬不上去。如果有个人上个月想着毕业后去做研发，整天不是呆在自习室埋头苦读就是在实验室里一丝不苟地做实验，这个月又想做销售，把书本扔到一边，全心全意去做某个产品的校园代理，下个月又想考公务员，四处活动想在学生会谋个一官半职，他又何尝不是跟当年频繁跳槽的我一样浪费青春呢？

找出你的卖点

我一个朋友曾患严重的痔疮，痛苦难耐。我以为他肯定会去人民医院、北大医院等深圳最好的几所三甲医院就医，毕竟这不是简单的伤风感冒，要做手术的。可是，他竟然选择了去一家我之前闻所未闻的私立医院。那家医院规模不大，距离他家也比较远，就算用上导航都不太好找。我问他为什么会去这家医院，他说：“这家医院的名字就是肛肠医院，广告上也强调它是专门治疗痔疮的，所以，我想在这方面它肯定比其他医院更专业。”结果，我这位可怜的朋友在那家医院花了一万多块钱，手术后一个多星期了仍不见好转的迹象。他只好转到人民医院去，不久就痊愈了。

事后我对深圳的私立医院做了一番全面的了解，发现除了规模很小的诊所之外，几乎所有的私立医院都定位为专科医院，把业务局限在某个特定的范围。有的专治男科或者妇科，有的专治不育不孕，还有一家叫中海医院的干脆一门心思当起了接生婆，广告上写着大大的六个字：“生孩子，到中海。”这些医院的男科、妇科、产科会比三甲医院更专业吗？恐怕不见得。这些医院只想做某一类病人的生意，对其他病人口袋里的钱不感兴趣吗？肯定也不是。那它们为何要把男科、妇科或者产科之外的病人拒之门外呢？

原因很简单——他们要是每个病人的钱都想赚，到头来只会一个病人的钱也赚不了。这是他们经过市场的洗礼之后达成的共识。最初的私立医院大多是综合型的，什么科室都设立了，可生意很不好，完全不是大型三甲医院的对手，只好纷纷转型为专科医院，才在医疗市场里分到一杯羹。

大学毕业生在人才市场找出路跟民营医院在医疗市场找出路又何尝不是一个道理呢？我朋友患了痔疮，所以选择了专门治痔疮的医院；用人单位需要一名做销售的或者做人力资源的，他就会选择那些专门来应聘销售职位或者人力资源职位的人。专治痔疮，专治妇科，这些是肛肠医院、妇科医院的核心竞争力，也是他们在市场上招揽客户的卖点。你的核心竞争力和卖点又是什么呢？你又凭什么在人才市场上吸引用人单位的眼球呢？

有人或许会说：像北京协和、广州中山、长沙湘雅之类的医院不都是综合型医院吗？大学生为什么就不能像它们一样大小通吃呢？我承认，通才型的大学生也能找到好工作，但是有两个前提：第一，把读大学的时间延长N倍，自然就有可能具备N个方面的核心竞争力。像协和、湘雅这样的医院都经历了几十上百年的发展，而你能用多少个四年来读大学？第二，在国进民退的大背景下，国企相对私企处于明显的竞争优势，公立医院相对私立医院处于明显的竞争优势。如果你也具有这种得天独厚的优势，比如有个李刚那样的好爸爸，或者跟郭美美一样有个好“干爹”，即使没有核心竞争力，也不怕找不到好工作。可是，大学生的家长中能有多少个李刚？大学生里又能有多少个郭美美？

其实，不只是医院，任何一个产品要想占领市场都需要有明确的卖点。我们每天早上起床以后做的第一件事情就是刷牙，而你手上那支不太起眼的牙膏究竟是如何进入你的生活的？超市的货架上有那么多品牌的牙膏，同一个品牌又有那么多系列的牙膏，你为什么偏偏选择了这一支？除了价格的因素之外，它的功能上的卖点一定迎合了你的需求。市场占有率最高的两个牙膏品牌是佳洁士和高露洁。你只要留意一下它们的电视广告就会发现，几乎每一个广告都有且只有一个卖点，要么是防蛀或者防过敏，要么是美白或者口气清新。高露洁有一款牙膏同时强调防蛀和美白，可是一个短短的广告如何支撑两个卖点？为此，他们煞费苦心地发明了一个词语：健白。这样一来，至少从字面上来看只有一个卖点了。

假如有一款牙膏的广告词是：“我们的牙膏就是好啊就是好！”这种连卖点都没有的广告会有说服力吗？肯定没有。要不然，我们只要把“社会主义好”的标语写满地球，全人类都要信仰社会主义；我们只要让东方红卫星在太空里年复一年地高唱《社会主义好》，外星人都要来中国递交入党申请书。那如果把广告词改为“我们的牙膏既能防蛀，又能美白，还抗过敏，并且口气清新呢，大家快来买啊”，能不能起到很好的效果呢？肯定也不能。要不然宝洁根本就没必要打造那么多洗发水品牌了，直接推出一个宝洁洗发水，把飘柔的柔顺、海飞丝的去屑、潘婷的营养、伊卡璐的天然、沙宣的美发定型以及润妍的中草药黑发统统囊括进去，岂不是就能天下无敌？

牙膏如此，洗发水如此，人才亦如此。“弱水三千，只取一瓢饮。”市场很大，可再成功的商家也只能从中分一杯羹；人才市场也很大，可再优秀的大学生也不可能针对很多种职业方向塑造核心竞争力。

价值源于不可替代

我家附近有一个脏乱差的城中村，在里面一个不起眼的角落，有两位父子开了家中医诊所。诊所不过十几平方米，简陋至极，可每天的病人络绎不绝，很多人都是从外地甚至外国慕名而来的。我一个朋友结婚多年一直没有怀孕，看遍全国各大医院都无济于事，后来吃了他们开的几副药就怀上了。我妈有几十年的老胃病，经他们一调理，不久就好了大半。我曾做过粗略的估算，这对父子每个月的纯利在30万元以上。

在我的老家，有一位四五十岁了还没结婚的资深光棍，一无文化，二无手艺，家徒四壁，人见人欺。一次偶然的机遇，他拜师学会了看阴宅风水，成了方圆几十里最权威的阴宅风水师，用我们的方言来说就是“地仙”。因为村民的购买力有限，他每次给别人看风水也就只收个几十块。当然，有钱的人家自然会多给一些。几年以后，他竟然用十几万在镇上买了套房子，虽谈不上锦衣玉食，却也衣食无忧了。我老家是典型的穷山恶水出刁民，谁要是发家致富了，总会引起众人的嫉恨。可对于这位“地仙”，谁都是毕恭毕敬的，丝毫不敢怠慢。

无论是那两位中医父子还是这位阴宅风水师，都受到了客户极大的尊重。从职业生涯规划的角度来看，他们都是非常成功的。他们的成功究竟来自哪里？每个人都会生病，所以离不开医生；我老家的村民都信风水，所以离不开风水师。可是，我们都要理发，所以离不开理发师，我们都要喝水，所以离不开送水工，那为什么理发师和送水工就不能获得与中医、风水师同样的尊重呢？

答案在于不可替代性。当某个病人在别处无法治愈，只有那位中医能妙手回春，中医就是不可替代的。当某位村民家的老人过世了，只有这位风水师能给死者找个理想的安息之地，风水师也是不可替代的。相反，这个理发师改行了，我可以去找那个理发师；这个送水工休假了，商家自然会安排另外的人把水送过来。

一个人在另一个人眼中的价值正是取决于他的不可替代性。孟庭苇有一首歌叫“你究竟有几个好妹妹”。如果你只有我一个好妹妹，没人能够取代我，我就是有价值的；如果你有很多个好妹妹，其他任何一个女人随时可以取代我，我就一文不值了。

大学生在用人单位眼中的价值又何尝不是如此呢？如果某份工作只有你一个人能做，就算你要求的薪资很高，用人单位也会把你留下来；如果你能做的事情别人也都能做，要是你辞职了，公司随时可以找个人来接替你，你在老板的眼中就可有可无了。这就不难理解为什么很多只是初中学历的厨师月薪过万，而很多读了本科甚至读了研究生的所谓白领却只能拿到两三千的月薪。一家酒楼的老板曾跟我说："要是大厨辞职了，我用几个月都未必能找到中意的，可如果是办公室的文员辞职了，我马上可以去人才市场拉一车回来。"

有人或许会说，现在大学随便一个专业都是人满为患，就连历史、哲学这样的专业都在疯狂扩招，要想做到不可替代，谈何容易！其实，这种担心是完全没有必要的。只要有了明确的职业规划，进而知道要塑造怎样的核心竞争力，自然就能塑造不可替代性了。塑造核心竞争力的过程也就是塑造不可替代性的过程。比如，前面那个想进IT公司从事人力资源工作的女生如果单凭她是一名大学毕业生去找工作，她的不可替代性是六百万分之一，因为跟她同时毕业的六百万大学生都具备这个身份，任何一个人都能替代她。可如果她大学期间从那七个方面来塑造核心竞争力，情况就截然不同了。当她充分具备了第一个方面的能力，深入掌握了人力资源管理六大模块的理论知识，假如六百万毕业生中同样具备这些知识的人只有十分之一，她的不可替代性就提升为六十万分之一。依此类推，当她充分具备了第二个、第三个方面的能力，她的不可替代性就会提升为十万分之一、三万分之一。假定当她七个方面的能力全部具备，不可替代性提高到了千分之一，也就是说，全国六百万大学毕业生中能够替代她的人只有一千人，而全国所有的IT公司每年为大学生提供的人力资源类的职位又何止一千个呢？当一千个人面前等待着他们的是两千个、五千个岗位，他们还怕毕业就失业吗？还需要辗转全国各地当"面霸"吗？还会为交不起房租而发愁吗？还会因为巨大的就业压力而绝望地跳楼自杀吗？

粪土当年奖学金

覃大哥：

你好！我是一名大二的学生，读的是电子商务专业。

《读大学，究竟读什么》一书我反复看了三遍，很受启发。书中提到的“既要逃课，又要拿奖学金”更是让我向往不已。我们学校只是普通的二本，虽然有一些老师也很不错，可大部分课程乏善可陈，老师讲课就像催眠一样。我确实很喜欢电子商务，可我总觉得在课堂上学不到什么东西，还不如用这个时间去自习，或者参加一些社会实践。于是，我成了我们班的“逃课敢死队”队长。之所以叫“敢死队”，是因为我们学校抓出勤率抓得非常严，几乎每节课都要点名。如果有了几次逃课记录，期末考试就不可能拿高分了，甚至连参加期末考试的资格都会被取消，奖学金更是没法指望。我的家庭条件不算太好，哪怕每个学期只能拿到几百块钱的奖学金，多少也能帮父母减轻一点压力。所以，面对奖学金的诱惑，我又不可能做到百分之百的淡然与洒脱。

另外一些因素进一步加剧了我内心的纠结。听老师和同学说，用人单位在招聘应届毕业生的时候是很看重奖学金的，要是一次奖学金都没拿过，肯定会被一票否决。可能正因为这个原因，我们班上大部分同学都为了奖学金而使出了浑身解数。他们不但不敢逃课，而且笔记记得工工整整，期末考试前更是认认真真地复习，明知道死记硬背那些东西没什么用也要硬着头皮去背。担任学生干部、参加学校的一些赛事都可以在评奖学金时获得加分，所以他们也为此趋之若鹜。在这种环境下，我要是想拿奖学金，不但要花大量时间去死记硬背，而且要投入一些精力去参加并不感兴趣的活动，这又不是我所愿意的。

覃大哥，你说我到底该怎么办呢？

吴亮

吴亮：

你好！看得出来，你是一个非常有想法的人。你逃掉无聊的课程去自习或者参加社会实践，而不愿意跟同学们一样为了奖学金而死记硬背，这是难能可贵的。

你之所以在奖学金的问题上感到纠结，是因为你存在两个方面的顾虑：一是不想失去为父母减轻压力的机会，二是担心毕业求职时用人单位注重奖学金。事实上这两个方面的顾虑都是没有必要的。

先来谈谈第一个方面。你想减轻父母的压力，这份孝心固然令人感佩，可是换一个角度来看，我相信令尊令堂宁愿每个学期多给你几百块钱，也不愿看到你单纯为了奖学金而浪费宝贵的时间。他们每年给你一万多块钱的学费和生活费，这笔钱一定来之不易，孝顺的你理应好好珍惜。很显然，每节课都规规矩矩坐在教室里听老师催眠，当一个只会读死书的考试机器，这绝不能算是珍惜。如果为了区区几百块钱而愧对一万多块钱，那岂不是因小失大了？

我大学期间基本上每个学期都是一等奖学金，另外还拿过专项奖学金。当时这些奖学金确实为我提供了不小的帮助，可我从来不曾为了奖学金做过任何妥协。该逃的课一节不落地逃掉了，不想担任的学生干部非常坚决地推辞了。如果适当做些妥协，我肯定可以获得更多的奖学金。哪怕是多拿一次2000元的专项奖学金，也能给家里减轻不小的负担了。可我现在回想起来，既不后悔当初没有多争取一些奖学金，也不为拿过多少奖学金而感到庆幸。

当鱼与熊掌可以兼得，自然照单全收；可如果必须做出取舍，就只能舍鱼而取熊掌了。孰为鱼？孰为熊掌？有些事情只是在短时间内很重要，比如奖学金，它能让你在一段时间里手头宽裕些，却不能影响更多，此为鱼也；有些事情的影响却是深远的，比如用一种什么方式读大学，它将决定十年后、二十年后你的事业所能达到的高度，此为熊掌也。古人云："劝君莫惜金缕衣，劝君惜取少年时。"当奖学金和自主性学习发生了冲突，我就只能"劝君莫惜奖学金，劝君惜取少年时"了。

当一笔奖学金发放到你的手上，你一定会很激动。可是多年以后，当你蓦然回首大学生涯，你会记得哪本书开阔了你的视野，哪位恩师深化了你的思想，却未必记得哪笔奖学金给你带来过兴奋了。即使还记得，彼时的你还会为那几百块钱而兴奋吗？毛泽东在诗词里写道："粪土当年万户侯。"荣华富贵不过是微不足道的过眼云烟，何况小小一笔奖学金？今时今日，你那些从不逃课的同学得了奖学金以后或许会在你面前得意，可是多年以后，当你在事业的道路上把他们甩在了身后，你完全可以像毛主席一样豪情万丈地说：粪土当年奖学金。

你就算真想为父母减轻一点压力，也绝不只有奖学金一种途径。助学贷款、勤工助学都是非常不错的方式。如果你每个暑假都做一段时间的兼职，不但足以挣到比奖学金更多的钱，还能积累工作经验，为毕业求职积累筹码。

说到求职，就要谈谈你的第二个顾虑了。确实有一些用人单位要求应届毕业生网申时注明是否得过奖学金，可这一栏对于简历的筛选几乎没有任何影响。HR

都是从大学里走出来的，有一个事实他们心知肚明得很——奖学金未必是奖励给真正的优等生，就好比困难补助未必是发放给真正的贫困生。如果是应聘技术性很强的研发类工作，奖学金或许还有一点参考价值，而像电子商务之类的工作显然不是期末考试得高分就能胜任的。对于这一类职位而言，社会实践比奖学金重要得多。

我在网上看到过一则新闻，说湖北第二师范学院举行的校园招聘会上，多名曾经获得高额奖学金的大学生求职时遭遇尴尬，就连获得八千元国家级奖学金的学生也不例外。他们的简历对获得奖学金的经历着重体现，现场考官却不屑一顾。一家用人单位的负责人说："获得奖学金只能说明这个学生的学习能力比较强，但不一定是我们需要的人才，社会经验更重要。"另一家单位负责人说："一个应届生，看是否获得过奖学金，还不如看假期是否做过兼职。"

现在你应该可以吃下定心丸了吧？拒绝奖学金的诱惑，最大限度地按你想要的方式去读大学就是了。当然，有一条底线是需要坚持的，那就是：修满学分，顺利毕业。

覃彪喜

学校：草根照样伤不起，名校也许是浮云

用人单位在校园招聘和社会招聘时，往往存在双重标准……即使你没有考上名牌大学，那也并不代表什么。这唯一能说明的就是：你在高考的考场上输给那些考上名牌大学的人了。而人生的考场又何止高考那两天呢……真正的精英是付出更多努力的人……草根大学的毕业生求职时需要懂得“差异化营销”……

几乎在每一个人看来，考上名牌大学都意味着成功，至少意味着比进入非名牌、非重点的草根大学更容易成功。这一点在大多数家长、学生、老师和一定数量的用人单位身上达成了惊人的默契。据《中国青年报》报道，有一些用人单位明确表示只考虑“三清团”的毕业生——本科、硕士、博士均毕业于清华。一位从英国留学归来的金融学硕士去一家国有银行应聘，该银行的回复是：“您的各方面条件都符合，但本科不是重点大学，因此很遗憾地通知您不能获得笔试资格。”

如此看重名校文凭的用人单位究竟是少数还是主流？它们对名校毕业生的偏爱是否意味着考上名校就能轻而易举获得成功，否则就只能得到歧视、屈辱与失败？如果说高考决定了命运的轨迹，不认输的草根大学生又该如何扼住命运的咽喉，改写命运的篇章？

你只代表你自己

实事求是地说，名牌大学在师资力量、实验室设备、图书馆藏书的数量与质量等各个方面都具有非常明显的优势。如果有选择的机会，我想任何人都会毫不犹豫地在名牌大学和草根大学之间选择前者。然而，对于用人单位而言，在一个名牌大学的毕业生和一个非名牌大学的毕业生之间如何选择，这是另外一道截然不同的选择题，因为没有一个毕业生是代表他的母校去求职，工作以后也不可能代表他的母校去开发产品，去打动客户。

你只代表你自己！学校的优势不等于你的优势，学校很厉害不等于你也很厉害。如果你是个人才，即使你的学校很垃圾，你依然是个人才；如果你是个垃

圾，即使你的学校很牛逼，你也不过是个垃圾。这话说得有点难听，可现实就是如此。即使有不少用人单位对名校学历存在变态的、盲目的崇拜，也无法从整体上改变这一点。

英雄不问出处

当我说一切名牌大学都是纸老虎，有人说我是吃不到葡萄说葡萄酸，没考上北大就故意摆出一副藐视北大的样子。这实在是一种无端的指责。首先，我并不否定北大这颗葡萄很甜，我只是强调北大很甜不等于北大的每一个毕业生都很甜，也不是只有北大的毕业生才甜。其次，我的母校是全国首批211高校，也是综合实力位居全国前20名的985高校。我吃到的葡萄虽然不是最甜的，但也是最甜的之一。如果我把名牌大学比喻成纸老虎只是吃不到葡萄说葡萄酸，那我这么做显然是很不划算的——我得到的只是摆脱了在十几所高校毕业生面前的自卑感，失去的却是在上千所高校毕业生面前的优越感。

还有人说我是站着说话不腰疼，饱汉不知饿汉饥，得了便宜还卖乖。面对这种指责，我实在感到冤枉。我毕业求职那会儿，学校刚刚改名，只要出了长沙，知名度几乎为零。当时中央电视台要举办一次民办大学校长论坛，竟然给我们的黄伯云校长发来了邀请函，搞得全校上下哭笑不得。我来深圳求职的时候，也有很多用人单位把我当成了民办高校的毕业生。这又算是得了哪门子的便宜呢？

事实上我之所以说名牌大学是纸老虎，原因只有一个，那就是我毕业离校以后的所见所闻非常充分地证明了一点：英雄不问出处。我在深圳的第一份工作是做房地产策划师，跟我同时入职的是一位毕业于浙江大学的女生。随后又了解到公司好一些同事毕业于东南大学、美国哥伦比亚大学等名校。我不禁暗暗庆幸自己毕业于重点大学。可是，这种庆幸很快就荡然无存了，因为我发现公司的好几位“白骨精”（白领，骨干，精英）并没有名校学历，有一位资深策划师毕业于广州大学，我的上司毕业于贵州大学，还有一位部门经理连大学的门都没进过，学历只是高中。

后来我跳槽了好几次，每一家公司的情况都差不多。其中有一家外资IT公司颇具规模，当时在业内也算得上是全国知名企业。我特意统计了好几个部门一百多位同事的教育背景，发现了一个不成规律的规律：毕业院校的好坏跟收入的多少、职位的高低、业绩的大小并没有明显的关系，既不成正比，也不成反比。毕业于清华、人大、华中科大、中山大学等名校的同事中，有一些当上了总监、经理，还有一些工作了好多年却依然挣扎在最底层。毕业于非名校的同事也是几家欢乐几家愁，有人连试用期都过不了，有人年薪30万都留不住。有一位技术总监毕业于四川某所名不见经传的专科院校，深受董事会的器重，待遇自然差不了，可最后还是被另外一家公司用更高的薪水挖走了。另外一位同事跟我是老乡，毕业于邵阳师专物理系。这是我们家乡的一所专科学校，出了湖南绝对没有几个人听说过。高考之前我们同学时常这样自嘲："我能考上邵阳师专就已经是祖宗显灵啦！"也就是说，邵阳师专是我们当时所能想到的最差的大学。可是，这所学校物理系的一名毕业生却成了我们公司的高级Java工程师，后来去另外一家公司当了技术总监。

陕西奥通科技有限公司总经理闫清阁接受记者采访时说："能考上名牌大学表现出一个学生的智慧水平，这一点需要被认可，但不意味着在实际工作中就能胜任，这个结论也是在历年来招录毕业生中得出的。事实上，专业和学校都是次要的，企业比较看重的是一个人是否聪敏，对工作和求知是否充满热情，能否适应企业文化。无论是对口专业、名牌大学还是出色的工作经验，最终都要去和薪水寻求对称。如果对称不起来，用人单位迟早会让他打铺盖卷，因而反映到现实中只有一句话：让工作业绩说话。"

持相同观点的用人单位绝非少数。我刚毕业求职的时候，一家知名企业的人事经理曾跟我说："通过这几轮面试，我们有理由相信你是我们需要的人。虽然你毕业于一所我连听都没听说过的大学，可我们还是决定录用你，待遇方面也完全可以满足你的要求。在我们看来，一个毕业于名牌大学的人如果不能为公司创造价值，我们要他干什么呢？一个教育背景很不起眼的人如果能够创造价值，我们又何必错失人才呢？"虽然我最后选择了另外一家公司，可这番话我至今记忆犹新。他们的用人理念也就成了我现在的用人理念。我经常对负责招聘的人说："如果你要通过对方毕业于什么学校来判断他能不能胜任所应聘的工作，这对你来说不仅是一种失败，还是一种耻辱。"

风物长宜放眼量

有一个客观事实却是不能否定的——就整体而言，非名校毕业生无论是考研还是就业，面临的困难都要比名校毕业生大得多。

我一直反对盲目考研，可对于一部分大学生来说，尤其是对于那些以学术研究为职业规划的大学生来说，考研是必须的。然而，对于名校和非名校的考生而言，考研并不是一次公平的竞争。随着就业压力与日俱增，很多二本、三本院校把考研作为提高就业率的首要途径，动员全民考研，把大学变成了考研基地，把考研变成了第二次高考。在这样的教育模式下，学生难免沦为高分低能的考试机器，工作能力和学术研究能力都是值得怀疑的。所以，很多用人单位在招聘员工时，很多高校在招硕士研究生时，都不约而同地将某些有名的考研基地的高校毕业生列入了黑名单。这种做法虽然情有可原，但也难免错杀一些无辜的优秀毕业生。

名校逐年增加的保研人数进一步加剧了考研的不公。北大、清华、人大、复旦等高校不少专业的研究生推免数量占到招生总额的一半，有些理工科专业的比重达到70%～80%，中国人民大学的国学院和汉青经济与金融研究院甚至全部招收推免生。2009年，北京大学应试生录取2632人，推免生1752人，后者占总录取比重39.96%；2010年应试生录取2620人，推免生2038人，比重上升到43.75%；2011年应试生录取2657人，推免生2247人，比重是45.82%。有机会被保送到这些名校的人自然以本校和其他重点大学的学生居多。报考上海交大的一名考生曾向《新闻晚报》记者透露，他所报的那个学院开过一次会，“据内部传话，院系领导已经发话，推免生要求‘门当户对’，非985高校学生不招。”

非名校毕业生在就业时遭遇的不公正待遇跟考研比起来更是有过之而无不及。在武汉某高校的毕业生供需会上，一家公司的荆州分公司明确表示营销代表、财会人员、网络维护工程师等岗位只考虑985高校的毕业生。有学生问：“211高校的也不行吗？”工作人员摇摇头表示，学校类别的要求是公司总部的规定，并认为高层次的学校类别毕业生质量更高。

在另一场应届毕业生招聘会上，来自河南的一家太阳能发电企业招聘董事长办公室人员及研发工程师，明确要求“限清华本科”，公共关系专员这一职位的要求低一点，不过也得是毕业于211院校且“形象好、气质佳”的女性。在中国人民大学举办的一次论坛上，某央企负责人表示，从2008年起，他们只在全国8所重点院校招聘毕业生。他并不否认其他院校也会有符合公司需求的人才，可是，“既然北大、清华、复旦这些高校提供的毕业生完全能满足公司的需要，为什么还要花那么大的精力去更大的范围里选择呢？”

既然考研和就业这两条路都充满了歧视与不公，我为什么还要说英雄不问出处呢？这看上去似乎自相矛盾，实则不然。

先来说说考研。南阳师范学院学生杨君悦对《中国青年报》记者抱怨道：“输了第一步，后面就都输了吗？”就业导师在她大三时劝她尽量不要报考北京、上海的知名高校，“他们对咱们这些二三本院校的学生有歧视”。杨君悦的一个师兄曾报考武汉大学传播学专业研究生，以400多分位列笔试成绩第一，却在面试阶段被淘汰。这件事自然很容易让人理解为名校对非名校的歧视，然而，这位师兄告诉杨君悦，他被淘汰的真实原因是：面试的导师认为他书读得太少，传播学必读书目——麦克卢汉的《理解媒介》都说不上两句，哪里是做学问的料子？如果非要说这是一种歧视，那也只能说是歧视读书太少、缺乏学术功底的人，而不能说是歧视来自二三本院校的人。

就算一些面试的导师对来自某些有名的考研基地的考生抱有格外的警惕，这种警惕也并不等于最终的结论。只要你足够优秀，让导师有理由相信你并没有把考研当成第二次高考，大学期间通过加倍的努力培养了较好的学术素养与学术功底，他又何必故意掩饰自己的爱才之心呢？毕竟，你在面试时只代表你自己，并不代表你在本科期间就读的学校。有一次回母校做讲座时，我跟一位带研究生的老师聊过这个问题。他说，通过统考招进来的研究生大约有一半来自二三本院校。这些人的底子要略微差一些，但是学习更加刻苦，所以完全没有必要歧视他们。

推免生的比例不断增加，这必然给应试生增加压力。然而，我们并不能简单地认定推免生占了一半的份额，应试生的难度就增加了一倍，因为推免生即使不被保送，他们中的绝大多数也是要考研的，而且考上的几率非常高。中国青年政治学院副教授汪方华通过对比推免生和统考生后发现，不管是个人的科研能力还是眼界视野，推免生都要略胜一筹。这一观点与上海交大人文艺术研究院副院长谢耘耕教授不谋而合。他说：“只要是985名校的推免生，我们导师都是抢的。事实证明，这些推免生各方面都很优秀，毕竟他们接受了大学四年的考验，而不仅仅只是一次考试。”既然推免生的能力被普遍认可，推免制度带给应试生的不公就不应被过度放大。

再来谈谈就业。二三本院校的毕业生在初次就业时所处的劣势是显而易见的，很多用人单位只会去有限的几所名牌大学组织招聘或进行宣讲，就算在网上接收电子简历时来者不拒，也不可能逐一审核每份简历，而是通过关键词自动筛选出感兴趣的那几所高校的毕业生。然而，有两点是不容忽视的。第一，盲目崇拜名校学历的用人单位毕竟只是少数，大部分用人单位更注重求职者的专业技能、社会实践经历等因素。每年毕业于清华和北大的本科生只有6000多人，即使加上其他42所985高校的毕业生，也只能在每年600多万名高校毕业生中占据微不足道的比例。如果用人单位都“限清华本科”或者“非985高校毕业生勿扰”，那岂不是每年都有超过95%的毕业生流落街头？事实上绝大多数用人单位都没有条件去高校开宣讲会，也不会在网上专门组织校园招聘，而是通过其他的方式吸收应届毕业生。一旦脱离了校园招聘的氛围，用人单位对毕业院校的关注度就大为降低。

这就牵扯出了我将要着重强调的第二点：用人单位在校园招聘和社会招聘时，往往存在双重标准。校园招聘时，名校文凭占有非常明显的优势，用人单位会优先考虑名校的毕业生；可到了社会招聘，名校文凭的优势几乎可以忽略不计，用人单位往往对名校和非名校的毕业生一视同仁。这看上去似乎非常矛盾，其实很好理解——既然企业的唯一目的是创造价值、实现利润，其用人标准也就只有一个：任人唯贤，挑选能够帮助企业最大限度创造价值、实现利润的人。因为应届毕业生的工作经历基本上是一张白纸，很难从这个角度对工作能力加以衡量，所以只好把学校的好坏作为校园招聘时一个重要的指标。在社会招聘时，求职者都有了一定的工作经验，学校的好坏就不那么重要了，用人单位最关心的就是求职者曾经做过什么工作，取得了怎样的成绩。

华为、腾讯、中兴、万科等企业都在深圳，他们的情况我是比较了解的。这些公司在校园招聘时，都只会去知名重点大学开宣讲会，筛选简历时也是优先考虑名校的毕业生。可是，同样是这些企业，同样是那些负责招聘的HR，在社会招聘时就截然不同了。他们会对工作能力和工作经验提出非常明确而具体的要求，对于应聘者毕业于什么学校却并不关心。比如，腾讯在招聘高级前端架构师一职时，要求如下：

三年以上前端开发经验，有大型网站的前端架构部署和实践经验优先；
有带领前端开发团队的经验；
对符合web标准的网站重构有丰富经验，有成功案例；
精通JS、AJAX，精通as3者优先；
精通结构化语言xhtml、xml与解释性语言css；
有丰富的浏览器兼容处理经验，有海量级访问页面性能优化经验；
有大型网站前端架构实施经验；
至少精通一门后端程序语言，如PHP、C++、Python或Java等；
对业界新技术有浓厚的兴趣和深入的见解；
逻辑分析能力强，善于沟通，较强的学习能力；

精通各种前端框架，深入了解其开发思想以及应用范围，有独立开发框架经验。

一口气列了这么多项要求，唯独对教育背景只字未提。难道是不小心遗忘了？显然不是。因为这个职位不只这个时候如此，其他时候也是如此；腾讯不只这个职位如此，其他职位也是如此；不只腾讯一家公司如此，其他公司也是如此。万科在招聘培训主管一职时，要求如下：

本科及以上学历，五年以上培训管理与组织实施工作经验；

熟悉管理培训资源，管理咨询培训流程及关键步骤；

有劳动密集型、连锁经营型企业跨区域人力资源管理、培训咨询机构经验者优先考虑；

具有较强的亲和力和敬业精神，为人正直、诚实，性格开朗；

思维敏捷，具有较强的组织、协调、沟通能力及分析问题、解决问题的能力；

良好的文字和语言表达能力。

这个职位虽然就教育背景做出了“本科及以上学历”的要求，可并未涉及毕业院校，更没有明确要求应聘者是985院校或者北大、清华的毕业生。也就是说，求职者在应聘这些工作时，学校的好坏已经变得无足轻重，一切以能力为准，一切以工作经验为准。

我的很多朋友、同事并没有光彩夺目的名校学历，刚毕业时确实连名企的门都摸不着，只好进了中小企业发展。可是，他们在工作了一段时间之后，凭借取得的工作业绩和积累的行业资源，非常顺利地通过了百事、华为等名企的面试，甚至被名企通过猎头公司以高薪挖走。我一个亲戚毕业于湖南科技大学，刚毕业时进了中山一家不知名的家电企业，后来相继跳槽了三次，用人单位分别是：格兰仕，美的，格力。

我原来一位同事毕业于吉首大学——一所在湖南省都排在十名开外的二本院校。她毕业时曾经去长沙参加了几场招聘会，备受打击。一家五星级酒店招聘行政文员，她上前投了份简历，结果被人狠狠挖苦了一番：“野鸡大学的毕业生不在我们的考虑范围之内。”后来她进入我当时所在的公司，用三年多时间从一名助理做到了大区经理，业绩斐然。当腾讯在SP领域大举招兵买马时，她非常顺利地跳槽过去了。

我举这些例子并不意味着在名企工作比在中小企业工作更成功，事实上有很多人宁愿放弃进入名企的机会而选择进入中小企业（我在《求职，从大一开始》一书中专门分析过大公司和小公司的优劣）。我只是想通过这些案例说明一点：即使非名校大学生在毕业求职时的工作机会少很多，找工作的难度大很多，第一份工作的起点低很多，这一切也都只是暂时的。只要发愤图强、永不言败，时间足以消除草根大学生与名校毕业生之间的一切落差，短则数月，长则几年。相对几十年的职业生涯而言，这短短的几年又算什么呢？

即使你没有考上名牌大学，那也并不代表什么。这唯一能说明的就是：你在高考的考场上输给那些考上名牌大学的人了。而人生的考场又何止高考那两天呢？就算高考输了，以后还有大把的机会赢回来。如果大学毕业的时候不行，那就等毕业三年以后；如果毕业三年以后还不行，那就等毕业五年以后、七年以后。只要不懈努力，你一定可以跟名校的毕业生平起平坐，甚至比他们更加出色。马云的学历不过是杭州师院的大专，可是有多少北大清华乃至美国常春藤高校的毕业生为他打工！别以为这只是特例，中国有大把的大公司让名校毕业生无比向往，而公司的老总却只毕业于草根大学，甚至压根儿没有上过大学。国外其实也是如此。根据《华尔街日报》的统计，当今美国500家大公司的CEO中有90%毕业于常春藤以外的大学。这么多非名校的毕业生能够做到的事情，你为什么不可以做到呢？

真正的精英是付出更多努力的人

名牌大学对一个人的成功究竟起到多大的作用？美国普林斯顿大学的经济学教授Alan Krueger与梅隆基金会的Stacy Dale就这一问题进行了调查。他们调查不同大学1976年入学的学生在1995年的收入。结果是，进入耶鲁大学、斯沃斯摩尔学院（Swarthmore College，美国最顶尖的文理学院之一）、宾夕法尼亚大学这类名牌大学的毕业生年均收入为9.2万美元，进入宾州州立、丹尼森（Denison）、杜兰（Tulane）这类一般大学的毕业生年均收入仅2.2万美元，收入差距相当悬殊。

从这个数据来看，名牌大学与成功之间的强烈正相关关系似乎是理所当然的。然而，事情并没有这么简单。Krueger等人研究了同样能力的学生上不同学校的结果。他们发现，能力强的学生无论选择录取严格的名牌大学还是录取宽松的一般大学，毕业10年后收入差别并不大。这就是说，高收入不是取决于是否上名牌大学，而是取决于个人能力。耶鲁等名校毕业生收入高，不是因为他们上了名校，而是因为他们的能力本来就高。不是名牌大学使这些学生能力变强，而是这些人本来就有很强的能力才得以上名牌大学。

成功取决于能力，而能力并不取决于学校。所以，一个原本就有能力的人即使没有考上名牌大学，他只要在大学期间锲而不舍地努力，让能力得到更充分的锻炼，毕业以后照样可以成功；相反，一个高分低能的人就算考上了名牌大学，或者他原本有不错的能力基础，进入大学以后却不思进取，没有让能力得到进一步的提升，他就不可能获得成功。

很多人顶着天之骄子的光环进入名牌大学，毕业后却碌碌无为，“泯然众人矣”。刚到深圳不久，我曾经在一家化妆品公司短暂工作过。负责研发的一位同事毕业于清华大学，按理来说应该成为技术骨干才对，可他竟然因为不能胜任而被辞退了。行政部副经理多年前毕业于北京大学，她是一名颇具小资情调的白领丽人，可在事业上实在算不上有多成功。年过三十了还不过是在一家中型企业管着考勤、办公用品发放等杂七杂八的事情，月薪不过4000元，我想绝大部分草根大学的毕业生都能做到这一点吧。

网上关于名校毕业生的负面新闻更是比比皆是。北大医学院一名学生曾是高考理科状元，毕业后迟迟找不到工作，只好回老家卖起了糖葫芦；清华大学一名毕业生长期在湘潭、深圳、北京等地晃荡，当过搬运工、包装工，发过传单，6年下来竟沦为无业游民；南京大学一名博士因生活所迫上街乞讨；北大一名毕业生长期找不到工作，他哥哥安排他去玻璃厂当工人，他不愿意去，最后竟然在南宁靠捡垃圾为生……尽管这些事例不具有普遍的代表性，可它们的存在足以说明一点：名牌大学并不是成功的保险柜。如果说成功真有保险柜的话，那绝不是名牌大学，而是加倍的付出。

哈佛大学是举世公认的名牌大学，哈佛大学的毕业生就整体而言也比世界上绝大多数大学的毕业生更加成功，然而，这些人的成功与其归因于他们考上了最好的大学，不如归因于他们付出了最多的努力。中央电视台《世界著名大学》制片人谢娟曾带摄制组到哈佛大学采访。她说：“我们到哈佛大学时是半夜2点，让我们惊讶的是，整个校园灯火通明，餐厅里，图书馆里，教室里还有很多学生在看书。那种强烈的学习气氛一下子就感染了我们。在哈佛，学生的学习是不分白天和黑夜的。那时，我才知道，在美国，在哈佛这样的名校，学生的压力是很大的。在哈佛，到处可以看到睡觉的人，甚至在食堂的长椅上也有人在呼呼大睡，而旁边来来往往就餐的人并不觉得稀奇，因为他们知道这些倒头就睡的人实在是太累了。在哈佛，我们见到最多的就是学生一边啃着面包一边忘我地看书。”

哈佛的本科生每学期至少要选修4门主要课程，一年是8门课，4年之内修满32门课并通过考试才可以毕业。只有最聪明的天才学生可以在两三年内读完这32门课，一般的学生光应付4门课就已经忙得头晕脑涨了，因为在课堂上教授们讲得飞快，不管你听得懂听不懂，课下又留下一大堆阅读材料，读不完根本就完成不了作业。在哈佛学习的一个北大女孩说：“我在这里一个星期的阅读量是我在北大一年的阅读量。而且哈佛的作业量很大，我们课后要花很多时间看书，预习案例。每堂课都需要提前做大量的准备，课前准备充分了，上课时才能和别人交流，贡献你的个人思想，才能和大家一起学习，否则，你是无法融入到课堂教学中的。”

哈佛大学终身教授丘成桐说：“中国大学生的大学生活相比之下太轻松了。在美国，随着年龄的增长，一点点加大学习的任务，到了大学时是最苦的，而中国的孩子到了大学却一下子放松下来了。他们放松的四年，恰好是美国大学生最勤奋的四年，积蓄人生能量的黄金四年。”

大学毕业以后能不能成为精英，归根结底并不取决于你是否毕业于名牌大学，而是取决于你究竟用一种怎样的方式度过大学的黄金四年。如果你勤奋了四年，即使你的学校毫无名气，你毕业以后照样伤不起；如果你放松了四年，即使你毕业于名牌大学，学校的名气对你来说也不过是浮云。

草根大学的学生如何读大学

跟名牌大学比起来，草根大学的劣势是显而易见的。然而，草根大学的学生并没有必要因此感到悲观绝望。一方面，我们不应该夸大学校的资源对学生成才的影响，事实上名牌大学的很多优势资源跟绝大多数学生毫无关系；另一方面，草根大学的学生即使存在方方面面的劣势，这些劣势也是可以通过适当的方法加以缩小甚至消除的。

从学生的角度来看，草根大学主要存在以下四个方面的劣势。我们不妨逐一加以分析。

第一，硬件设施不如名牌大学完善。

如果把硬件设施理解为楼房、球场、草地，名牌大学未必占有优势。北京大学、武汉大学一些宿舍楼有着数十年的历史，外墙十分破旧，室内拥挤不堪，而很多草根大学的宿舍都是四人一间，带独立洗手间，有电视，有空调。一些财大气粗的三本院校更是美得像皇家园林。然而，正如我在第二个专题中所说，这一切都是无关紧要的。你大可不必羡慕人民大学食堂里那部耗资百万的观光电梯，也不必羡慕某些高校斥资数百万修建的豪华校门，因为这些东西跟学生的学习和成才没有半点关系，也没有一个学生能在毕业离校时把它们带走。

有一些硬件设施确实跟学生密切相关，而且名牌大学占有绝对优势，比如图书馆的藏书和实验室的设备。名牌大学的图书馆动辄拥有数百万册藏书、数千种中外文期刊，还有丰富的电子书刊、学位论文等数字资源，草根大学的图书馆则相形见绌。比如，截至2009年底，北京大学图书馆拥有藏书800余万册（其中有150万册中文古籍），外文善本、金石拓片、1949年前出版物的收藏均名列国内图书馆前茅。而根据其官网的数据，怀化学院图书馆各类型纸质文献馆藏总量仅107万册，我家乡的邵阳学院图书馆馆藏纸质图书仅120万册。

对于草根大学的科研工作者来说，如此悬殊的差距难免令人沮丧，可对于学生，尤其是本科生而言，情况远没有那么糟糕。首先，名牌大学的图书馆就算拥有很多珍贵的孤本、善本，学生也是看不到的，对他们来说，有跟没有一个样。既然如此，对于草根大学的学生来说，没有也就跟有一个样了。就好比某人娶了个美貌如花的仙女，可这个仙女一直呆在天上不下凡尘，既不发短信，也不上QQ，他跟光棍又有什么两样？其次，不管图书馆的藏书是几十万册还是几百万册，你在大学期间所能读的书都是非常有限的。就算把弱水三千统统给了你，你也只能取一瓢饮。假设你大学四年除了学习教材以外，无论是军训、实习还是寒暑假，平均每6天读1本书，每个月读5本书，从入学到毕业离校共46个月，累计读书不过230本。这样的阅读量在国外的大学很可能毕不了业，可在中国却足以傲视同侪了。不管你们学校的图书馆多么寒碜，总不至于连230本像样的书都找不出来吧？就算你倒霉到了理论上的极点，学校压根儿没有图书馆，或者图书馆里一本像样的书都没有，你还可以自己掏钱去买230本书。假设平均每本书折后27元，每天用于买书的开支不过4.5元。如果财力确实有限，还可以跟同学各买一些，互相借阅。

所以，草根大学的学生与其抱怨图书馆藏书太少，不如去图书馆寻找自己感兴趣的书刊。如果有一些书对你来说是必读的，而图书馆里又没有，可以通过同学去其他院校的图书馆借阅，或者去社会图书馆试试。还不行的话就去买一本吧。在我看来，有一些书不管图书馆有没有，都是应该买回来收藏的。一个政治学专业的人舍不得买《政府论》、《论美国的民主》，一个法学院的人舍不得买《法律帝国》、《法的概念》，这实在比抢银行却舍不得买丝袜更不可理喻，比带女朋友开房却舍不得买避孕套更不可饶恕。

至于实验室，草根大学的条件自然也要逊色很多，与国家实验室、国家重点实验室、教育部重点实验室等平台更是绝缘。正因为如此，如果你学的是医学、物理这类对实验室要求较高的专业，并且准备在学术上有所建树，我会毫不犹豫地鼓励你报考重点大学的硕士、博士。可是，对本科生而言，这一差距实在没有必要放在心上。主要有两个方面的原因：第一，几乎所有的文科专业和一部分理科专业是不需要实验室的；第二，草根大学的实验室就算简陋一些，基本上也足以满足本科生的学习之需。至于名牌大学的那些重点实验室，跟本科生也没什么关系，不管你是不是这个专业的。所以，草根大学的学生与其羡慕名牌大学的那些重点实验室，不如充分利用你们学校提供的条件做好实验、搞好学习。

在网上时常能看到不同高校的学生在互掐，一边炫耀着自己学校有多少名院士，多少个博士点，多少个国家重点实验室和国家重点学科，获得了多少项技术发明奖，一边奚落着其他高校的种种不是。这样的争论往往火药味十足，时不时充满了肮脏的人身攻击。我读书那会儿，我们学校就时常被一些兄弟院校的人说成“种男大学”（因为谐音）或者“矿工大学”（因为地矿类专业是我们学校的王牌专业之一）。热爱学校，以学校为荣，这固然无可厚非，可是把大好的青春耗费在这样的争论上，实在无聊透顶。这就好比两个班级的小学生在争论谁的班主任更漂亮。班主任漂不漂亮关他们什么事呢？就算要为此展开争论，那也只有她们的老公才有资格这么做。揣着学生的命，操着老公的心；揣着乞丐的命，操着天子的心。何苦呢？何必呢？

第二，师资力量不如名牌大学雄厚。

毫无疑问，名校的师资力量比草根大学要雄厚得多。据武汉大学等高校的一些老师跟我反映，这些学校近年来原则上只引进毕业于世界前若干名大学的海归博士，自己培养的博士如果留校，基本上只能当辅导员，没机会讲授专业课。姑且不论这一做法是否完全合理，它至少足以让名校的师资力量大大超过草根大学。

然而，关于名校的师资，有两点是需要提及的。第一，名校的很大一部分师资跟本科生毫无关系。在国外，诺贝尔奖得主给本科新生讲课是很正常的事情，中国却截然不同，有一些知名教授恐怕连博士都未必有机会听他们的课。我的母校有十几名院士，可我除了大一期间听过何继善先生的一次讲座以外，就只能通过图书馆里的院士头像来感受他们的存在了。我们院有一位叫曾钊新的教授，在伦理学界算得上是泰斗级的人物，可我直到现在都不曾见过他的真容。第二，并不是名校的每一个老师都是好老师。有一些人搞科研的能力不错，可是教书的能力不行；有一些人不学无术，纯粹就是个南郭先生；还有一些人厚颜无耻，毫无学术道德可言。如果把这两类师资扣除掉，名校的师资优势就要大打折扣。

当然，打了折的优势依然是优势。草根大学的学生又该如何弥补师资的不足呢？我认为可以从以下四个方面着手。

首先，要善于从矮个里挑高个。名牌大学的老师中不乏草包，草根大学的老师中也不乏德才兼备之人。如果有幸遇到了好老师，一定要好好珍惜，别再逃课了，上课也别再打瞌睡了。有很多非常优秀的人在名校读完博士、硕士以后，因为能力以外的原因不能留校任教，所以成了二本、三本院校的中青年教师。他们不一定有教授、副教授的头衔，可学识未必比名校的老师差。

其次，即使没有机会听一些名师讲课，也可以通过他们的著作学习他们的思想。如果你对法学很感兴趣，可你偏偏是在一所二流大学的三流法学院听不入流的老师讲专业课，那一定非常郁闷。可如果你认真学习了贺卫方、朱苏力、陈兴良、陈瑞华等老师写的教材、专著和论文，北大法学院最优质的师资也就间接地成了你的师资。课堂最大的优势并不是现场感，而是可以互动交流。可中国的大学，无论是名牌大学还是草根大学，基本上都是大班上课，很少有讨论。如此一来，听老师讲课和看他写的文章，并没有太大的区别。

再次，可以去本校的其他院系或者其他高校蹭课。虽然时间和金钱的成本都有点大，还需要大量逃课，但只要选对了老师，定能受益匪浅。

最后，可以通过讲座领略大师的风采，获得学术前沿、社会前沿的最新信息。听讲座是读大学的一项重要内容，如果你对讲座的内容感兴趣，主讲者在该领域也有足够的发言权，你一定不要错过。当然，草根大学的讲座，无论是数量还是质量，都与名牌大学相差甚远。如果条件允许，你可以让当地其他院校的朋友充当你的“内线”，有合适的讲座就及时通知你。另一个办法就是在网上找一些名师的讲座视频来看，只是提问环节没你的份了，事实上在讲座现场的人也没几个能有提问的机会。

第三，学习氛围不如名牌大学浓厚。

有人或许会说：“很多二本、三本院校都成了考研基地，学生从大一就开始为考研而奋斗，不少人为了一大早能在图书馆的自习室占个座位，不惜在图书馆的门外搭帐篷睡觉。这样的学习氛围还不够浓厚吗？又有多少名牌大学的学生能够做到这一点呢？”

我承认很多草根大学的学生读书都非常刻苦，但是，刻苦并不是学习氛围的全部。要不然的话，高三和高考复习班的学习氛围比大学好多了，我们为什么还要读大学呢？除了读书用功以外，良好的学习氛围至少还要包括正确的学习态度和学习方法，而把大学当成考研基地、把考研当成第二次高考，这无论如何也不能算是正确的学习。这一点我在第一个专题中已经做过分析，在后面关于考研的专题中还将进一步讨论。

对于大学而言，理想的学习氛围应该是这样的——大家对学习都有着浓厚的兴趣，在学习的过程中能有独立的思考，并乐于通过课堂讨论、社团活动乃至宿舍熄灯以后的“卧谈会”等形式与别人交流、分享。也就是说，只有当“读同学”成为读大学的一种方式，你的思想能与同学产生碰撞，你不但能因此得到知识量的增加，更能让批判性思维能力得到提升，这才是一所大学所需要的学习氛围。

再说了，不是所有的草根大学都成了考研基地，也不是所有草根大学的学生都会为了自习占座而睡帐篷。随着大学不断扩招，高考考生不断减少，高考录取率也就不断攀升，2011年已经达到72.3%。也就是说，就算学习不刻苦，照样也能上大学。在调档线很低的草根大学，必然会涌入大量不思进取、不学无术的人。有很多二本、三本院校的读者向我反映，他们同学中很少有人认真读书，坚持上自习的人反而会被那些只顾着玩游戏的人挖苦、嘲笑。

基于上述分析，我觉得草根大学的学生想要学有所成，首先需要特立独行的勇气和魄力。就算你的同学都不想读书，整天沉迷于吃喝玩乐，你如果热爱学习就会显得非常另类，你跟同学的关系也很可能因此变得疏远，你也始终不要忘了自己想要的究竟是什么，要有勇气坚持走你自己的路。同时，要尽量在不太好的大环境下选择相对较好的小环境。如果你们学校的学风不太好，你的舍友在宿舍里不是玩游戏就是打牌，那你不妨把尽可能多的时间用在自习室里。物以类聚，人以群分。网吧会把玩游戏的人聚集在一起，自习室会把热爱学习的人聚集在一起。

同学之间的讨论、交流是读大学的重要途径，而草根大学的学生中，有丰富学识和独到见解的人相对而言要少一些。在名牌大学，每节课都可能展开热烈的讨论，可是在草根大学，即使你在课堂上提出了非常独到、非常深刻的见解，也很可能曲高和寡。那样的话，你就很有必要在更大的范围内寻找志同道合的人。经常跟你在同一间教室自习的人，是不是可以尝试着跟他们交朋友？如果学校有一些思想比较活跃的社团，是不是可以通过这些社团的活动认识一些有想法的人？

第四，实习与就业机会不如名牌大学丰富。

这主要有两个方面的原因。第一，名牌大学基本上都位于经济发达、实习与就业机会较多的大城市。39所985高校全部位于直辖市、省会城市或计划单列市，唯一例外的西北农林科技大学也位于紧邻西安的杨凌。这些高校的学生占尽地利之宜，近水楼台先得月。而中小城市的高校，除中国矿业大学、四川农业大学等极少数高校以外，一般都是草根大学。这些高校的学生在当地难以找到足够的实习与就业机会，去大城市又受到诸多条件的制约。第二，对于大城市的草根大学而言，虽有“地利”，却无“天时”与“人和”。当人才市场成为供过于求的买方市场，用人单位在重点大学就足以完成招聘计划，即使草根大学就在隔壁，他也犯不着再去走一遭了。

既然如此，草根大学的学生又该如何弥补这一不足呢？我在《求职，从大一开始》一书中从“深挖洞，广积粮，不称霸”三个方面做了详细的阐述，在这里不妨再适当加以补充。

除农林畜牧等少数专业以外，中小城市的实习机会相对较少，通过实习所能学到的东西往往也要少一些。所以，这些地方的大学生不妨利用假期到经济相对发达的城市实习。当然，贸然前往异地会面临很多现实的问题，所以，最好是在动身之前就联系好用人单位。有很多企业会在网上招聘实习生，你可以准备一份有说服力的电子简历去应聘感兴趣的岗位。还可以通过电子邮件等方式主动联系用人单位，询问对方是否愿意提供实习岗位，并对自己的情况做一个简单的介绍。因为《劳动合同法》对用人单位的要求近于苛刻，为降低用人风险，很多企业也乐于招聘短期的实习生。我刚到深圳工作时，就有一个平顶山工学院的大专生主动联系我们公司，然后过来实习了几个月。公司不但为他提供了住宿，还给了一定的报酬。

毕业求职时，草根大学的学生如果呆在学校守株待兔，就业机会要比名牌大学的学生少得多。参加双选会也好，组织宣讲会也好，任何用人单位的精力都是有限的，不可能把所有高校都地毯式扫荡一遍。网申貌似机会平等，可那只是申请的平等，不是面试的平等，更不是录用的平等。没有名校背景的简历往往在第一轮关键词筛选阶段就石沉大海了。

所以，草根大学的毕业生在求职时最重要的就是实行“走出去”的战略，不但要敢于参加其他高校或社会上组织的应届毕业生招聘会，更要大胆尝试其他的求职渠道。像广州的南方人才市场、深圳的人才大市场，几乎每天都有规模不小的招聘会，虽然大部分职位要求应聘者有一定的工作经验，但也有很多职位并不排斥应届毕业生。草根大学的毕业生在这些招聘会上受到歧视的可能性比在校园招聘会上要小得多。

另外一个非常重要的战略就是“差异化营销”。首先是地域的差异化——尽量选择那些务实的，对名校学历不那么盲目崇拜的地区，至少不要吊死在某一棵特别迷信名校学历的树上。整体而言，南方要比北方务实，沿海要比内地务实，“外地”要比北京务实。我在北京参加一次读者见面会时，有位读者说着说着就声泪俱下了。他从河南一所不知名的二本院校一毕业就去了北京，可大部分用人单位一看到他的毕业院校就毫无兴趣了。他断断续续做了好几份谈不上技术含量的工作，见到我的时候已经失业好一阵子。他希望我能告诉他如何才能在北京立足，可我对他说的第一句话却是：“你能否考虑放弃北京？哪怕只是暂时放弃。”我并非主张所有草根大学的毕业生都不要去北京，可我希望每个人都能明白：中国远远不止一个北京。

其次是用人单位的差异化。党政机关、事业单位、国有企业等体制内的用人单位往往比体制外的用人单位更注重求职者的学校、学历、专业等因素。我曾受山东财经大学的一位学生之托，向山东卫视的一位朋友打探招聘事宜，对方一问学校就直摇头，说不是985高校的想都别想。在体制外的用人单位中，像宝洁这样的大型外企原则上只招重点大学的毕业生，而且比较少社会招聘，员工主要由自己培养；像华为、腾讯等大型民企，校园招聘时会优先考虑名校毕业生，社会招聘则完全是能力与工作经验说了算；中小企业则不管是校园招聘还是社会招聘，对毕业院校都不是那么在乎，除非老板是个“钱多人傻”的暴发户，自己没读什么书，却想找个名牌大学的毕业生来满足其虚荣心。

最后是工作起点的差异化。即使所有的用人单位都有严重的名校崇拜，他们也不得不选择草根大学的毕业生，因为名校毕业生在数量上无法满足所有岗位的需求，在心态上也难以接受那些工作辛苦、起薪较低的工作。一毕业就成为世界

500强的白领，培训期就有五六千甚至更高的月薪，名校的毕业生或许可以做到这一点，可草根大学的毕业生就很难。为什么不可以把起点放低一些呢？就算第一份工作看上去不那么体面，工资也只有别人的几分之一，那又有什么关系呢？起点不等于终点，只要不懈努力，时间足以换空间。当你用几年时间让月收入从800元到2万元的时候，那些起薪6000元的或许还在原地踏步呢。这可不是自欺欺人，正反两面的例子我身边都数不胜数。

高考录取不理想，要不要复读

覃老师：

您好！我是武汉一所三本院校的大一新生。开学一个月来，有一个念头一直萦绕在我的脑海里——退学，重新参加高考。中学期间我的成绩算不上很好，可只要正常发挥的话，上个二本应该没有问题。偏偏高考期间感冒了，成绩自然受到了影响。我很不甘心，很想通过再次参加高考来证明自己。收到录取通知书的时候，另外两个因素加剧了我的这种想法。第一是高昂的学费。我的家境并不算好，父母都只是国企的基层职工，每年13000元的学费对我的家庭来说是一笔不小的开支。第二是录取的专业不太理想。我以后想从事市场营销、电子商务类的工作，可录取的专业是生物技术。如果复读的话，明年我应该就能学自己感兴趣的专业了。

然而，父母并不赞同我的想法。他们觉得学费不是太大的问题，省吃俭用一点总能坚持下来。他们最主要的顾虑是我复读期间压力太大，也担心我重新参加高考依然考不上更好的大学。在父母的反复劝说下，我接受了很不理想的录取结果，来学校报到了。可我的内心仍然在痛苦地挣扎着，纠结着。复读的话，我会后悔一年；可如果不去复读，我也许会后悔一辈子。覃老师，我该怎么办呢？

一名迫切需要帮助的读者

亲爱的朋友：

你好！看得出来，虽然你有些矛盾，可你的潜意识显然是倾向于复读的。如果你的来信是为了得到我的支持，很抱歉，恐怕要让你失望了。我原则上反对考上大学的人放弃读大学的机会，回去读个“高四”再重新参加高考。之所以要加个“原则上”，是因为有极少数例外的情况。比如我一个高中同学，成绩非常拔尖，第一次高考离北大的分数线只差了几分，被调剂到湖南中医学院，而他对医学毫无兴趣，于是决定复读。第二次高考虽然超过了北大的分数线，可他填志愿的时候保守了很多，只报了北京航空航天大学，毫无悬念地被录取。而你的情况跟我这个同学截然不同。以他的实力，只要去复读，几乎百分之百可以考上一所比湖南中医学院好很多的名牌大学，而根据你的描述，你就算发挥出了正常的水平，也只能上一所普通的二本，与你现在读的学校并没有太大的落差。而且，你又如何确保明年高考就一定能正常发挥呢？到时候你的心理压力更大，发挥失常的风险也就更大。冒了这么大的风险，预期收益却很小，显然不是明智的选择。

让你产生复读念头的三个原因分别是：学费高昂，学校不理想，专业不理想。先来谈谈第一个。我们不妨粗略地算一笔账。假设二本院校每年的学费是6000元，也就是说，你每年多花了7000元的学费，四年下来多花了28000元。可你如果复读一年的话，需要额外付出学费、书籍费等方面的成本，假定为4000元好了。扣除以后，多花的钱还有24000元。另外还有一个因素是必须考虑的：你如果复读，至少要晚一年毕业，也就是说，你会少了一年的工资收入。到时候你只要月薪有2000元，就足以弥补超支的学费了。你或许会说：刚毕业的时候未必能有那么高工资啊！这一点我不否认，可是，你复读的话，少的是哪一年的收入呢？并不是你工作的第一年，而是工作的最后一年，因为不管你是4年后读完三本开始工作，还是5年后读完二本开始工作，起点不会有太大的不同。从同样的起点出发，一个工作37年，一个工作38年，少的不就是最后一年吗？就算扣除通货膨胀，你最后一年的月薪怎么着也不会只有2000元吧？

为什么说你5年后从普通二本院校毕业和4年后从现在这所三本院校毕业没有太大的区别呢？这就涉及到你的第二个原因了。你或许会跟很多人一样，想当然地认为用人单位在招人时都是按照一本、二本、三本的顺序依次录用，所以，二本的毕业生肯定比三本的毕业生更好就业。这其实是一个天大的误会。如果用人单位真是按照这样的逻辑来招聘，那简历和面试都纯属多余了，让应聘者带上高考成绩单就足够了啊。事实上，绝大多数二本院校，甚至包括一些知名度不是很高的一本院校的毕业生，在求职时相对于三本院校的毕业生而言，并不会占有任何的优势。不管你是三本还是二本，学历都是本科，学校都没怎么听说过。所以，只能让能力说话了。而你不管是读什么学校，都是同一个你，知识基础、努力程度都是一样的，学校为你提供的教育资源也不会有太大的差别，所以毕业时，你的能力并不会因为读的是二本或者三本而有什么不一样。

最后再来谈谈专业。看得出来，你把专业对口看得很重。然而，对于大多数大学毕业生来说，专业对口既不现实，也没必要。你向往的应该是市场营销、企业管理、电子商务之类的专业吧？可你有没有考虑过：究竟有多少市场营销、企业管理的精英是从这些专业毕业的？这些专业的毕业生又有多少人能够胜任专业对口的工作？营销也好，管理也好，都是与某个具体行业相结合的，对行业的了解往往比掌握多少营销理论、管理技巧更重要。一个对生物技术有着深入了解的人从事相关行业的营销或管理工作，自然更加得心应手。你与其再用一年去炒剩饭，做一套又一套毫无意义的高考模拟试题，还不如拿出这种决心和毅力来把专业学好。市场营销专业的毕业生不可能去做生物技术的研发，可你只要在大学期间学好专业，并且有意识地培养批判性思维能力，毕业后不但可以从事研发类的工作，还可以从事营销、管理类的工作。如果你复读以后如愿以偿读了市场营销之类的专业，可毕业时发现你中意的职位偏偏是被生物技术专业的人抢走了，那岂不是很悲催？

其实，我当年也跟你一样纠结过。收到录取通知书时，我恨不得将其付之一炬。我的理想是北大法学院，可高考时一连串的意外却导致现实只是中南工业大学思想政治教育专业，这中间的落差丝毫不亚于你。进入大学几个月了，我还时常跟另外一个报考北大却被调剂到湖南师大的高中同学抱头痛哭。退学的念头差不多到了大二才彻底放弃。你说，退学会后悔一年，不退学会后悔一辈子。如果我当初选择去复读，后来将会怎样谁也不知道，可至少我现在丝毫没有后悔。成功的道路是靠双脚走出来的，而不是用学校和专业铺出来的。只要你在追寻梦想的道路上风雨兼程永不畏缩，任何艰难险阻都无法阻挡你的脚步，何况一个三本的文凭？

前面的道路难免会有泥泞与坎坷，我无法祝你一路好走，但我祝你一路走好！

覃彪喜

专业：冷门未必不给力，热门往往很坑爹

世界上本来有路，走的人多了，便没有了路……以失败而结束东莞求职之旅的大学生中，8个里面就有7个是学计算机的……当一位伦理学导师同时带几十名研究生，扩招还有什么伦理可言……最伟大的爱是横刀夺爱……既想跟索罗斯一样成功，又瞧不起索罗斯的专业，这不是很矛盾吗……没有热门的专业，只有热门的人……

根据第三方调查机构麦可思研究院公布的“2011中国大学‘红黄绿牌’本科专业”，动画、法学、生物科学与工程、计算机科学与技术、英语、国际经济与贸易等10个专业被列为高失业风险的“红牌专业”，而这10个专业大多是公认的热门专业。相反，地质工程、港口航道与海岸工程、船舶与海洋工程、采矿工程、矿物加工工程、水文与水资源工程等非热门专业则成为薪资、就业率持续走高的“绿牌专业”。

大量人才机构的调查均已得出类似的结论。很多填报志愿时的热门专业在4年后就业时却遭遇冷门，这种现象被专业人士称作大学专业的“冷热怪圈”。面对这一怪圈，高考考生和尚未选择具体专业的低年级大学生该如何行使手中的选择权？已经没有选择权的大学生，不管你的专业是冷门还是热门，也不管你对自己的专业喜欢还是不喜欢，又该何去何从？

走的人多了，便没有了路

在急功近利、信仰缺失的社会背景下，人们追求的往往不外乎金钱和权力，渴望通过教育获得的也不过就是这两样东西。于是，跟钱和权直接相关的专业便成了最大的热门，前者如金融，后者如法学。“一流学生学财经，二流学生学计算机，三流学生学工科。”这句话可谓是对现状的真实写照。中国校友会网发布的《中国高考状元调查报告》显示，高考状元的专业选择明显集中于经济管理、生命科学、电子信息、法学和计算机等热门专业，近年来，选择经济管理专业的高考状元更是有增无减。2008年，全国有近七成高考状元选择就读经济管理专业。

然而，经济管理到底是不是最适合自己的工作？是不是读了经济管理专业就一定能够从事经济管理工作？是不是只有读了经济管理专业才能从事经济管理工作？是不是从本科阶段开始读经济管理的人一定比其他专业背景的人更能胜任经济管理工作？在选择专业时，每一个考生都应该用比对待高考更慎重、更严肃的态度去思考这一连串的问题，因为人生是一场更复杂、更重要的考试。

有因就有果。当太多的人忽视了对这些问题的思考而盲目地追捧热门专业，“冷热怪圈”的苦果便不可避免了。

不是粥少，而是僧实在太多了

为什么热门专业反而就业难？这固然有多个方面的原因。比如，动画、市场营销都属于热门专业，可用人单位在招聘这方面的人才时，对专业和学历都不是特别注重，反而对工作经验有一定的要求，这就导致这些专业的应届毕业生遭遇就业难。医学也是一个非常热门的专业，而医生是一个专业性非常强的职业，用人单位往往要求比较高的学历，可是，就算所有医学院的本科毕业生都去考研，按照现在的考研录取率，也注定有三分之二的人名落孙山。

更重要的一个原因则是热门专业供过于求。因为热门专业就算学费高昂也总是趋之若鹜，冷门专业就算学费低出一截也无人问津，所以，在教育产业化的背景下，高校为了更好地招生、更多地创收，自然就会一窝蜂地开设热门专业、一个劲地扩招热门专业，三本院校、民办高校更是只开设热门专业。鲁迅说：“世界上本没有路，走的人多了，也便成了路。”对于当下的热门专业来说却是另外一番景象：世界上本来有路，走的人多了，便没有了路。

以计算机专业为例。根据人事部近年来多次发布的全国人才市场供求数据，用人单位提供的计算机方面的岗位数量一直位列前三。按理来说，既然市场有着如此庞大的需求，计算机专业的毕业生就不怕没有销路了，可事实正好相反。根据教育部公布的2010年本专科专业就业状况，计算机科学与技术、软件工程、网络工程、通信工程、电子信息工程等热门专业的就业率均为B+，而采矿工程、地质工程等冷门专业却是A+。

为什么会这样？我们可以在该报告的“毕业生规模”一栏找到答案。采矿工程专业的毕业生规模是2000～3000人，地质工程专业是1000～2000人，而计算机科学与技术是所有专业中除英语之外唯一超过10万人的。几乎全国所有的高校，无论是名牌大学还是职业技术学院，无论是理工科院校还是文科院校，都开设了计算机专业。有些学校连一个计算机领域的教授、副教授都没有，计算机专业却动辄每年就招生数百人。

南方人才网公布的一份人才就业形势分析显示，计算机类人才位列专业人才供过于求的第三名，仅次于行政人事类和经营管理策划类。据东莞智通人才市场副总经理李纲领介绍，在那些以失败而结束东莞求职之旅的大学生中，8个里面就有7个是学计算机的。而广州锐旗人力资源服务有限公司总经理杨希宏表示，在广东的人才市场上，“计算机专业的大中专毕业生已经成为找工作难度最大的群体”。

随着供过于求日益明显，毕业生的整体薪酬水平也越来越惨淡。一位IT业内人士感叹道：“2001年IT类的工作还比较好找，此后就比较难了！”据介绍，2001年华为前往内地许多重点高校进行校园招聘时，计算机和通信专业的本科毕业生就能拿到4500元的月薪，而几年以后，华为开出的价码已经下降至3000元左右。

计算机专业如此，其他专业又何尝不是如此呢？动画专业是一个新兴专业，师资力量不可能一蹴而就，可是，仅仅因为这个专业看上去很时髦，招生时很受欢迎，一下子就冒出了近200所高校开设这个专业。当年极左的“大跃进”直接导致了1959年至1961年饿殍遍野的“三年经济困难时期”，如今高校的盲目扩招又何尝不是一次“大跃进”呢？只是为此买单的并非当初决定扩招的官员，也不是对扩招乐此不疲的学校领导，而是一拨又一拨“毕业即失业”的大学生。

在全美2386所私立大学中，学生数量在10000名以上的大规模大学仅57所，5000到9999名的大学有95所，其他的都是小型大学。普林斯顿大学作为美国“长春藤联盟”高校中的三巨头之一，如果想要通过扩招来赚钱实在易如反掌，可它一直坚持小而精的办学模式，在校学生不过6000多人，每年入学的本科生只有约1200人。三巨头的另外两所高校——哈佛大学和耶鲁大学，2010年秋季入学的本科新生也分别只有约1700人和1310人。

斯坦福大学的校长约翰·海纳西说：“如果斯坦福的校园增加一倍，学生人数也增加一倍，那么，我们这所大学要花20年才能恢复到原有的教学质量。”这个道理我们的官员和“砖家”不是不明白，只是他们所关心的并不是教学质量，也不是学生的前途，而是多招一个学生就可以增加多少收入。在这样一种办学理念下，任何一个专业，不管它的市场需求有多大，到了人才市场上也热门不起来了。

“伪热门专业”

如果说是计算机等专业是因为僧多才显得粥少，另外一些热门专业则自始至终处于少粥甚至无粥的状态，是不折不扣的“伪热门专业”。这些专业仅仅因为有一个好听的、时髦的、洋气的名字，或者是迎合了家长与考生盲目追求金钱、权力和贵族气息的心理，竟也成为备受欢迎的热门专业。

以电子商务专业为例。在中国高校垃圾专业排行榜上，如果电子商务屈居第二，恐怕没有几个专业敢排在第一。电子商务确实是一个很有前景的朝阳产业，淘宝、当当、京东等电子商务网站方兴未艾，苏宁、天虹、山姆会员店等传统卖场也在向电子商务大举进军。正因为如此，电子商务也就成了热门专业。教育部2001年批准电子商务作为目录外专业在全国高校中开设，短短5年以后，全国就已有180所高校开设了电子商务专业，在校本科生7万多人，每年本科毕业生多达一万人以上。然而，开设这个专业和选择这个专业的人是否考虑过这样一些问题——大学生通过这个专业究竟能够学到什么？是不是要这个专业的毕业生才能从事电子商务工作？企业在招聘电子商务人才时会不会优先考虑这个专业的毕业生？

电子商务专业的学生既要学习“电子”，又要学习“商务”，看上去是培养复合型人才，可事实上呢？学生毕业时电子没学好，商务也没学好，既不会编程、做网站，又不懂营销和管理。据我所知，大部分电子商务领域的用人单位都不愿意买电子商务专业的账。招IT类的技术人才时，他们更乐意选择计算机专业的；招销售、管理类的人才时，他们基本上不怎么关心应聘者的专业背景，一个电子商务专业的毕业生在一个考古专业的毕业生面前毫无优势可言。2006年，教育部高教司一位负责人在南开大学举办的第五届全国高校电子商务专业建设联席会议上透露，每年上万名的电子商务专业毕业生就业率仅为20%。

近年来涌现出的很多热门专业，比如物流管理、房地产营销与策划、高尔夫管理、物联网工程等，也都处于与电子商务专业相似的尴尬境地。《中国青年报》曾对高尔夫专业的大学生所面临的就业状况进行了报道。始建于1995年的深圳大学高尔夫学院是国内第一所培养高尔夫专业管理人才的高等专业学院。23岁的法龙君2011年毕业于该学院。他说，这个专业每年学费13000多元，是整个深大所有专业里最贵的。和有些学费只要每学年4000多元的专业相比，高尔夫学习多出了基本装备费，还有几千元的下场费。除此之外，很多人自己购买了装备。在法龙君的班级里，超过一半的男生自己买球杆，价格从6000元到14000元不等。

然而，这些投入在毕业以后却很难换来相应的产出。南方某高校的一名高尔夫专业的学生记得，该校招生时告诉他，从2007到2017年，中国高尔夫产业需要专业人才两万人左右，但专业院校的毕业生不足200人。可是，在经过四年学习之后，他并没进入高尔夫球场工作，而是在一家保险公司推销人寿险。“球场已经饱和了，而且在球场工作不一定要专业对口。”河北省某球场副总经理表示，大学生并不特别受球场青睐。一个球场最重要的是拿地，拿到地开发后，直接在附近招来农民就能干活了。和农民一起被招进该球场的草业本科生，待遇与这些农民差不多。“在管理领域，高尔夫球场找人看中实际经验和人脉，有五年、十年以上经验的，工资也就四五千元。”

法学、国际贸易等传统热门专业的境地恐怕有过之而无不及。1992年，全国只有63所大学设有法学院（系）；到2002年底，全国已有330多所普通高等院校设置了法学院（系）或法学专业；到2008年，设置了法学院（系）或法学专业的普通高等院校已达634所，法学本科在校生约30万人。美国的高等教育雄霸世界，可他们一共也就203所法学院。

根据教育部公布的数据，2010年法学专业的本科毕业生规模为70000～80000人，仅次于计算机科学与技术、英语、艺术设计、会计学和国际经济与贸易五个专业。别说我们国家消化不了这么多法学专业的毕业生，就连法治最发达的美国要想一口吃下这么多人，估计也会活活撑死。美国人口仅占世界总人口的5%，律师则占全世界律师总数的35%，而美国法学院每年的毕业生也就43000人。

我们的高校生怕培养这么多法学专业的本科毕业生还满足不了市场的需求，在扩招法学硕士、法学博士的同时，还在丧心病狂地扩招法律硕士。法律硕士本来仅限于非法学专业的本科毕业生报考，因为扩招得太厉害了，考生的增长速度已经远远跟不上招生规模的增长速度，所以从2009年开始，法学专业的本科毕业生也能报考法律硕士了。截至2011年，全国共有118所高校获得了法律硕士学位招生资格，每所学校每年动辄招生数百人。

之所以设立法律硕士学位，名义上是为了“改变法律高层次人才培养规格比较单一的状况，加快培养国家急需的高层次法律专业人才和管理人才”，可说白了无非是这么三个目的：狠狠地赚钱，拼命地赚钱，疯狂地赚钱。至于社会到底有多大需求，学生毕业以后能不能找到工作，这是没人愿意关心的。

比法律硕士更荒唐的就是法律专科。要想从事法律职业，前提是通过司法考试，获得法律职业资格证，而报考司法考试的前提是取得本科学历、学士学位。这就意味着法律专业的大专生从踏进校门的第一天就注定要失业了。然而，因为法律专业不愁生源，很多院校大专学历的法律专业竟也大肆扩招。2008年，全国高校法律专科在校生高达22万多人。这个庞大的群体中只有极少数得到了专升本的机会，其余的人在毕业之后只有两个选择：要么改行，要么失业。

如果要专业对口，法学院的毕业生所能从事的工作主要有律师、法官、检察官、公证员、公司法务人员、法律顾问等。这些领域每年新增的岗位都是非常有限的，法院、检察院并不会因为法学院扩招而增加法官的编制，社会也不会因为扩招而增加对律师的需求。“你扩，或者不扩招，岗位就在那里，不增不减。”1994年底，全国律师人数为83619人，到2008年初，全国律师人数不过14.3万人，平均每年仅增加4500余人，跟每年一二十万法学院的毕业生比起来，实在是微不足道。

如此一来，法学这个招生时的热门专业变成就业时的冷门专业就一点也不意外了。教育部直属高校和中央其他部门所属高校11个一级学科就业率调查报告显示，从2002年到2005年，法学专业本科毕业生就业率连续四年排名倒数第一。2006年，团中央学校部、北京大学公共政策研究所联合进行了一项应届毕业生就业调查，结果显示，法学专业以37.85%的就业率排在末位。根据麦可思研究院发布的《2011年中国大学生就业报告》，法学专业的失业率在所有本科专业中位居第六，失业人数则与英语专业并列第一。

对于绝大多数人来说，如果选择热门专业的话，除了要面对僧多粥少甚至僧多粥无的状况之外，往往还要面对另外一项挑战：跟官二代、富二代抢粥吃。当今社会，我宁愿相信关羽是关之琳的表哥、苍井空是孙悟空的秘书，也不相信法院院长的公子不学法学而去学采矿，银行行长的千金不学金融而去学考古。我读书的专业非常冷门，所以全班同学基本上都是根正苗红的无产阶级，而法学、金融学等专业却藏龙卧虎，一会儿听说这个人的父亲是哪个市的市长，一会儿又听说那个人的母亲是哪个银行的行长。如果你去某个商店买东西，一共只有几件商品，却有几十个顾客在排着队，而这些人当中正好有几个人是商店老板的子女、外甥、侄儿，你觉得你能买到商品的概率还有多大呢？

上了热门专业的贼船，怎么办？

对于绝大多数在校大学生来说，米已成饭，木已成舟，专业已成定局。如果已经上了热门专业的贼船，怎么办？

从读者给我发的邮件来看，有些人在对专业大失所望以后首先想到的是退学，希望通过再次高考进入一个更加理想的专业。这种想法是我极力反对的。如果专业并不能让你得到你想要的，完全可以通过自学、旁听、社会实践等途径弥补这个遗憾。再说了，重新参加高考是有风险的，你怎么知道一定可以录取到满意的专业呢？就算如愿以偿了，你又怎能确保新的专业不会再一次让你失望呢？

更多的人则是希望换一个专业。根据教育部的规定，在校本科生在完成一年级课程之后、进入二年级之前，可以申请转专业，不过必须符合这么三个条件之一：在某一学科方面确有特长；因为身体健康原因，经学校指定的医疗单位检查证明不能在原专业学习，但尚能在本校其他专业学习；通过转专业能有利于学生自主学习成才，且参加学校的选拔，选拔合格。如此严格的限制，加上学校往往不愿意因为学生转专业而增加工作上的负担，所以，中国大学生换专业的难度比日本人换首相的难度大得多。

知难而退，还是“明知山有虎，偏向虎山行”？如果上的是高尔夫等专业的贼船，我是支持转专业的，那样一来，不但能得到更多的知识积累和思维训练，而且可以节省一大笔费用。就算不符合教育部规定的三个条件，只要向学校表明因经济困难，如不转专业则无法完成学业，估计学校就会批准了——少收一点学费总好过退学以后一分钱都收不到。如果你很想转入的专业跟职业规划密切相关，可因为专业性太强、需要用到实验设备等因素而不适合自学，那也不妨去申请一下。如果你的专业并不需要耗费太多的精力，而你感兴趣的内容又完全可以自学，那就犯不着去费这个神了。

申请转专业之前要对新选的专业加以慎重的权衡，以免刚出了虎穴却又进了狼窝。如果一个电子商务专业的人为了学更实用的知识而转到了高尔夫专业，或者一个国际贸易专业的人为了减轻就业压力而转到了法学院，那不就相当于陈世美的妻子秦香莲为了寻求忠贞不渝的爱情而改嫁给西门庆么？

如果专业与兴趣、职业规划都非常吻合，比如一个法学院的人对法学非常感兴趣，准备毕业以后从事法学研究或者担任法官、律师，他就大可不必因为专业的就业压力很大而转专业了。在这种情况下，应该变压力为动力，加倍努力地学习。如果法学专业的就业压力是采矿专业的十倍，那么，法学专业的学生就需要付出十倍于采矿专业的努力。如果他想从事法学研究，那就需要考研、考博，还要争取考上一流法学院、一流导师的研究生；如果想做一名法官，他不但要学好专业知识，还要积极准备司法考试和公务员考试；如果想做一名律师，不但要通过司法考试，还要切实提高口头表达、人际交往等各方面的能力。

对于就业压力非常大的热门专业大学生而言，给自己留一条退路是非常必要的。就拿电子商务专业来说，即使所有电子商务类的职位都要求应聘者是科班出身，仍然是供过于求的，仍然有很大一部分毕业生找不到工作。更何况这个假设根本就不成立，大部分电子商务类的工作都被专业不对口的毕业生抢走了。所以，当一个电子商务专业的大学生没有给自己留一条退路，大学期间除了非常有限的专业知识之外什么也没有学到，毕业求职时除了专业对口的工作之外一律不予考虑，等待着他的十有八九就是失业了。像这种专业，只要拿出高考前30%的干劲就足以每个学期都拿一等奖学金。为什么不用其余70%的精力来学习更多的知识、锻炼更多的能力，使自己足以胜任某份跟专业不对口的工作呢？

专业对口既不现实，也没必要

我给热门专业泼冷水，并不意味着要给所有冷门专业唱赞歌。事实上有一些专业压根儿就不应该存在，它没有冷到人间蒸发就已是皇恩浩荡了，比如我的专业思想政治教育，于国于民都是一种祸害。再说了，有一些冷门专业的就业形势丝毫不比热门专业好，“倾巢之下，焉有完卵”的高校全面扩招让冷门专业也在一定程度上扩招了，僧多粥少的供需矛盾在很多冷门专业也照样存在。我是大学扩招前最后一年进入大学的，当时我们思想政治教育系只招了一个班，全班30个同学无一例外是从别的专业调剂过来的。尽管如此冷门，第二年的招生规模还是扩大了一倍，紧接着将一个系升格为一个学院，再将一个学院拆分成两个学院。几年以后，本科生人数翻了几番，就连伦理学、中共党史等冷门专业的硕士、博士都开始量产了。当大学扩招导致一位伦理学的导师都要同时带十几名甚至几十名研究生，这样的扩招还有什么伦理可言？

然而，大部分冷门专业的价值并没有因此而黯然失色。当热门专业频频让人失望时，很多冷门专业却总会给人意外的惊喜。假设人们在填志愿时对法学、电子商务等热门专业的期望值是8甚至10，对采矿、冶金等专业的期望值不超过5，对历史、哲学等专业的期望值甚至为0，四年以后，这些专业给他们的回报很可能与最初的期望值完全相反——从热门专业里所得到的不超过5，甚至接近于0，从冷门专业里得到的却是8甚至10。

冷门专业，热门前途

我的母校中南大学是中国培养亿万富豪最多的几所高校之一，而那些富豪校友却很少出自金融、计算机等热门专业。2009年中国首富、比亚迪董事长王传福的专业是冶金物理化学，副总裁杨龙忠、王念强是王传福的同班同学；2011年中国首富、三一重工董事长梁稳根的专业是材料冶金，总裁唐修国、副总裁周福贵是梁稳根的同班同学。山河智能董事长何清华学的是矿山机械，粤泰集团董事长杨树坪学的是铁道工程，中科智董事长张锴雍毕业于金属材料系，力元新材董事长钟发平毕业于冶金系，金立集团董事长刘立荣毕业于材料工程学院……

说到好工作，很多人首先想到的就是做公务员、当企业高管或者进入金融界，比如在证券公司、基金公司、投行当一名高薪白领，整天西装革履，常年飞来飞去，出差就住五星级酒店，风光无限。于是，金融学、企业管理等专业都成了最热门的专业。我不否认，如果一名大学生毕业以后真能如愿以偿地找到这样的工作，确实不失为一种成功，然而，这并不是成功的唯一模式，也不见得就是成功的最佳模式。

不妨再以我的校友为例。胡国荣毕业于中南大学冶金专业，是王传福的学长。1998年，他把研究方向从锰酸锂电池材料转为钴酸锂，用半年时间拿出了样品，随后成立了瑞翔新材料公司。在此之前，国内买不到钴酸锂，做电池的企业只能从日本进口，原材料要120万元一吨，瑞翔批量生产以后，价格只要49万元。2008年，瑞翔的销售额达到了6.8亿元。高考招生时，金融、法学、计算机等专业比冶金专业热门得多，可这些热门专业的毕业生又有几个能够取得胡国荣这样的成功呢？

有人或许会说，学金融的就算成不了巴菲特，学计算机的就算成不了盖茨，只要进了金融界或者IT界，哪怕是上班族中的普通一员，收入在白领中也算是比较高的，而冶金专业的毕业生中，能够成为王传福、杨龙忠、胡国荣的却只是凤毛麟角。这句话并没有错，只是忽视了两点：第一，很大一部分金融学专业的毕业生压根儿进不了金融圈，很大一部分计算机专业的毕业生也当不上程序员；第二，很多非热门专业的毕业生无论是整体就业率还是平均薪资水平都要超过热门专业。母校一位领导跟我说，冶金、材料等专业的毕业生每年都早早地被用人单位“抢购”一空，部分专业平均每个毕业生至少有4个工作机会。有一些非常不错的用人单位开出了很有竞争力的薪酬来招人，可招了几年，一个毕业生也没抢到。相反，法学、计算机、企业管理等专业的毕业生则远没有这么吃香。

像哲学、历史学、地质工程、采矿工程、资源勘查工程、水文与水资源工程等专业，顾名思义就知道跟金钱与权力不怎么搭边，要么十年如一日地坐冷板凳，要么上一线去工作，工作环境连民工都不如，浑身的汗臭连《红楼梦》里的焦大闻了都要捂住鼻子。有人这么嘲笑考古专业的大学生："考古很枯燥，毕业没人要，整天泥中泡，还得憋着尿，你说好笑不好笑？"估计这也是人们对考古专业普遍的看法。

然而，任何一个专业，只要你学精了，都不愁没有成功的机会。就拿考古专业来说，以往传统的就业渠道主要是去科研院所和文博机构，而近年来随着民间掀起古董收藏热，社会需要一大批鉴定古董、字画、文物的专业人员。据我所知，很多考古专业的毕业生在从事这方面的工作一段时间以后，各种明里暗里的收入加起来，绝对足以让银行、证券、房地产等热门行业的高薪白领垂涎三尺。

水产养殖、动物医学、园艺等农学类专业也一直都是冷门专业，人们总认为学这些专业无非是去饲料厂、养殖场之类的地方工作，又脏又臭，工资还不高。可是，这些专业的毕业生只要学有所成了，收入绝对不容小觑。宠物医院的兽医，设计院的园林景观设计师，基本上都属于高收入阶层。《中国青年报》发布的一份调查显示，涉农专业的毕业生创业成功率最高。毕业于河南农业大学的秦英林在工作3年后放弃铁饭碗，创办了一家养殖公司，公司现拥有11000多名职工，有5个饲料厂、20个现代化猪场，年出栏生猪50多万头，成为较大的集约化养殖基地。如果秦英林当年学的是法学、市场营销、电子商务等热门专业，谁能保证他一定会比现在发展得更好呢？

当然，成功是多元的，不一定是要开公司、赚大钱才算成功。一个考古专业的毕业生做了知名的古董鉴定专家，这固然是一种成功，可他如果把毕生的精力都投入了田野发掘、文物保护，又何尝不能算是成功呢？所以，我们在比较热门专业和冷门专业的前途时，不妨再从走学术之路的角度来谈谈。

只要稍一比较，我们就会发现：冷门专业的人成为知名学者、学术权威要比热门专业的人容易得多。专业的"冷"和"热"都是针对招生而言的，专业本身无所谓冷热。对于学术研究而言，研究考古学和研究经济法，二者在本质上是一样的，都是用科学的方法对特定的领域进行研究。学校也绝对不会因为研究领域的不同而给经济法教授较之考古学教授更高的工资。可是，热门专业毕竟是热门专业，研究的人总会比冷门专业多，所以要想出学术成果的话，难度自然更大。考古学教授在数量上绝对比法学教授少，但是，可能50个法学学者当中只有一个教授，而10个考古学学者当中就有一个教授了。

我一位朋友的长辈早年留学日本早稻田大学，毕业后留校任教，据说现在已是早稻田大学薪酬最高的外籍教授。他主要从事中日近现代思想史比较研究。有一次陪朋友去他家做客，他不经意间说的一句话我至今记忆犹新：“我庆幸的是当初选择了一个比较冷门的研究方向，因为没什么人研究，所以容易出成果。”

我一位同学应该也会有同样的感慨。考研时，我们同学都尽量往热门一点的专业靠拢，有一个对哲学非常感兴趣的同学却报考了伦理学。他的导师是一位知名教授，在道家思想研究领域很有话语权。后来，他又师从另外一名更加权威的导师读了博士，在《哲学研究》等权威学术期刊发表了几篇很有分量的论文。如今他已是某高校重点引进的学术带头人了。如果他当初选择的是法学、经济学等热门专业，或者是我们学院最热门的行政管理专业，就算他能顺利考上，后面的路也不可能如此平坦。

最伟大的爱是横刀夺爱

有人说：最伟大的爱就是横刀夺爱。我对这句话不以为然，可又觉得用这句话来描述大学生求职倒不失几分贴切。跨专业就业何尝不是一种横刀夺爱呢？这样的横刀夺爱即使算不上伟大，至少也是扬眉吐气的。很多热门专业的大学生瞧不起冷门专业的人，可偏偏就是那些冷门专业的人把他们梦寐以求的饭碗给抢走了。

我原来一位同事的哥哥毕业于中国地质大学，曾经从事专业对口的工作，在浩瀚的海洋上进行勘探和测量。这份工作颇为稳定，收入也比较高，美中不足的是没有太多的时间与家人在一起。正因为这个原因，他想改行往IT方面发展。他在工作之余利用一切可能的时间刻苦地学习计算机方面的知识，并相继通过了网络工程师、高级程序员、系统分析员等考试。然后，他毅然辞职，去了深圳一家公司做程序员，后来又跳槽去了深圳另外一家大型IT公司做经理。经过一段时间的积累之后，他终于如愿以偿地成为华为的一名总监。

我一位读者也一直想从事IT方面的工作，可他高考时却阴差阳错地被录取到了华南农业大学的草业科学专业。确定这个专业不能引起他的兴趣之后，他投入了大量的精力来自学编程。他在发给我的邮件中写道：

我大学最后3年几乎每天都是凌晨3点才睡觉，因为我在疯狂自学计算机网络编程技术。我们专业的课程是最多的，而且变态的老师几乎每次都点名。属于我的时间只是晚上了。为了我的兴趣，为了能够与计算机系的同学竞争，图书馆里面有关的书籍我都看遍了，也在网络上下载了很多资料。别人的电脑是拿来看电影玩游戏的，而我的电脑是拿来写代码和学习的，我比别人多付出了N倍的努力，我没有一点夸张。毕业前，我非常顺利地收到了3家很好的公司的offer，如今在一家最大的视频分享网站上班。当别人还在为工作的事情发愁时，我已经在豪华的商务大厦上班了。昨晚，我望着不远处灯火辉煌的琶洲大桥，想起这几年自己一路上这么过来，不禁潸然泪下……

跨专业去做程序员的只是少数，在其他一些职业领域，跨专业就业却是主流。比如，新闻学专业一直很热门，可就业情况却并不乐观。根据教育部公布的资料，即使是211院校的新闻学专业，就业率区间也不过是B-。《信息日报》曾报道过南昌大学新闻专业的就业情况："很多同学都是跨专业就业，还有少部分在待业当中。叶子班上100人，17人考上研究生，一人出国，10～15人考上了公务员，在媒体工作的不超过20个。大部分的同学都选择进入企业工作，主要从事文员或是销售工作。大家的平均工资都不高，基本上在2000元左右。"《广州日报》针对广州六所高校调查到的情况也差不多："中山大学新闻学专业的优势并不明显。班里80位同学除去近30人读研与出国，剩下50人就业，去到大众媒体的不超过5人，其他多数到广告公关行业。"

为什么会如此呢？很多人简单地把原因归结为僧多粥少，却忽略了另外一个重要的原因：很多新闻类的就业机会被非新闻专业的人抢走了。我一位在权威新闻机构当记者的朋友说，他们单位大部分人都不是新闻专业的，其中不少人是理工科背景。他们在招聘时并不注重求职者的专业，甚至在某些时候优先考虑非新闻专业的毕业生。

如何理解用人单位的这种用人理念呢？我们可以从解放日报报业集团党委书记、社长尹明华在一次媒体高峰论坛上的发言中找到答案："报纸原来是依靠新闻存在，现在新闻不再稀缺，新闻在发生第一时间被各种各样的媒体转载，报纸提出以思想见解、主张吸引读者，但目前有思想、有独立见解、有主张的记者非常少，所以很难提供独家的、稀缺性很强的深度阅读。"记者的核心能力不再是专业知识，而是思想和独立见解，新闻专业的优势就不太明显了，因为新闻专业不见得比其他专业更能把学生培养成有思想、有独立见解的人。

泰勒斯学的是什么专业？

刚到深圳找工作时，我把人才市场里每一家公司每一个职位都仔仔细细看了个遍，实在找不到一个要思想政治教育专业的。为了不浪费门票钱，我硬着头皮给一家房地产公司投了份简历，死马也当活马医了。他们要招聘策划师，专业不限，只提了文笔好、思维活跃、大专以上学历等几个要求。接过我简历的人大致看了看，问道："思想政治教育专业是干什么的啊？"真是哪壶不开提哪壶！我支支吾吾地说："我也不是很清楚……"他笑了一下，没再关心我的专业了，只粗略地看了看我发表过的一些文学作品。第二天一早我被通知去复试，并且顺利通过了，我意外地进入了房地产行业。

正式上班以后，我发现那家公司除了老板是哥伦比亚大学建筑学硕士之外，其他所有的房地产策划师、资产评估师都不是科班出身。策划部经理是中文系毕业的，有位资深策划师毕业于生物系，还有位策划师是计算机专业毕业的，公关部经理更是连大学学历都没有。这一切彻底动摇了我在来深圳之前关于专业对口的看法。后来我去应聘广告、快消、钟表、IT等多个行业领域的工作时，再也没有背负专业的包袱，面试官也从来不曾纠缠于我的专业，虽然"思想政治教育"赫然写在我的简历上，可他们一直无视这几个字的存在。他们关心的只有两点：过去我做过什么，将来我能为他们做些什么。

其实，专业对口既不现实，也没必要。如果每个人都要专业对口，那一定会陷入有人没事做、有事没人做的尴尬境地——像法学这种严重供过于求的专业，绝大多数毕业生都只能失业，而很多在高校并没有对应专业的行业、职业则无人从事了。

2010年就业蓝皮书中，麦可思调查研究显示，全国2009届本科毕业生专业对口率为67%，高职高专毕业生为57%。这意味着有三成以上本科毕业生、四成以上高职高专毕业生刚走出校门就从事了与专业不对口工作。而且，随着时间的推移，专业对口的毕业生会越来越少。几个计算机专业的朋友说，他们同学刚毕业时大约有70%的人从事专业对口的工作，工作5年以后，这一数据下滑到了50%以下，如今工作10年了，还在跟程序打交道的人不到20%。

大学毕业生究竟凭什么去从事专业不对口的工作？要回答这个问题，我们不妨先来看看关于泰勒斯的一个故事。泰勒斯被后世认为是西方的第一个哲学家，他还是希腊几何学的先驱，一年之所以是365天，据说也是泰勒斯所定。根据亚里士多德的记载，当时的世人嘲笑泰勒斯以哲学见长却穷得几乎难以自给。还有一种说法是泰勒斯一边走路一边思考哲学问题，结果一脚踩空，跌进了坑里，因此遭到了嘲笑。为了驳斥世人的哲学无用论，泰勒斯做了全世界第一笔期货交易——某年冬天，当泰勒斯凭星象学预测到第二年夏天油橄榄树将获丰收时，他通过“期货合约”租下了各个油坊的榨油设备。这时候谁也不去同他竞争，预订的租金很低。当收获季节来临，需要榨油的人纷纷来到各个油坊，谁都愿意按照他所要求的高价支付设备的租金。由此，泰勒斯发了一大笔财，并且证明了致富是一件多么容易的事情，只是他志不在此而已。

泰勒斯学的是什么专业？当人们从他手上高价租赁榨油设备时，没有人会去考虑这个问题。他们关心的只是榨油。同样的，当你求职时要打动面试官，工作时要打动客户，他们又何必去考虑你是什么专业呢？他们只关心你是否具备足够的能力创造价值。

什么样的能力最能创造价值？我在本书第一个专题中已经给出了答案——批判性思维能力。泰勒斯的期货交易靠的不就是这种思维能力么？解放日报社尹明华社长说的“有思想、有独立见解、有主张”不也是这种思维能力么？因为思维能力是相通的，所以泰勒斯可以用他研究哲学、几何学的思维来经商。也正因为思维能力的重要性远远盖过专业技能的重要性，所以，欧美的大学历来注重培养学生的独立思维能力。在美国，新闻系的本科生只学新闻写作、传播概论、传媒研究和传播法制四门专业课，此外都是其他人文社科、自然科学的课程。这是不是足以让那些整天抱怨专业冷门、专业课不实用的中国大学生们反思一下呢？

当我们的大学一窝蜂地开设时髦专业，国外那些世界一流大学却在“抱残守缺”地坚守着他们的传统学科，因为在他们看来，这些学科比时髦的热门专业更能训练学生的批判性思维。除了宾夕法尼亚大学的沃顿商学院等少数例外，美国的常春藤高校大部分没有工商管理类的本科学位。哈佛、耶鲁等大学最流行的专业通常是历史、文学、社会科学等。普林斯顿大学至今都没有开设社会上最热门的法学、商学、医学等专业，而是集中精力把数学、哲学、物理、历史、政治等冷门专业做到了世界顶尖水平。

如果你认为这些专业只能培养没出息的书呆子，那就大错特错了。被奥巴马提名为美国历史上第一位拉美裔大法官的索尼娅·索托马约尔（Sonia Sotomayor）在普林斯顿读本科时学的是历史专业。另一位联邦最高法院大法官埃琳娜·卡根（Elena Kagan）曾是哈佛大学法学院院长、白宫法律顾问、副总检察长，而她在普林斯顿读本科时的专业是历史，后又在牛津大学取得哲学硕士学位。

说到金融大鳄索罗斯，很多人可能会想当然地以为他大学期间一定是学金融、经济等专业的，而事实上他毕业于伦敦政治经济学院的哲学、逻辑与科学方法论专业，他的老师是著名哲学家、批判理性主义的创始人卡尔·波普尔。索罗斯是一位金融家，可他一直想要证明自己对于哲学的贡献，进而证明自己是一个合格的哲学家。这并非简单的爱慕虚荣，而是因为他的投资实践，比如他对于2008年金融危机及时的预见和有效的应对，充分证明了哲学的价值。

近年来，五花八门的成功学大行其道，这正好迎合了人们想走捷径、急功近利的心理。李嘉诚、比尔·盖茨、巴菲特、索罗斯等人的“成功宝典”被人争相研究、模仿，可学来学去无非是学了点表面的皮毛。既想跟索罗斯一样成功，又瞧不起索罗斯读过的冷门专业，这不是很矛盾吗？

如果把大学生毕业以后所要创立的事业比喻成一栋高楼大厦，大学期间的学习就是为这栋大楼打地基。地基的深度直接决定着楼房可能的高度，而专业能让你达到的深度与它的冷热毫无关联。有很多人被调剂到冷门专业以后情绪低落、怨天尤人，这是毫无必要的。一个历史专业的人抱怨社会上没有对口的行业与职业，那就像是拿了个金碗却抱怨碗里没有饭吃。风物长宜放眼量，我们为何不从更长远的角度来衡量专业的价值呢？没有热门的专业，只有热门的人。与其削尖脑袋往热门专业里钻，不如好好想想另外一个问题：我如何才能成为一个热门的人？

如何填报高考志愿

覃老师：

您好！几年前我还是一名大学生的时候，看了您写的《读大学，究竟读什么》一书，很受启发。如今我已是一名高中教师，时常会将您书中的一些观点与学生们分享，部分学生还买了您的书来看。遗憾的是，您在书中没有专门探讨高考考生如何填报志愿，而我的学生刚参加完高考，目前面临的正是这个问题。您能否谈谈填志愿最需要注意的几个方面呢？谢谢您了！

小林

林老师：

您好！非常感谢您对拙著的肯定。陆续有过不少中学生读者给我发来邮件，这是我在写作之初不曾料到的。也正因为如此，我在书中阐述“学校无高低”这一观点时，侧重于强调非名牌大学的学生也能成功，对于重点大学客观上存在的优势只是一笔带过，而这一点在中学生读者面前是没有理由忽视的。为避免我的观点被您的学生误解，恳请您在必要的时候向他们加以解释。

至于填报志愿，我觉得主要应该做到以下几点。

第一，要赶紧做职业规划，并基于职业规划填报志愿。我们并不是为了读大学而读大学，也不是为了考试、为了读研究生而读大学。读大学归根结底是为了工作，为了有更好的职业生涯。所以，填志愿的时候理应明白自己到底想从事哪方面的工作。就算遇到了一定的压力或者诱惑，也应该懂得坚持。有些人对计算机毫无兴趣，仅仅因为别人都说计算机很热门而报考计算机专业；有些人并不喜欢当老师，仅仅为了免交学费而成了免费师范生。这些都可能为将来的悲剧埋下伏笔。武汉某高校医学院的一名毕业生因为工作不如意，跟母亲吵架时一气之下杀死了生他养他的母亲。他一直都不喜欢医学，可当年填志愿时父母都坚决要他报考医学专业。如果他当初能够坚持自己的理想，如果他的父母能够尊重孩子的选择，悲剧或许就能避免了。

第二，基于职业规划选择专业固然很有必要，可并不是专业对口程度越高越好，不要想当然地在职业规划与专业之间划等号。某人千辛万苦得到一本武功秘籍，翻开第一页写着："欲练神功，必先自宫。"他咬一咬牙，挥刀自宫了。然后翻开第二页，上面写着："没有自宫，也能成功。"他后悔不已，然后翻开第三页，写着："即使自宫，未必成功。"他彻底崩溃了！人生最大的"杯具"莫过于此。关于大学专业，类似的悲剧又何其多呢？很多人想从事电子商务方面的工作，于是选择了电子商务专业，到头来发现不学这个专业也能从事电子商务工作，学了这个专业反而未必能从事这项工作。像行政管理、市场营销等专业都存在这个问题，报考时一定要三思而后行。

第三，不要迷信热门专业，尤其要回避"伪热门专业"。选择热门专业就意味着录取的时候要面临更激烈的竞争，毕业求职时也会面临僧多粥少的尴尬局面。如果是基于明确的职业规划而报考生物科学、建筑学等热门专业，明知山有虎，偏向虎山行，这是值得肯定的；可如果脱离了职业规划，单纯冲着一个好听的专业名字，或者是出于盲目跟风，一窝蜂地扎堆热门专业，这就很可怕了。学一个并不适合自己的专业，或者学的专业空洞无物，根本学不到多少实际的东西，却要承受录取和就业的双重压力，实在是太冤了。

第四，不要过度迷信经济发达地区的高校。中国的优势资源都往一线城市集中，这些地区的高校自然享有更多的资源，学生在实习、就业等方面也存在很大的便利。所以，在同等实力的高校之间优先选择一线城市的高校，这是情理之中的。可如果离开了“同等实力”这个前提条件，那就不可取了。我一个中学同学本来完全可以考上武汉大学、西安交大等名校，可他就认准了去北京，在第一志愿清华大学落空之后，竟然被录取到北京信息工程学院，实在可惜。其实，有很多考生如果报考北京、上海的高校，只能进入一所二流大学，而如果选择中西部地区，或许就能进入很不错的院校。而且就整体而言，经济发达地区的高校在学风方面是不如中西部地区的。因为经济发达，所以诱惑就多，学风也就浮躁了。很多老师都在想着怎么捞外快，学生则在想着怎么做兼职。如果大学四年都用来挣小钱了，将来又靠什么来挣大钱？

第五，选择学校和专业不要望文生义，不要被光鲜的“马甲”迷惑了。近年来很多高校纷纷改名，有些学校连一个拿得出手的教授都没有，摇身一变就成了某某财经大学、某某交通大学。这样的大学更名为“中国坑爹大学”恐怕更为合适。不少专业、院系为了扭转生源不足的颓势，也与时俱进地换了招牌，比如图书馆学更名为“信息与情报学”，档案学更名为“电子政务”或者“信息资源与信息管理”，地理系更名为“城市与资源学院”。如果感兴趣的话，学这些专业并无不妥，可如果进入大学以后才知道上当了，那就悔之晚矣。

第六，尽管中国的大学同质化非常严重，可大部分高校或多或少具备一些特色，总有某些专业是学校的王牌专业，科研实力比其他专业强得多，毕业生的就业机会也比其他专业多得多。这一点在填报志愿时应该引起足够的重视。教育部学位中心曾经发布了全国一级学科排名，大致可以看出每个学科究竟有哪些高校的实力较强。就拿我的母校中南大学来说，基础医学全国第一，材料科学与工程、冶金工程、矿业工程都是全国第二，土木工程、临床医学、交通运输、管理科学与工程等专业也是全国前十。如果对这些专业感兴趣，选择我们学校基本上就不会错了。

关于填报志愿，我就只说这么多了，但愿能给您的学生一点帮助。另外，我想再补充一句话。并不是每个人都能考上理想的学校、录取到理想的专业，很多人因此陷入长期的焦虑与茫然。如果您的学生对录取结果不满意，希望您能给他们多一些鼓励，让他们多一些信心、勇气和力量去奋勇前行。

祝您工作顺利，祝您的学生考出好成绩！

覃彪喜

不逃课的学生不是好学生

即使学生没有权利选择他们喜欢的老师，至少还有权利用脚投票，拒绝他们不喜欢的老师……只能通过点名来防止学生逃课，那是无能的；明知讲课毫无价值还要浪费学生的青春，那是无耻的……什么课都不逃，跟什么课都逃掉没什么两样……逃课不等于逃学……既要逃课，又要让老师给高分……

如果你不屑于逃课，认为逃课是不思进取的表现，从不逃课才是good good study，day day up的“好孩纸”；或者你不敢逃课，纯粹是迫于老师点名的淫威而每节课都乖乖地端坐在教室里；又或者你不按照科学发展观来逃课，有组织无纪律，有个性没原则，把不该逃的课也逃了，逃课以后又不务正业，不是睡懒觉就是玩游戏——那么，我冒着巨大风险写的这个专题你可千万别错过了。

我并不是什么“标题党”，之所以给这个专题起了这样一个标题，纯粹是因为我坚信这在当下的中国是一个不证自明的公理。不幸的是，这个标题导致本书辗转多个出版社才得以出版，出版后又因为这个原因在很多高校被列为禁书。还有些学校的社团本来要邀请我去做讲座，学校领导看到书中有这么一个专题，立马一票否决，并表示不希望再次看到跟覃彪喜有关的讲座申请。有位教授洋洋洒洒写了封近万字的长信给我，言辞恳切地请求我尽快删掉这一部分内容，以免毒害了纯洁善良、天真无邪的大学生。

出于某些方面的考虑，有出版界的朋友劝我在改版的时候换个标题，可惜我是处女座的，有点儿完美主义倾向，不太懂得妥协。又有人劝我干脆删掉这一个专题算了，反正现在的大学生经过我一番润物细无声的深入毒害，早已把逃课当成家常便饭。为此，我特地查阅了一些数据。根据北京某高校对数百名大学生所做的调查，有近一半的学生一学期逃课2～3次，18%的学生逃课在5次以上。如果这个数据是可信的，我将感到非常失望。相对于我的期望值而言，这个逃课率显然太低了。另外一项调查则表明，高达59.4%的人之所以逃课，不过是因为“私人原因”，比如睡觉、朋友来访、出去游玩、兼职。这也是我极其不愿意看到的。所以，删除这个专题的时机尚不成熟，不但原有的内容都要保留下来，还要本着“适应新形势，解决新问题，促进新发展”的原则与时俱进地加以补充。

三个主要理由

大学校园里曾经流行过这么一句话：“逃课成了‘必修课’，必修课成了选修课，选修课相当于没课。”另外一个段子则更加形象：“大一：你怎么迟到了？大二：你今天怎么没上课？大三：你上课吗？大四：你怎么上课去了？”这些话可谓是很多大学生的真实写照。

面对越来越普遍的逃课现象，很多人首先想到的就是大学生堕落不堪、玩物丧志。既然逃课的责任都在大学生身上，要杜绝这一现象，自然只会拿学生来开刀。于是，点名成了课堂上司空见惯的事情，老师们还会变换着不同的方式点名。如果逃课较多，就会影响到该门课的成绩，甚至会取消期末考试的资格。为了避免传统的点名方式有漏网之鱼，有一些高校还在教室里安装了指纹打卡机，并把上课打卡作为一项规章制度确定下来。学校拿学生交的钱买高科技设备来对付学生，这哪是“被你卖了还替你数钱”，分明就是“被你卖了还给你交钱”。

来了硬的，再来软的。很多学校的领导和老师开始苦口婆心地给学生们算上课的成本，一年的学费和生活费加起来再除以每个学年有多少节课，发现每节课都要几十块钱的成本。逃一节课就浪费了几十块钱！你们父母为了赚这几十块钱，需要付出多少艰辛的劳动呀！你们怎么忍心白白浪费父母的一片苦心呢？为了做一个节约的、孝顺的孩子，乖乖地到教室里来听课吧！这种动之以情、晓之以理的劝说确实很有杀伤力，可是，这种分析的思路压根儿就是错误的。这么简单的数学题，大学生难道不会做吗？他们之所以逃课，是因为逃课只是浪费几十块钱，不逃课却要浪费两个小时，后者显然比前者更珍贵。交上去的学费已是沉没成本，如果一个人为了不浪费学费而进一步浪费宝贵的青春，就好比一个人为了不浪费买三鹿奶粉的钱而把一整罐三聚氰胺吞进肚里，那实在是雄赳赳气昂昂地挺立在傻A和傻C之间了。

话说有个男的给了一个大龄女青年若干彩礼之后，不喜欢这个女的了，想要逃婚。女的盛怒之下把男的绑架了，说他如果还敢逃婚，就要将他大卸八块。过了一会儿，女的又含情脉脉地说：“你如果要逃婚，那给我的彩礼不就白白浪费了吗？你爸妈为了凑足这些彩礼，杀了多少头猪，宰了多少头牛，你说我们做晚辈的怎么能糟蹋了父母的心血呢？”学校通过软硬兼施的方式来避免学生逃课，说白了就跟这个“剩女”如出一辙。那个男的其实很想结婚，因为他希望从婚姻里得到爱，得到温暖。那个女的要想让他不再逃婚，就得给他爱，给他温暖。同样的，大学生不是为了逃课才来读大学的，他们渴望在课堂上获得知识、获得思想，要想让他们不逃课，就得给他们知识，给他们思想。现在有很多高校动不动抓学风建设，第一条自然是千方百计不让学生逃课。这样的措施不但抓不好学风，而且会把学生抓疯。如果他们真要抓好学风建设，最先要抓的不是学生，而是领导和老师。

当然，不思进取的大学生总是有的，甚至还非常多。他们逃课无非是为了逛街、睡懒觉、玩游戏。所以，要杜绝大学生逃课，就需要恩威并济。一方面要传播知识和思想，让听课成为一种享受；另一方面要宽进严出，让荒废学业的人修不满学分、拿不到毕业证。只是我们不应该通过上课的次数来判断一个人是否荒废了学业。如果某个学生把课都逃了，可他通过别的方式很好地掌握了这门课程，期末考试拿下了100分，你凭什么不给他学分呢？当年钱钟书在清华大学就读时就是铁杆逃课分子，整天钻在图书馆看闲书，可是谁又能说钱钟书没资格拿到毕业证呢？

既然逃课的首要责任不在学生，我们就来看看究竟是什么原因让大学生对课堂敬而远之的。

一、老师水平参差不齐，很多老师唯一的本事就是误人子弟。

美国学者罗尔斯是当代政治哲学的大师，也是杰出的自由主义思想家，他以《正义论》一书奠定了在当代学术界不可撼动的崇高地位。中国留学生吴咏慧曾经在哈佛大学听过罗尔斯的课，她在《哈佛琐记》一书中描述了课堂上的情景：“罗尔斯讲到紧要处，适巧阳光从窗外斜射进来，照在他身上，顿时万丈光芒，衬托出一幅圣者图像，十分眩眼。”学期快要结束的时候，罗尔斯教授讲完最后一堂课，谦称课堂所谈全属个人偏见，希望大家能做独立思考，自己下判断。说完之后，罗尔斯缓缓地走下讲台。这一瞬间，教室里的全部学生立即鼓掌，向这位尊敬的老师致谢。罗尔斯本来就有点内向害羞，于是他频频挥手，快步走出讲堂。可是，在罗尔斯走出教室后许久，学生们的掌声依然不衰。冬天拍手是件苦差事，吴咏慧的双手又红又痛，便问旁边的美国同学到底还要拍多久，同学回答说：“让罗尔斯教授在遥远的地方还可以听到为止。”

这样的场景对于当今中国的大学生来说只能是一个遥远的梦了。我想大部分中国的大学生也愿意像哈佛的学生那样“与柏拉图为友、与亚里士多德为友、与真理为友”，也愿意为罗尔斯这样的学术大家献上经久不息的掌声。为什么在中国的大学校园就看不到这一幕呢？原因只有一个：中国没有罗尔斯。

中国不但没有罗尔斯，而且连小罗尔斯、小小罗尔斯都没有。正如陈丹青所说：“整体而言，今日中国高等教育，有大学，没有大师；有教育官员，没有教育家；有教育政策，没有教育思想；有教学大纲，没有教育的灵魂；有教育的地位，没有教育的尊严。”大学的围墙纷纷倒下，学术和商业之间的藩篱也轰然倒塌，大学沦为了介于政府机构和国有企业之间的怪物。当大学纷纷变成出售文凭的工厂，很多教师也就沦为出卖学术良知的商人。在这样一种背景之下，逃课便成为顺应历史潮流的无奈之举。即使学生没有权利选择他们喜欢的老师，至少还有权利用脚投票，拒绝他们不喜欢的老师。对于一名交了大笔学费的学生来说，这是他们作为消费者最起码的权利。

大三的时候，我们一位专业课老师是个所谓的著名教授，他上课非常威严，对学生也要求极为严厉，不但每节课都要复习一下全班同学的名字，而且还经常检查我们的笔记。他念讲义的速度一慢下来，大家就得赶紧做记录员，如果谁无动于衷，这位老师就会一直盯着他，直到那个学生识趣地拿起笔来记笔记为止。我自然也被他盯过很多次，起初我还挺纳闷的：老师为什么一直看着我呢？就算他的性取向有问题，也不至于这么没有审美观呀！这个老师的讲义明显已经用了多年，纸张都已经发黄了。为了提高讲义的使用年限，他用心良苦地把每一页都用塑料膜封了起来。估计那本讲义现在还在为我的师弟师妹们发挥余热吧。后来一次偶然的机会，我在图书馆找到了一本很多年前出版的书，书上的内容跟这个老师上课的内容一模一样，而这本书的作者并不是我们老师，所以我敢断定：我们老师上课的时候完全就是在念别人写的书，而且年复一年。听这样的老师讲课还不如回家种地！于是，我果断地逃课了。吾岂爱逃课乎？吾不能不逃也！

估计类似的老师在全国每一所大学里都能找到很多。我在看完一位大学生写的下面这段话之后，对这一点更是坚信不移。

我从小学习成绩就很好，一直是老师眼中的乖学生。上大学之前就常听人说大学里很多人逃课是常事，当时我认为逃课的学生真是愚蠢之极。他们在糟蹋父母血汗钱的同时也虚度了自己的青春。我是带着绝对不逃一节课的决心来到大学的。但是如今，我已经逃了无数的课。亲身体会之后再看逃课这件事我只能说：

逃课很痛苦，但是不逃更痛苦。

曾经选修过一门叫做“影视欣赏”的课，一学期课下来，我唯一的收获就是看了几部热播的美国大片。那位有高级讲师称号的老师在整个授课过程中一言不发，和我们一起兴致勃勃“鉴赏”美国人的电脑特技。发现去上他的课和去电影院没什么区别以后我终于明白，选修这门课其实就是高薪雇了一个人来给我们放电影。还有一位选修课老师是来陪我们“唠嗑”的，我们选他的课是想了解一下当今社会的经济形势，而他却用一个学期的时间给我们讲述了他的人生历程，从童年到青年到壮年再到现在。我们没有弄明白目前国际经济趋势，只是知道了一个自以为很成功的人是怎样不怕艰辛排除万难考上大学并最终成为一名大学教师的。我们还遇到过一位只会放幻灯片的老师，他上课的任务就是打开幻灯片并用标准的普通话照着上边一字不差地读，当有实在是非常爱学习的学生提出一些幻灯片以外的理解性问题时，他就会十分“体谅”地对我们说：“你们刚接触这门课，不用学得那么深，不用着急，慢慢来……”

这段话让我想到了一个词语：逼良为娼。一个抱定决心不逃一节课的乖孩子愣是被老师们逼得去逃课，这究竟是谁的责任呢？武汉某高校的一名大学生在我的微博描述了他们学校水深火热的悲惨世界：“只要逃课被辅导员发现，就必须叫家长来学校，让家长把孩子亲自送到教室才可以上课，不然就劝其退学。”我不知道究竟是哪所学校的哪位领导制定了这么惨绝人寰的制度，我只知道美好的社会主义和谐社会就是被这种人破坏掉的。如果设立了诺尔贝无耻奖，这所学校的领导可以帮助中国在瑞典皇家科学院扬眉吐气了。假如我的孩子在这所学校上学，他们让我去学校为逃课的孩子谢罪，我就会要求他们把祖宗十八代都请过来为灭绝人性的后代谢罪。把大学当集中营来管理，其罪恶何止比逃课深重十八倍呢？

2008年1月4日晚，中国政法大学杨帆教授在上“生态经济与中国人口环境”选修课的最后一节课时，因为逃课人数太多而与一名欲离开教室的女学生发生肢体冲突。此事在当时闹得沸沸扬扬，并成为各大报刊及门户网站头条。如果我是那位教授，看着学生们一个个失望而去，我一定羞愧不已，恨不得找个地缝钻进去，哪还有勇气去跟学生拉拉扯扯呢？

我最讨厌那些每节课都要点名的老师。如果需要通过点名才能防止学生逃课，那只能证明这个老师是非常无能的，他压根儿没能力通过精彩的讲课来对学生“利诱”，所以只能通过点名来对学生“威逼”；明知道自己的讲课枯燥乏味毫无价值却还要逼着学生百无聊赖地坐在教室里，白白浪费他们最宝贵的青春时光，这是极其无耻的。既无能又无耻，这便是很多大学教师的真实写照。如果遇上了这种“人至贱则无敌”的老师还不想办法逃课，那实在是对不起党对不起人民了。

青岛某大学一位老师为了对付学生逃课而出奇招，课堂最后二十分钟让同学们排好队，点一个走一个。这实在是大学教师中的极品啊！假如我是这位老师的学生，一定会很不客气地质问他：“我们交学费请你来讲课，就算每个人每节课只有10块钱，60个同学加起来就是600块。如果一节课按80分钟来计算，点名的这20分钟就是150块。难道我们是花这150块钱来请你点名的吗？如果你觉得这么做并无不妥，那你每节课给我们150块钱，我们给你来个买一送一大优惠，全班同学用40分钟轮流点你的名，你觉得如何呢？”

二、教学方式陈旧落后，填鸭式教学唯一的作用就是扼杀精英。

梁实秋在《烧鸭》一文中写道：“通州的鸭子师傅抓过一只鸭来，夹在两条腿间，使不得动，用手掰开鸭嘴。以粗长的一根根的食料蘸着水硬行塞入。鸭子要叫都叫不出声，只有眨巴眼的份儿。塞进口中之后，用手紧紧的往下捋鸭的脖子，硬把那一根根的东西挤送到鸭的胃里。填进几个之后，眼看着再填就要撑破肚皮，这才松手，把鸭关进一间不见天日的小棚子里。这样关了若干天，天天扯出来填，非肥不可，故名填鸭。”当老师们正襟危坐地在讲台上念讲义，让学生一字不落地记笔记，他们跟通州的鸭子师傅是何其相似！如果说有什么区别，恐怕只有一点：鸭子师傅灌的是有营养的食料，所以被灌的鸭子都能长肥，最后成为香喷喷的北京烤鸭；老师灌的是未必有用的知识，被灌的学生也就未必能够成才，很多人到最后成了只会考试的机器，成了毫无创造力可言的低能儿。

香港浸会大学教务处长唐创时说：“内地学生接受的教学方式一直是‘填鸭式’的。老师讲课，学生做笔记，然后考试。学生以为把老师说的每一句话都抄下来，就是好学生。香港的大学则强调‘自由式学习’，学生先拿到老师的题目，自己回去找资料做研究，然后10人一组在教室里讨论。学生一般很少记笔记，而且考得还挺好。”相比之下，我们的高等教育是多么落后，我们的大学生是多么可怜！

当老师成为课堂上绝对的中心，学生压根儿没有机会发表自己的看法，他们不需要独立地思考，只需要机械地记笔记，大学跟高考补习班又有什么区别呢？

读大学，更多的不是要记住一种学术观点，而是要学会思考问题的方法。大学之所以为大，就是因为它的包容。大学应该包容各种各样的观点并让这些观点平等地获得机会加以表达。当课堂成了老师的一言堂，怎么可能会有不同的观点相互辩驳？学生又怎么可能通过表达各自不同的观点来学会思辨？

在海南一所高校做讲座的时候，认识了几个来自北方的学生。对他们来说，开学返校、放假回家都是一项极为浩大的工程。有个人对我说："我今年寒假结束后回学校，正是春运高峰期，好不容易才买到一张站票，在火车上足足站了两天两夜，双腿疼得就像是有很多个钉子钉进了骨髓里。假如我是一个地下党员，不幸被敌人抓起来了，只要他们一说让我再去这样子挤火车，我保证立马投降叛变。"其他在场的人都开怀大笑，我却一点都笑不起来。当时我心里只有一个念头：学生们吃了这么多的苦才从全国各地汇集到这个叫做大学的地方，如果我们的大学还不能让他们学有所成，不能为他们提供知识和思想，不能给他们改变命运的希望，那将是多么深重的罪孽！可惜，有很多大学教师意识不到这一点，他们上课只是敷衍了事，拿着教材或者看着幻灯片念一遍就算完事了。如果读大学就是这么一回事，学生们还来大学干什么？如果他们对书上的内容感兴趣，自己买一本书在家里学习就行了，书上的每一个字他们都认识，万一有不认识的，翻一下字典就行了，总比挤火车要来得轻松；如果他们对朗读感兴趣，打开电视看《动物世界》就行了，赵忠祥的配音绝对比老师念教材来得优美。这么一想，逃课去自习已经算是很给面子了，要不然早就回家啦。

我读大学的时候，如果老师组织我们讨论，我总是最积极的；如果课堂成了老师的一言堂，不管老师有多权威，也不管老师能不能接受别人指出他的错误，我只要发现老师的观点有不当的地方，我就会举手要求发言，如果老师对我的举手视而不见，我索性直接站起来提出异议。为此，我被称为"人民教师的公害"。有些老师虚怀若谷，如果我的批评是有道理的，他会大大方方地承认自己的错误，就算我的观点完全站不住脚，也会很心平气和地向我解释。直到今天，我依然发自内心地对这些老师无比敬重。有些老师则把我当成了恐怖分子，一看到我举手就如临大敌，后来索性鼓励我逃课，并承诺期末考试会用一个比较高的分数作为我不再对他发动"恐怖袭击"的报答。面对老师的这种要求，像我这么善解人意的学生肯定不忍心拒绝了。还有些老师把我的发言当成一种挑衅，认为我很不给他面子，对我提出的质疑不作任何回应，只怪我目无师长、不讲纪律，并用期末考试来威胁。既然他对"不讲纪律"的认识还停留在发言之前不举手的初级阶段，我就只好通过逃课让他知道什么才叫做真正的不讲纪律了。

我并不主张每个同学都像我一样狂狷，但我希望大学生不要变成北京烤鸭，不要被动地接受知识，把课堂简单地理解为老师念教材、学生记笔记。大学生应该理性地选择知识，任何一种观点都要经过自己理性的思考之后再做出判断。否则，名义上的大学生就只不过是呆在大学里的中学生罢了。如果老师坚持用教中学生的方法来教你，那就果断地逃之夭夭吧。

三、课程设置不合理，很多课程唯一的作用就是浪费青春。

大学里有一些课程是每个专业都要开设的，被称为公共课，包括体育、英语、高数、计算机和“两课”，即马克思主义理论课和思想政治教育课。我现在回想起来，觉得这些课程中似乎只有体育课作用最大。至于英语的重要性，另有专门的章节阐述，这里就不说了。高数对于理工科生和经济管理类的学生来说固然很重要，可是，把高数作为法学、中文等文科专业的必修课，我就实在领悟不到其中的奥妙了。难道法官要用线性函数来计算给犯人判几年徒刑？难道记者要精确地统计一下某件事情发生的概率才能判断其新闻价值？我承认学习数学对于逻辑思维的训练非常重要，在投资理财等方面更是有非常直接的工具价值，可是，有很多人的逻辑思维足以应付工作之需，对投资理财又兴趣不大，又何必强求他们修满高数的学分才能毕业呢？让感兴趣的人去选修就可以了呀！钱钟书考清华的时候数学才15分，人家不也成才了么？

计算机课貌似非常实用，毕竟我们工作以后几乎每天都离不开电脑，可事实上这门课的价值仍然非常有限。Word、Excel、PowerPoint等常用的办公软件固然需要熟练地掌握，可深一点的内容老师一般不教，老师教的内容学生要么早已掌握，要么在网上下载几个视频课程来认真学习就足够了，效率绝对比上课高得多。为了更好地给我儿子编写早期阅读的图文资料，我决定学会使用Photoshop和Coreldraw这两款图形处理软件。我没去参加任何培训，也没买一本教材，只是在网上找了几个视频课程来学，竟也很快就运用自如了。学习这种软件尚且如此，何况Office呢？

当然，计算机应用基础这门公共课不只是学Office，还包括网页设计、C语言等内容。可是，对于绝大多数大学生来说，学这些东西有什么意义呢？更可气的是很多高校觉得大学生光学这些还不够，又增加了其他一些计算机方面的公共课。我读大学时就有一门好像是叫Visual FoxPro的课，因为一直逃课，我直到去机房参加期末考试了才跟老师有了迄今为止唯一的一次萍水相逢。老实说，我虽然顺利拿到了学分，可至今都没弄明白这门课究竟是学什么的，也弄不明白思想政治教育这个专业和Visual FoxPro之间有什么关联。

思修、毛概、邓论、马哲这些所谓的“两课”就更是无聊透顶。这种课的老师两极分化比较严重，思想最活跃的和最迂腐的都云集于此。有一部分老师能够化腐朽为神奇，把枯燥的课堂变成思想的天堂，可更多的老师却纯粹是因为教别的任何课程都无法胜任才来这种课堂上念教材的。很不幸，我就遇到了几位这样的老师。大一上学期我们有门课叫中国革命概论，也就是现在的毛概，老师不但酷爱点名，还是个典型的“歌德派”（歌功颂德），不放过任何一个机会抒发她对伟大领袖毛主席的个人崇拜。当时是四个小班一起上课，而我们班的思维最为活跃，同学们动不动就对她的观点提出反驳，她就想方设法打压我们班。后来我终于忍无可忍，当着一百多名同学的面毫不留情地指出了她的几个常识错误，然后扬长而去，气得她僵在讲台上很久都没回过神来。期末考试时，其他三个班的同学基本上都是高分，而我们班大约一半的人都是40分。因为有贵人暗中相助，我竟然出乎意料地拿到了60分。这个分数虽然是我大学期间全部课程的最低分，可毕竟及格了。为了避免再次连累同学，此后的马哲、邓论等课程我干脆统统逃掉。我惹不起，总躲得起吧？

如果说大学是一个商店，大学生就是在门口的收银台交了钱才能进入商店的消费者。可惜，这个消费者往往无权挑选自己感兴趣的商品，他必须抱一堆既不好看又不好用的垃圾回家，而商店的老板也好，售货员也好，都不会去关心商品到底有没有价值。政治经济学老师肯定会在课堂上详尽地阐释马克思的剩余价值理论和地租理论，可是，他的学生在不久的将来全部要作为廉价的劳动力将自己出卖，将自己在剩余劳动时间创造的剩余价值无偿地出让。当一栋又一栋高楼拔地而起，当一个又一个小区盛大开盘，他的学生却在节衣缩食地为下个月的房租而四处奔波。在这样的时候，那些滔滔不绝的老师们干什么去了？政治经济学干什么去了？剩余价值理论和地租理论又干什么去了？

我并不是说必须用就业之类的功利性指标来衡量大学课程的价值，也不敢否定马克思主义是解放全世界无产阶级的伟大真理，但是，当你和几十几百个人同时挤坐在教室里听老师照本宣科，你是不是能够用这些时间来做一些更有意义的事情呢？如果你真对马克思主义感兴趣，那不妨去图书馆找出《资本论》来看看；如果你对这些东西毫无兴趣，那就去看你感兴趣的书吧，在图书馆里闭着眼睛随便拿一本书估计都能比思修、毛概更有营养。哪怕是租一张影碟回宿舍细细品尝也可能比听老师讲第二次土地革命更有意义，至少《阿甘正传》里的台词“我不知道什么是爱，但是我爱你，珍妮”会让你明白浪漫其实不需要很高的智商，《肖申克的救赎》更是足以让我们反思：我究竟是在get busy living还是在get busy dying?

一些准备考研的人可能认为听这些课对考研有好处，这实在有点儿异想天开。希望从这种课程上学到对考研有用的东西无异于与虎谋皮。老虎虽然不愿给皮但毕竟还有一张皮，而大学的政治公共课老师有几个不是腹内草莽的南郭先生？如果拿考研政治试题给他们做，又有几个能够及格？我原来的邓论老师估计已近花甲，但学识和年龄丝毫不成比例。他曾担任过很多门课程的老师，甚至还教过冶金系的专业课，因为什么都教不好，最后只好“退居二线”来政治公共课滥竽充数。在这种老师的课堂上学东西，跟去乞丐家里偷钻石、在失足妇女的床上要贞操又有什么区别呢？

不仅公共课很不合理，就连专业课的设置也是乏善可陈。有调查显示：59.1%的用人单位认为目前大学教育课程设置不合理，其中50%的用人单位明确提出当前大学教育中课程设置不合理是大学生就业问题的一个制约因素。很显然，用人单位所抱怨的不只是公共课，他们对专业课的设置也非常不满，因为有太多的毕业生就算在校期间认真学习了每一门课程并以优异的成绩毕业，而且从事了专业对口的工作，仍然无法胜任。这也学过那也学过，可是这也不会那也不会，什么东西都只是浅尝辄止学了点皮毛，这是大多数毕业生给用人单位留下的印象。我一个读者是某二本院校数字媒体艺术专业的，他想毕业后从事影视策划方面的工作。大学四年下来，他感觉什么都没有学到。学了素描和速写，却画不出一幅像样的画；学了编程，却做不来程序员；还学了导演学，却连导演是怎么一回事都没弄明白。当然，更多的专业课是学习各种各样的软件，可是都学得不够深入，根本满足不了工作之需。无论学生是把大学当成孕育思想的地方还是学习技能的地方，这样的课程设置都将让他们大失所望。

两项基本原则

既然有这么多的因素在逼着我们逃课，一节课都不逃就有点儿违反天理了。有些人无论上什么课，无论什么老师上课，总是毕恭毕敬地坐在第一排，工工整整地记笔记。这种人说白了就是按照读中学的方式读大学，能够学到的东西恐怕也不会比高中时多出多少。什么课都不逃，跟什么课都逃掉没什么两样。

那是不是可以随心所欲地逃课呢？是不是逃课越多就越光荣呢？显然不是这么回事。逃课不是请客吃饭，而是一项伟大的事业。所以，逃课必须坚持两项基本原则。

君子有所逃，有所不逃

敢把所有课程统统逃掉的大学生估计找不出来，再怎么厉害的“逃学威龙”也只能是“逃课游击队”，只是有些人是随机地逃，有些人则是有选择性地逃——如果老师非常严厉或者每节课都有点名的雅兴，就规规矩矩做遵纪守法的一等良民；如果老师和蔼可亲并且从不点名就逃之夭夭，让老师面对空空如也的教室暗自感叹：心软自古空余恨，唯见人去楼也空。虽然“马善被人骑，人善被人欺”是司空见惯的自然法则，可我们这些五讲四美三热爱的社会主义新青年不能干这种缺德事。这样的逃课方式还停留在“有组织，无纪律”的初级阶段，到头来只会得不偿失。

有些课程虽然非常枯燥乏味，教材上的知识也早已过时，可如果老师很有趣，能够引导学生进行批判性的思考，能够为学生提供一些不一样的视角，对教材上过时的知识也能加以必要的更新和补充，那为什么还要逃课呢？我们大学期间有一门专业课叫伦理学，教材上的观点很是让人恶心，加上这门课实在看不出能对GDP作出什么贡献，所以很多同学在开学之初就做好了逃课的准备。可是，这门课的老师却是我们整个大学四年最好的老师之一，不但学识渊博，而且说话大胆、观点犀利，每节课都很给力。这个老师从不点名，还说如果我们有更重要的事情要去做，不需要跟他请假，并承诺绝不会在期末考试时秋后算账。这门课的出勤率却是最高的，就连我这个“逃课党”的中央总书记每节课都会早早地坐在教室里等老师。因为每个学生心中都有一杆秤，我们深深知道，当老师是一个可遇不可求的好老师，没有什么事情比上课更重要了。

一些重要的课程，只要老师不是太差劲，都不应该逃课。如果某个人学的是法学专业，也确实想从事法律方面的职业，他却以为只要学好应用法学、记住法律条文就够了，所以把理论法学的课程统统逃掉，甚至因为中国没有宪法法院、宪法不具有可诉性，索性连宪法都不屑一顾。这样的人永远都学不好法学，也做不好律师。还有些人理解不了高数对其专业的重要性，数学课能逃就逃，这也是非常危险的。我们学校有个博导叫陈建二，是“长江学者”之一，也是德克萨斯A&M大学计算机系教授。他从我们学校自动化系毕业以后便去美国留学，在纽约大学计算机系获得了博士学位。为了能够在计算机领域走得更远，他随后又用了几年时间去攻读哥伦比亚大学的数学博士学位。如果没有良好的数学基础，他在计算机领域的很多成就估计都不会有了。而我们的很多大学生一边逃课一边说：“我是来学计算机的，不是来学数学的！”这是不是值得反思呢？

在判断一门课程是否有价值的时候不能太功利，目光不能太短浅。事实上很多目前看来没用的东西以后就会觉得非常有用了。我一个朋友曾经是外国语学院的学生，他一直想做一名优秀的英语同步翻译。大学期间那些看上去跟翻译没有太直接关系的课程他都逃掉了，英美文化这门课他也没上过几次。后来工作中他才发现做翻译其实需要对外国文化有很全面很深入的了解，否则就很可能犯一些低级错误，就如外国人将“红楼梦”翻译成“在红色包厢里做的一个梦”。上海产的“白翎”钢笔，其英译为“White Feather”，可英语中有句成语“to show the white feather”，意思是临阵脱逃，白色羽毛象征的是胆小鬼，所以这个品牌的钢笔出口到英语国家以后一直无人问津。所以说，逃课没有错，但是不要逃错课。

逃课不是为了逃学

不逃课的学生不是好学生，可这并不意味着逃课的学生就一定是好学生。上课只是学习的方式之一，逃避上课不等于逃避学习。逃课本身并不是一件很光彩、很值得大力提倡的事情，我之所以说不逃课的学生不是好学生，纯粹是基于目前中国高校无奈的教育体制。听课是有机会成本的，如果不去上课，我们可以用这个时间去做很多其他的事情。如果通过其他的方式能比听课学到更多，逃课这件原本不正当的事情便具有了正当性；可如果逃课只是为了逃学，为了逛街、睡懒觉、玩游戏、上网聊天，逃课便是对青春的犯罪。

逃课有两个风险：第一个风险是老师点名了，影响期末考试成绩了；第二个风险，也是更大的风险，就是错过了在课堂上可能出现的知识和思想，就算老师平时讲课枯燥乏味，这种风险也是存在的，万一他突然小宇宙爆发了呢？如果一个人冒着这两种风险逃课却只是为了睡懒觉、玩游戏，毫无产出可言，风险收益比趋于无穷大，我只能说他的智商实在太朴素了。

《人民日报》刊登过一篇题为《大学课堂为何缺乏吸引力》的文章，其中有一段文字描写了一个逃课专业户的生活。

早晨七点半，阳光洒满吉林大学的每一个角落。当其他学生都在赶往教室时，张晨则行色匆匆地走在回寝室的小路上，满脸写着疲惫。这个游戏专业户已经不记得最近一次上课是什么时候，只知道昨天晚上“征途”已经玩到了90级，今天要再接再厉。“有时候也会去上课，但一个晚上没睡，到了课堂上也是睡觉，还不如干脆回寝室。”据张晨介绍，像他一样沉迷于网络游戏的还有很多人。在他的宿舍，4个人中就有两个人整天玩游戏，旁边宿舍也有几个经常一起玩游戏的朋友。这样的逃课专业户在大学中并不鲜见，他们整天游离在课堂之外，有的沉迷于游戏、有的沉迷于爱情，有的甚至是没有明确目标地到处游荡。

文中的张晨让我想起朋友曾经说过的一句话：世界上最不懂得珍惜的一种动物就是人。每个人的今天都是昨天死去的人无比向往的明天，很多人却偏偏要将今天荒废掉；张晨就读的吉林大学是很多只考上二本、三本的人梦寐以求的地方，对于那些因为家境困难所以高中都没读完就只能辍学去打工的人来说，这样的学校简直就是高不可攀、遥不可及的天堂，而张晨却是白天逃课、晚上网游，学校的教育资源对他来说就是可有可无的摆设。我们在中学阶段为什么要努力读书、争取考上更好的大学？还不就是因为重点大学的老师知识更渊博、实验室的设备更先进、图书馆的藏书更丰富么？如果为了玩游戏而把课程都逃掉了，当初何必考大学呢？在家里玩游戏不是更好么？

我大学期间虽然逃了很多课，但从来不曾逃课去睡懒觉、玩游戏，而是全部用来自习了。越是在逃课的时间自习，就越要劝勉自己抓紧时间，因为只有自习比上课学到更多，逃课才划算。我一个朋友最喜欢的是金融学，偏偏被录取到了法学专业。他逃起课来比我更加壮观，把政治公共课全逃了，专业课只隔三差五地出席一次，就连英语课都懒得去跟老师打个照面。他逃课的时候都是在图书馆的自习室里埋头苦读。就靠着这种自学，他大一上学期考过了英语四级，下学期考过了六级，后来考上了北大光华管理学院的研究生。如果他大学四年一直做个乖孩子，一节课都不逃，法学方面的知识肯定会多学一点，可他的英语、数学、经济学一定会学得差很多。

我们一方面要求学校给学生足够的自由，另一方面要警惕这种自由被滥用。学校管得太死不行，学生没有了自由也就没有了发展的空间；可如果学生不珍惜这种自由，不能自觉地学习，把时间都白白浪费掉了，自由也就没有了意义。何兆武先生在《上学记》一书中写道：“联大三个学校以前都是北方的，北京、天津不属于国民党直接控制的地区，本来就有自由散漫的传统，到了云南又有地方势力的保护，保持了原有的作风：没有任何组织纪律，没有点名，没有排队唱歌，也不用呼口号，早起晚睡没人管，不上课没人管，甚至人不见了也没有人过问，个人行为绝对自由。”现在那些热衷于在教室安装指纹打卡机的大学领导一定会认为这样一所自由散漫的大学注定一事无成，可就是这所没有任何组织纪律的大学在短短8年多的时间里培养了2位诺贝尔奖得主、8位两弹一星功勋科学家和176名院士，是一所不折不扣的世界一流大学。

当然，自由只是西南联大取得成功的必要非充分条件。如果学生都逃课去美丽的彩云之南游山玩水泡MM了，西南联大也就只能碌碌无为。所幸的是，学生们都能在自由的环境里自觉地读书，他们几乎把全部的精力都用在了学习上。像陈寅恪等学术泰斗的讲课，总会有很多求知若渴的人趴在窗户外面听。在那个战火纷飞的年代，图书馆的藏书非常有限，图书馆门前每天都会排起长长的队伍等待借书。低矮昏暗的土坯房图书馆只能容纳100多人，天天要占座，如果稍微去晚了点，连站着读书都不可能，学生们便跑到附近街道上的茶馆里去看书、讨论，茶馆成了西南联大的“第二图书馆”。我们在羡慕西南联大自由散漫的风气时，是不是更应该学习他们刻苦钻研的精神呢？

六种秘密武器

虽然有一些课如果不逃则天理难容，但很多时候逃课的代价却是巨大的。如果因为逃课而被老师“额外照顾”，运气好一点还能及格，但本学期奖学金恐怕就成问题了，还可能影响到专项奖学金和保送研究生；运气不好就会被老师红牌罚下，要么取消期末考试资格，要么给个59分把你气个半死。这样一来损失可能就无法估量了，不但要交几百块钱并花上一段时间去重修，而且有一门课不及格很可能导致奖学金、入党、三好学生、专项奖学金、优秀毕业生和保送研究生全部一票否决。

那么，如何才能做到既逃课又让老师给高分呢？这方面我还是有点儿发言权的。大一入校不久我便开始逃课，并且此后四年我将逃课进行到底，逃课率在50%以上。按照学校的规定，我恐怕够开除几十次了。可我不但没有因为逃课而不及格，反而几乎每门课都拿高分，每个学期都是一等奖学金，还拿过一些专项奖学金，毕业论文被评为优秀，还评上了校优秀毕业生，并有机会保送研究生。

很多课程我逃了一大半，老师却总会对我法外开恩，期末考试总会给我一个高分，甚至是全班最高分。这其中的玄机究竟何在？通过整理我当年宝贵的革命经验，再结合现在错综复杂的国际国内新形势，我觉得逃课主要有以下六种秘密武器：

第一，千万不要跟老师发生激烈的冲突。大一的时候我们同学对中国革命概论老师痛恨有加，尤其是我在众目睽睽之下夺门而去，算是跟她结下了不共戴天之仇。结果，这个老师大开杀戒，给出了一大堆40分。我虽然涉险过关，但回想起来总是心有余悸，所以后面几年就吃一堑长一智，再也没有去跟老师搞阶级斗争了。就算偶尔还会充当“人民教师的公害”，也只是就事论事，严格局限在学术讨论的范围之内，不至于让老师下不了台。一开始我习惯于在老师自我陶醉的时候突然站起来大叫一声：“老师，你错了！”后来想想，觉得我对老师的这种无情迫害实在点像是拉登突然发动恐怖袭击，有个性没人性。于是，我改变了策略，发言之前尽可能先举手，说的第一句话往往是：“老师，您说的有一定道理，不过我认为可以做必要的补充……”俗话说，伸手不打笑人脸。就算是在课堂上当着全班同学的面反驳老师的观点，可你是用商量的，而非挑衅的口吻，甚至脸上浮现着善意的微笑，就算最后的结果同样是把老师的观点批驳得体无完肤，他也不会对你抱有敌意，至少不会在期末考试给你打分数时有心理阴影。

第二，要尽可能地浑水摸鱼，并针对不同老师的特点制定不同的逃课战术。越是大班上课就越好逃课，如果一两百个人一个班，多你一个少你一个根本看不出来。老师就算点名往往也只是抽查一小部分，而且很可能是按小班轮流来，有章可循。有些老师喜欢第一节课上课时点名，有些老师喜欢第二节课上课或下课时点名，如果摸清了老师的规律，就可以在他要点名的时候才溜进教室，或者一点了名就溜之大吉。还有些老师点名的时候只要听到台下有反应就打了勾，这样的话你完全可以和同学分工合作，每次派个代表去上课，点名的时候多应几次“到”就行了。我一个朋友曾经创下了在一节课上应了17次“到”的记录，而且每次的音量和语调都有所不同，老师竟然毫无察觉。长江后浪推前浪，也不知道这一纪录被学弟学妹们刷新到多少了。

当然，有些时候可能会弄巧成拙。我们原来有个老师点到某个逃课的同学名字时，竟然有3个人异口同声地大喊一声：“到！”更绝的是，这三个人竟然有男有女。如果老师有心脏病，估计要气得当场去找马克思。所以，对付点名更重要的不是讲义气，而是讲纪律。有组织、有纪律的逃课能大大降低浑水摸鱼的风险。

我一个朋友让我进一步认识到了组织纪律的重要性，也让我对“不患寡而患不均”的道理有了全新的认识。他读大学的时候，如果某门课绝大多数同学都想逃掉，而老师却每节课都要点名，他们索性全班同学轮流逃课，每节课有三分之一的人逃课，也就是说，每个人能逃掉三分之一的课。到期末的时候，老师发现每个人逃课的次数都差不多，他可能会压低全班同学的分数，但总不能让每个人都不及格呀，那样的话他一定成为维稳的对象，领导会约他去喝茶的。所以，每个人都逃了一样多的课，就等于每个人都没有逃课。人民群众的智慧真是无穷无尽呀！

第三，给合理的逃课披上合法的外衣。有很多老师，尤其是看了《读大学，究竟读什么》的老师，在点名的方法上不断创新。他们的点名方式变得无章可循，频率也越来越高，甚至有些老师把点名当成了减少工作量的重要方式，上课时点一次，下课前再点一次，时不时还在中间插播一次。要是碰上了这样的老师，浑水摸鱼恐怕不太现实了。如果学校在每间教室都安装了指纹打卡机，要想逃课还不被察觉就更是绝无可能。那怎么办呢？迫于点名的淫威而无奈地去听课么？虽说好汉不吃眼前亏，可是这么轻易地投降，实在很没面子。如果到课率跟老师点名的变态程度成正比，那岂不是用实际行动肯定了点名的重要性？如果学校装了指纹打卡机以后就没人逃课了，那岂不是鼓励别的高校也纷纷效仿？

道高一尺，魔高一丈。除了我朋友那种轮流逃课的办法之外，给逃课寻找正当的理由也不失为一个切实可行的思路。最常见的正当理由有两种：因病请假，因公请假。如果不需要提供相关证明，只要一张请假条就可以，那当然就很简单了，隔三差五编个理由就行。原来我们上英语课都是20来个人的小班，老师不点名也能知道谁逃课了，所以，逃课的同学总会交上一张请假条。有一次，我们班上一位中文系的哥们托人带来的请假条上写着：“老师，这次我是真的病了……”老师又好气又好笑，但也没再追究。

当然，不是在每个老师那里只用一张请假条就能蒙混过关。如果是请病假，需要有医院开具的证明；如果是因公请假，需要有团委、学生会等部门开具的证明。如果每逃一节课都要连哄带骗地缠着医生开证明，或者欠下学生会里某个朋友的一个人情，实在得不偿失。就算没有一劳永逸的办法，至少也要一劳久逸才行。我一个朋友的好几个同事想离开公司，可都想以被公司辞退而不是自己主动辞职的方式离开，因为公司辞退他们的话，他们在公司工作了N年，公司就要赔偿他们N＋1个月的工资。有两个人给公司交了病假条及相关证明之后就没去上班了，第一个说是患了肌无力症，唯一能做的事情就是在家休息；第二个说是得了轻微抑郁症，需要修身养性，要不然就随时可能仇视社会，成为社会不稳定因素。如果我现在回到学校去读书，就很可能会如法炮制他们的做法。如果遇上了非典、禽流感之类的事情，我还会补充一条：刚从疫区回来，为了保护大家，正在自我隔离。

第四，要尽可能在没逃课的时候通过发言、讨论给老师多留些印象。这样一来，就算你没上过几次课，老师也会觉得你劳苦功高。如果发言很精彩，能做到观点新颖、逻辑缜密、表达清晰，让人一看就知道你是个有学识、有思想的人，那基本上就拿到了免死金牌。其实，只要学生不是故意挑衅、找茬，老师对于上课积极发言的同学是非常感激的。我当过老师，所以对这一点感触颇深。如果我在课堂上提出一个问题让大家讨论，结果全班同学呆若木鸡，我一定很苦恼。如果某个同学能在这个时候举起手或者站起来，对我而言，那实在是一种雪中送炭之恩。

原来我有一些课程整个学期只听过两三次，但每次去上课时都不会放过任何一个发言的机会。如果那门课我并不在行，我就尽可能从法学、哲学或者其他我熟悉的角度来分析老师提出的问题。下课以后，我会再找机会跟老师聊一会儿，让他充分地意识到我是一个勤奋好学的好学生，就算逃课了，也一定是逃课去自习了。在行政法的一节课上，我的发言让老师刮目相看。他在下课后主动找我聊天，说他本以为我们非法学专业的人估计连“法人”这个词语都弄不懂，而我却能对禁止翻供原则、公共负担平等理论做准确而深入的解读，让他颇感吃惊。当我说看了哪些书，又在北大法学院听了哪些老师的课，他说：“我在你们班上讲这门课只能是讲点皮毛，以后你干脆别来上课了，免得浪费时间。”老师都把话说到这个份上了，我自然恭敬不如从命。期末考试的时候，老师也毫无悬念地给了我最高分。

另外，还可以耍些小聪明让老师加深印象。记得有一次老师点名的时候我没有说“到”，而是字正腔圆地说了两个字：“健在”。顿时全班哄笑，老师也笑了。不过这一招不能乱用，如果老师正处于更年期，或者他的股票那天趴在跌停板，那就很可能阴沟里翻船的。

第五，跟老师尽可能多接触，从严肃的师生关系变成亲密的朋友关系。去上课的时候可以利用课间休息的时间跟老师聊聊天，课后在校园里跟老师相遇了就热情地打个招呼，顺路的话就多聊几句。这样做只需要耗费几粒米饭的能量，但说不准就能让你期末考试时人品大爆发，分数从59变成60。另外，还可以约老师一起打球，或者买上一瓶好酒带上几个兄弟去老师家里“煮酒论英雄”。这些事情看上去很夸张，但原来我们班上的同学都做了无数遍。有些同学几乎整个学期都在逃课，跟老师一起打几场球以后期末考试就搞定了，毕业以后还仍然跟老师称兄道弟。

最后一种办法便是破财消灾。有时就算是用尽了以上各种江湖绝学也可能无济于事，那就需要八仙过海各显神通了。有一些老师明明是块当官的料，却偏要窝在大学里教书，到了期末考试的时候突然发现自己手握生杀予夺大权，于是在改卷的时候故意让一大批学生不及格，并在上交成绩单至教务处以前将这一情况透露给学生，然后在家等着礼物上门。这种龌龊的老师在大学虽然不是很多，但也不是没有。如果不幸成为这种老师的猎物，那就只有自认倒霉了，大丈夫能屈能伸，破财消灾未尝不是明智之举。

《刑法》中有一个罪名叫“传授犯罪方法罪”，在2011年全国人大常委会表决通过《刑法修正案（八）》之前最高可判死刑。如果逃课构成犯罪，那我肯定等不到该修正案通过就见阎王爷去了。如果上述法宝为你所用，而且你逃课是为了去学习更重要、更有意义的东西，那我就算被判了死刑也值；可如果你逃课是为了吃喝玩乐泡MM，那我就真是死有余辜并且永世不得超生了。

体育：一辈子的必修课

覃老师：

您好！我是一名大三的学生，前面两年学习一直很刻苦，每门课都取得了优异的成绩，可唯独体育课的学分没有修满，长跑和引体向上这两个项目都没有达标。虽然还有补考的机会，但我不是很有把握。我自认为身体不算太差，平时也很少生病，可是体育成绩就是好不来。文化课的成绩我可以通过加倍的努力来提高，而体育课我就算想努力都不知道把劲使到什么地方。加上平时学习任务非常繁重，也抽不出太多的时间去参加体育活动。老师明确告诉我了，如果毕业前还不能补考通过的话，我就拿不到毕业证。学校的这种规定实在太不合理了，如果霍金在中国读大学，岂不是永远也毕业不了？覃老师，您说我该怎么办呢？是牺牲一部分宝贵的时间去提高体育成绩，还是干脆放弃算了，毕业后凭借我在专业上的真才实学去打动用人单位？

您的读者周扬

周扬：

你好！我在《读大学，究竟读什么》一书中用很简短的几句话提到了体育的重要性，说大学期间最不应该逃掉的课就是体育课，不知道你留意到没有。之所以没有展开来谈，是因为我觉得这是一个再简单不过的常识，根本不值得特别强调。可是，你的来信，加上近年来很多新闻都充分反映了体育被大学生忽视的程度，我觉得还是很有必要跟你好好谈谈。

每年9月份都会有一些大一新生在军训时猝死，这足以让我对当今大学生的身体素质感到担忧。2011年首次被纳入清华大学自主招生选测环节的体质测试更是让我焦虑万分。根据测试结果，近700名考生自主选测了体质测试，覆盖全国所有省份。按照《国家学生体质健康标准》，无人获得优秀（总分90分以上），获得良好（总分75至89分）的考生仅占总数的7.8%，不及格（60分以下）考生占总数的63.5%。看到这组数据，我不禁感叹：难道我们又要回到东亚病夫的时代了吗？

读大学，究竟读什么？这是一个众说纷纭的问题，不同的人会给出不同的答案，比如知识、专业技能、思维能力、公民意识、道德推理能力，等等。而绝大多数人，应该也包括你在内，不会把体育作为答案的一部分。你认为学习文化课的时间是非常宝贵的，而提高体育成绩不过是为了修满学分顺利毕业。可是，如果没有很好的身体素质，文化课学得再好又有什么用？皮之不存，毛将焉附？

你自认为身体不算太差，平时也很少生病，所以就忽视了体育的重要性，这是非常危险的。你正处于一生中最风华正茂的年龄，就算体质不是很好，也不至于成为药罐子。可随着年龄的增长，随着工作以后各种压力的不断增加，体质上的薄弱会迅速表现出来。如果到那个时候才意识到健康的重要性就太晚了。在很多公司，尤其是一些工作压力很大的公司，时常会有年纪轻轻的员工活活累死。人们看到这种新闻时总是指责公司惨无人道，却忽视了另外一个问题：这些加了几次班就猝死的年轻人是不是体质太差了？

我无数次地强调过一个观点：大学四年是我们一生中最宝贵的时光。进入大学的时候，我们每个人都将拥有一个账户，我们在大学四年里一点一滴地往里面存财富，等到毕业以后再一点一滴地取出来。健康便是这笔财富中极为重要的一部分。我大学期间花了很多精力去存这样一笔财富。大二的体育课是自由选择项目的，我们院就我一个人选择了田径，其实就是长跑。从那个时候开始，我每周都要长跑两次，每次都在400米跑道上至少跑15圈。每天晚自习下课以后我还会去单杠、双杠上锻炼一会儿。大三、大四没有体育课了，只有体育测试，可我的锻炼仍然很好地坚持了下来。毕业以后，工作和生活的压力陡然增大，体育锻炼的条件也差了很多，虽然偶尔会去打球、游泳，但毕竟没法跟大学期间相提并论了。现在我的体质差了很多。当年考试时跑完1000米以后呼吸还比较平缓，现在估计跑400米就气喘吁吁了；当年可以一口气做二三十个引体向上，现在只能做几个了。可我仍然有非常充沛的精力去应付繁忙的工作，忙的时候每天只休息三四个小时也完全扛得住。我清楚地知道，这一切都不过是因为我读大学时往财富账户里存入了足够多的健康。而你呢？你已经往账户里存入了多少？

如果只是为了让你顺利毕业，我根本就没有必要跟你说这么多。只要你有针对性地训练一段时间，考前再调整好状态，通过补考应该没有问题。再说了，大学里的体育老师都是很好说话的，你只要在补考时确实尽力了，再跟老师多说点好话，他一般都会手下留情。万一老师不肯通融，花点钱给老师送点礼物，比如买瓶酒送条烟什么的，应该也就通过了。可我希望你不只是为了拿到学分，而是真正意识到体育的重要性，为后面漫长的几十年打好健康基础。体育是一辈子的必修课，在任何时候逃掉这门课都是要付出沉重代价的，在大学期间就更是如此。每周至少拿2个小时用来参加体育活动吧！以后你自然会明白，离开了田径场和体育馆，图书馆和自习室也就失去了意义。

覃彪喜

公民意识：争你们个人的自由，便是为国家争自由

勿以恶小而为之，勿以他人为之而为之；勿以善小而不为，勿以他人不为而不为……一千个逆来顺受、忍气吞声的顺民不如一个敢于抗争、捍卫权利的“刁民”……检验一个国家的文明程度，不是看少数是否服从多数，而是看多数是否尊重少数……现代化的公民必须克服“搭便车”和“挤公交车”这两种阴暗的心理……

1964年12月，周恩来在第三届全国人民代表大会第一次会议上首次提出：在20世纪内，把中国建设成为一个具有现代农业、现代工业、现代国防和现代科学技术的社会主义强国。从此，我国社会主义建设的目标是实现四个现代化便成了家喻户晓的常识。

然而，在我看来，另外两个方面的现代化要比这四个方面重要得多，那就是制度的现代化和人的现代化。洋务运动不也在一定程度上让晚清实现了国防和工业的现代化吗？可为什么到了甲午战争还是不堪一击呢？根本原因就在于晚清的体制已经病入膏肓了。“师夷长技以制夷”的想法就是个彻头彻尾的错误，因为从根本上来讲，人家用来“制”我们的并不是“技”，而是先进的制度。只要体制不改，晚清就算拥有当时世界上最好的战舰、最好的机器，也只能是一个愚昧落后的国家。时至今日，如果脱离了制度的现代化来谈国家的现代化，谈中华民族的伟大复兴，依然是缘木求鱼。

制度都是靠人来制定并执行的，所以，制度的现代化归根结底是人的现代化。所谓人的现代化，就是让人民、市民变成现代社会的公民。自秦以降，在漫长的专制集权社会里，统治者执行的是“民可使由之，不可使知之”的愚民政策，百姓遵守的是“非礼勿视，非礼勿听，非礼勿言，非礼勿动”的奴隶主义。这样的社会是没有公民可言的，只有跪在地上山呼万岁的臣民、草民、贱民。现在，跪着的臣民已经站起来成为人民，同时还有了很多其他的身份：市民、村民、网民、股民、彩民、居民、移民……然而，我们要想成为现代公民，还有很

长一段路要走。从法律的角度来说，具有某国国籍就是该国公民，可是，“公民”这个概念远没有这么简单。

李慎之先生说：“千差距，万差距，缺乏公民意识，是中国与先进国家最大的差距。”中国要想实现国家的现代化，必先实现人的现代化，使在这片古老的土地上因循守旧生活了几千年的中国人成为有现代意识的公民。要实现这个目标，大学生责无旁贷。正如毛泽东1957年11月17日在莫斯科大学对数千名中国留学生所说：“世界是你们的，也是我们的，但是归根结底是你们的。你们青年人朝气蓬勃，正在兴旺时期，好像早晨八九点钟的太阳。希望寄托在你们身上。”现代化的希望在大学生身上，公民社会的希望也在大学生身上。

公德心：补幼儿园的课

公民意识指的是围绕公民的权利与义务关系，反映公民对待个人与国家、个人与社会、个人与他人之间的道德观念、价值取向、行为规范，等等。公民意识包括很多方面的内容，比如权利意识、人格独立意识、程序规则意识、法治意识、纳税人意识、生态环境意识，等等。一个现代社会的公民，理应懂得什么是政党制度、文官制度，懂得什么是民主、宪政、法治、司法独立、权力制约、新闻自由，懂得如何通过法律保护自己的私权利不被公权力非法侵犯。

然而，在谈论这些内容之前，我必须先谈谈公民意识中最基础的部分：公德心。尊老爱幼，礼让他人，爱护公共卫生，遵守公共秩序，待人接物要有礼貌……这些都是一个现代社会的公民必须具备的最起码的意识。如果这些意识还很稀缺，就算我们国家有了世界上最发达的高铁，就算将来某一天五星红旗插上了月球和火星，中国也还不能算是一个现代化的国家。连现代化的文明都没有，还谈何现代化呢？

跟已经成年的大学生谈不要随地吐痰，这似乎非常滑稽。我在决定写这个专题的时候，起初也只想谈谈权利意识、民主意识。可是，有两件事让我改变了主意。第一件事是在儿子上幼儿园期间。有一天我跟他一起乘坐电梯，我站在了扶梯的左侧，儿子立马神情严肃地对我说：“爸爸，我们书上说，乘坐扶梯的时候要站在右侧，把左侧留出来给别人通行。”那是我第一次听到这个说法，有点儿将信将疑。一回到家里，儿子就翻开一本从台湾引进的教材给我看，我这才知道社会公德对乘坐扶梯做了这样的要求。

我上幼儿园的时候，老师教我们唱“我爱北京天安门”；读小学的时候，老师让我们“五讲四美三热爱”，树立伟大的共产主义理想，做共产主义接班人；读中学的时候，老师要我们坚决抵制资本主义糖衣炮弹的攻击；读大学的时候，我们更是把马克思主义哲学、毛泽东思想、邓小平理论和“三个代表”重要思想统统学了一遍。可是，从头到尾，没有一本教材、没有一位老师告诉我们乘坐扶梯时应该站在右边！

第二件事是深圳大运会期间，有一场中日男子足球赛，大约有200名日本观众，专门划了一个看台区。比赛结束后，中国观众的看台席一片狼藉，地上全是可乐杯、矿泉水瓶、塑料袋和小国旗，而日本观众的看台席却完全不需要清洁工做任何打扫，地上一点点的垃圾都没有。我对大运会不感兴趣，可我好几个朋友去现场观看了比赛。其中有个朋友在谈到这件事的时候，不无自卑地说：“日本人太可怕了！”

当时在体育场里观看比赛的中国人基本上都接受过高等教育，也就是说，他们都跟我一样，曾经在学校里学习了十几年的爱国主义、集体主义和共产主义。我不知道这样的教育能不能如愿以偿地培养共产主义接班人，我只知道这样的教育并没有培养合格的公民，并不能让球迷在离场时因为受到了马列主义的洗礼而自觉地把垃圾带走。

要培养现代公民，就必须有公民教育。公民教育的重心本应该在中学阶段，甚至应该从幼儿园开始抓起，可是，我们就算读完博士都接受不到良好的公民教育。既然如此，那就只能在大学期间补幼儿园的课了。真正滑稽的不是跟大学生谈不要随地吐痰，而是接受过高等教育的人竟然随地吐痰。

中国的传统文化一直都是重私德、轻公德。费孝通先生在《差序格局》中曾形象地论述过国人的这一特性：“苏州人家后门常通一条河，听来是最美丽不过了，文人笔墨下是中国的威尼斯，可是我想天下没有比苏州城里的水道更脏了。什么东西都可以向这种出路不太畅通的小河沟里倒，有不少人家根本就不必有厕所。明知人家在河里洗衣洗菜，却毫不觉得有什么需要自制的地方。为什么呢？——这种小河是公家的。”

在一切以经济建设为中心的背景下，现代化被很多人简单地理解为GDP，不能创造GDP的社会公德更是被抛到了九霄云外。我们的GDP已经仅次于美国，可我们的现代化程度又岂能与日本和西欧各国比肩？从根本上来说，日本之所以是一个现代化的国家，并不是靠他们的汽车、机器人、新干线和数码产品，而是靠这种让人敬畏的公民素质。即使是在巨大的灾难面前，日本人依然表现出令人感佩的镇定、冷静和秩序。2011年日本大地震时，有几百人在一个广场避震数小时，整个过程中无一人喧哗，无一人抽烟，男人自觉地帮助女人，散后，地上无一片纸屑。

这事如果发生在中国，一定是截然不同的另一番景象：嘈杂，凌乱，最后留下一地的垃圾。更可怕的是，在我们的价值体系中，这似乎并没有什么不好。读书的时候，谁考试的分数高，谁考上的大学好，谁就是乖孩子、好学生；工作以后，谁挣的钱多，谁买的房子大，谁就是成功人士。正是基于这样一种扭曲的价值观，现在很大一部分中国人富起来了，开上了名车，住进了豪宅，享受着最现代化的高科技产品，可他们却不能算是现代化的人。就拿我居住的小区来说，很多业主有上千万甚至过亿的身家，可是对高空抛物乐此不疲，遛狗时对狗的粪便置之不理，停车时总喜欢一台车占两三个车位……

管仲说："仓廪实而知礼节，衣食足而知荣辱。"可是，今日之中国却是"仓廪实而失礼节，衣食足而忘荣辱"。中国已经超越美国成为仅次于日本的世界第二大奢侈品购买国。在2008年全球金融风暴期间，中国人像春运一样组团去国外疯狂扫货，巴黎、伦敦的很多奢侈品专卖店都被中国人一扫而空。可是，中国人走到哪里，就把喧哗、脏乱和失礼带到哪里。"中国人，便后请冲水"，"请安静"，"请不要随地吐痰"……这种仅以简体中文标出的警示牌在中国人出境游的主要目的地——法国、德国、日本、泰国、新加坡等地频繁出现。香港迪士尼乐园开园第二天，登上媒体的不只是欢欣的画面，还有大陆游客插队、小孩随处便溺等负面消息。在日本，曾有一家杂志把中国人的不文明行为编了个特集，标题就是：中国人有钱了，你还讲"礼"吗？

要治国、平天下，必先修身、齐家；要建立现代化的公民社会，必先让日常生活的言谈举止合乎公德。2001年，为"培养一代又一代有理想、有道德、有文化、有纪律的社会主义公民"，中共中央颁发了《公民道德建设实施纲要》，倡导"爱国守法、明礼诚信、团结友善、勤俭自强、敬业奉献"的基本道德规范。其实，我们完全可以把这个高度抽象的口号还原成简单、生动的一言一行：不乱扔垃圾，不高空抛物，不在公众场合喧哗、抽烟，不闯红灯，不酒后驾车，自觉排队，给老人、孕妇和抱小孩的人让座……这些都不过是微不足道的小事，可正是这些小事构成了现代文明社会的基石。

有些人或许会说：整个社会风气如此，我们又如何独善其身呢？当别人都在闯红灯，我又何必一个人傻乎乎地站在那里等绿灯？当路上除了自己之外，没有一台车，没有一个人，也没有摄像头，就算闯了红灯也是利己不损人啊，那又有什么关系呢？对于这个问题，我觉得不妨从以下两个方面来看：

第一，我们在违反规则的同时，其实就是在制造危险。即使你有100次高空抛物都没有出事，你也不能保证第101次不砸死人；即使你有100次闯红灯没有出事，你也不能保证第101次不被车撞。几年前，有一个即将论文答辩的中国女研究生去德国旅游，习惯性地闯了红灯，结果被车子撞飞了。26岁的她正准备张开双臂拥抱美好的生活，却香消玉殒在异国他乡。

第二，勿以恶小而为之，勿以他人为之而为之；勿以善小而不为，勿以他人不为而不为。我们之所以要遵守一些公德和规则，并不是因为别人在遵守，而是因为我们原本就需要遵守。每当我开车路过一些路口，看到绿灯变成了黄灯，我就赶紧停下来。我闯过去并不会被拍，停下来反而容易被后面赶着冲黄灯的车追尾，可我依然坚持这么做，因为黄灯本来就是用来停的，不是用来闯的。当一件事情我认为应该这么做，那又何必在乎别人怎么做呢？就好比我饿了就要吃饭，又何必在乎别人是不是在吃饭呢？

日本社会流传一句话：“管好自己，不给社会添麻烦。”日本人在街上如果一时找不着垃圾桶，就把垃圾带在身上，回家放进自家的垃圾桶。就连掉在身上的头发都很可能会用餐巾纸包好，先放进自己的口袋，有机会时再扔进垃圾桶。在自助餐厅吃饭，人人用完餐都会自己收拾桌面，桌上洒的几滴汤会用纸巾擦去，杯盘碗筷收到集中存放的地方。路上塞车时，没有人插队，更没有人狂按喇叭。我不知道中国人还要过多少年才有可能达到这样的公民素质，我只知道，与其临渊羡鱼，不如退而结网。

从我开始，从现在开始。

权利意识：千人之诺诺，不如一士之谔谔

“公民”这一概念最本质的规定是：法律面前人人平等，每个人都平等地享有法律规定的权利、履行法律规定的义务。这里所说的“人”既包括自然人，也包括法人。当政府乃至国家以一个法人的身份出现在公民的面前时，他们是平起平坐的，公民不再是匍匐在政府脚下的臣民，而是一个独立的、平等的主体。

公民意识最核心的内容便是权利意识。当一个国家存在一部分人享有凌驾于

法律之上的特权，它就不能算是公民社会；当一个人不能捍卫自己的权利并尊重别人的权利，他也就不能算是现代社会的公民。尼克松本来是美国历史上最伟大的总统之一，可是，水门事件却让他突然之间臭名昭著，直到现在公众都还不肯原谅，也不愿意对他的功过来个三七开。为什么呢？因为他的窃听伤害到了现代社会的根基：权利。

捍卫自己的权利

权利如果不去争取、不去捍卫，它就只是一张纸。要把纸上的权利变成公民切切实实享有的现实的权利，不但需要有一系列的制度性安排，而且需要公民用实际行动来捍卫自己的权利。

2004年，一个叫郝劲松的年轻人因为地铁的公共厕所没有给他发票而将北京市地铁总公司告上法庭。当时北京最小的发票面额是1块钱，没5毛的。因为上厕所的费用是5毛，法院只好让地铁申请专门印了一批5毛的税务发票。然后，法院当庭宣判：郝劲松胜诉，被告当庭交付原告两张5毛的如厕发票。

2005年，郝劲松因火车销售商品不开发票，在4个月内连续3次把“铁老大”告上法庭，最终由北京铁路法院判决郝劲松胜诉，迫使铁道部向全国各铁路局发出《关于在铁路站车向旅客供餐及销售商品必须开具发票的通知》，结束了中国火车不开发票的历史。

2006年，郝劲松向北京市一中院起诉铁道部2006年春运涨价不开听证会程序违法，北京市一中院书面裁定不予立案，郝劲松随即向北京市高级法院提起上诉。同年12月，法院宣判郝劲松败诉。2007年1月7日，郝劲松在《检察日报》发表了《致铁道部部长刘志军的公开信》。1月10日，铁道部发言人宣布：实行了14年的春运火车票涨价制度废除，今后不再涨价。

或许在很多人看来，郝劲松是一个不折不扣的“刁民”。然而，历史不正是由这样的“刁民”推动着前进的吗？中国要想进入现代化的公民社会，缺少的不正是这种敢于较真的“刁民”吗？千人之诺诺，不如一士之谔谔。对于决策者来说，一千个阿谀奉承的人不如一个敢于唱反调的人；对于整个社会来说，一千个逆来顺受、忍气吞声的顺民不如一个敢于抗争、捍卫权利的“刁民”。正如郝劲松所说：“一张小小的发票，浓缩了你的权利，这是最简单的东西，你可以扔掉，但是里面凝聚着法制和民主的力量。发票背后有国务院发票管理办法，法规被践踏了你都没有维护，今天你失去了发票的权利，明天你失去了其他，总有一天你的房子、你的地什么的都失去了，因为法制在被践踏的过程中你从没有维护过它。”

江西新余钢铁厂的退休职工刘萍捍卫公民权利的决心丝毫不亚于郝劲松。这个普普通通的工人足以让坐在书房里高呼民主与自由的知识精英肃然起敬。2009年内退以后，刘萍一直为带薪休假和享受加班工资而维权。2011年，她觉得作为一个普通工人维权太难，便产生了参选当地渝水区人大代表的想法。或许有很多人会觉得这个想法非常天真，可事实上法律早已赋予每一个中华人民共和国公民这么做的权利。《中华人民共和国全国人民代表大会和地方各级人民代表大会选举法》第三条明确规定：“中华人民共和国年满十八周岁的公民，不分民族、种族、性别、职业、家庭出身、宗教信仰、教育程度、财产状况和居住期限，都有选举权和被选举权。”第二十九条规定：“各政党、各人民团体，可以联合或者单独推荐代表候选人。选民或者代表，十人以上联名，也可以推荐代表候选人。”

为了获得十个以上选民联名推荐，在渝水区选民名单公榜后，刘萍利用空闲时间到麻将馆、菜市场、居委会等公共场所演讲拉票，同时开通微博及时发布参选进展和竞选提纲，获得选民和普通网民的广泛关注。虽然刘萍最后未被列为人大代表候选人，可她这一壮举却是意义非凡的。在这之后，“独立候选人”成了全国性的热门话题，天涯社区商务运营总监梁树新、社会评论家李承鹏、专栏作家五岳散人等人相继宣布参加当地人大代表竞选。

虽然捍卫权利往往需要付出一定的代价，而且从短时间来看，刘萍等人的所作所为无异于以卵击石，并没有给这个社会带来明显的变化，可是，正如林昭生前所说：“我相信成千上万个鸡蛋去撞击，这顽石最终会被击碎的！”如果每一个公民都能够像刘萍一样通过合法的途径坚决捍卫自己合法的权利，这个社会能不变得更加美好吗？

事实上我们的权利没有一天不在被侵犯。就拿隐私权来说吧。你一买房子，装修公司和房地产中介就全知道你的房号了；你一生孩子，推销奶粉的就都找上门来了；你一报名司法考试，各种司考辅导班的短信就蜂拥而至了。参加司法考试的人不但学过法律，而且准备以维护他人的权利为职业，可是，当他们自身的隐私权被司法局和辅导班毫无忌惮地侵害，又有谁挺身而出呢？

北大校长胡适曾在《介绍我自己的思想》一文中大声疾呼：“现在有人对你们说：‘牺牲你们个人的自由，去求国家的自由！’我对你们说：‘争你们个人的自由，便是为国家争自由！争你们自己的人格，便是为国家争人格！自由平等的国家不是一群奴才建造得起来的！’”1997年，美国总统克林顿在北大演讲时引证了胡适这句话；2005年，李敖在北大演讲时也引证了这句话。现在，我把这句话作为本专题的标题，希望每一个读者、每一个大学生、每一个公民在权利和自由受到侵犯时，都能像郝劲松和刘萍一样较真，捍卫到底，绝不妥协。因为，争你们个人的权利，便是为国家争权利；争你们个人的自由，便是为国家争自由。

尊重、保护别人的权利

权利总是和义务密不可分的。我们之所以享有“绿灯行”的权利，是因为我们尽了“红灯停”的义务。如果我们闯了红灯，不尊重别人“绿灯行”的权利，我们自己的权利也就得不到尊重和保护。所以，权利意识的内容不只是捍卫自己的权利，还应该包括尊重、保护别人的权利。对于构建公民社会而言，后者往往比前者更加重要。

这本是一个很简单的道理，可是一到了现实生活中，很多人就把这个道理忘得精光了。就拿知识产权来说，无论是在官方还是民间，都远未得到应有的尊重。未经授权的电子书可以随意下载，10元一本的盗版书遍地都是。当某个网站火起来了，马上会有一个接一个山寨的网站，logo都可能一模一样；当某本书畅销起来了，马上会有一本接一本跟风的书，无论是书名还是封面设计，简直如出一辙。在这样的环境下谈权利意识、公民意识，就好比回到旧石器时代跟山顶洞人谈机器人、原子弹。

刘瑜在《托克维尔的那场旅行》一文中写道：“我曾经向一个关系不错的美国朋友借一个软件拷贝，结果他竟然犹犹豫豫。平时找他帮任何忙都没有过这种情况，经过解释，原来他觉得这样复制软件太不尊重知识产权了。”在我们中国人看来，这种脑筋不转弯的书呆子实在傻得可爱，可是，如果没有了这种傻劲，没有了对权利的这种尊重，公民意识就无从谈起。农民的劳动成果是对收获的粮食所享有的物权，程序员的劳动成果是对开发的软件所享有的知识产权，二者在本质上其实是一样的。所以，盗版跟盗窃农民的粮食又有什么区别呢？如果这么恶劣的行径都能被整个社会普遍接受，这个社会还奢谈什么现代化呢？

在某些时候，人们对他人权利的漠视往往变得更加彻底。比如，我曾亲眼目睹一个小偷被抓了个现行，结果几十上百个路人群起而攻之，你一拳，我一脚，恨不得立马送那个小偷上西天。后来那个小偷已经倒在地上鲜血直流，一些人仍然不愿罢手。在深圳，基本上每个人都有过被偷或者被抢的经历，否则实在不好意思说是深圳人。所以，人们对小偷的这种愤慨完全是可以理解的。然而，可以理解不等于可以原谅。小偷固然可恶，可他毕竟罪不至死。就算他理应被判处死刑，我们也无权不经审判就用如此粗暴的方式滥用私刑。任何一个人，不管他有多坏，不管他应该受到多么严厉的法律制裁，他依然享有一定的权利，这些权利无论是实体性的还是程序性的，都理应得到充分的尊重。如果他非法侵犯了我们的财产权，我们就要非法侵犯他的健康权乃至生命权，那我们跟他又有什么分别？

如果一个人会轻而易举地漠视他人的权利，就算是在群情激奋的环境下，他也不能算是一个现代社会的公民。这样的人不过是暴政的土壤。无论是少数人对多数人的暴政，还是多数人对少数人的暴政，归根结底都是暴政，都与公民社会背道而驰。

胡适说："民主的生活方式，在政治制度上的表现，好像是少数服从多数，其实他的最精彩的一点是多数不抹杀少数，不敢不尊重少数，更不敢压迫少数，毁灭少数。"检验一个国家的文明程度，不是看少数是否服从多数，而是看多数是否尊重少数，残疾人、同性恋、外来人口、少数民族、犯罪嫌疑人乃至敌人的权利是否得到了充分的尊重和保护。

关塔那摩监狱关押着"9·11"以来美军抓获的数百个恐怖分子嫌疑人，其中不乏准备袭击美国的基地组织成员，绝对算得上是全美国人民的敌人。然而，关塔那摩监狱未经审讯关押犯人成了布什政府最大的丑闻之一，各大媒体详细报道了监狱里的审讯技术以及关押犯的悲惨状态，呼吁政府尽早关闭关塔那摩监狱。为了捍卫敌人的权利，大量的民众上街游行示威，批评关塔那摩的书籍、音乐、话剧、电视片纷纷出现。

美国人为何如此关心敌人的权利？那是因为政府如果可以侵犯敌人的权利，也就随时可能侵犯人民的权利。你今天属于人民，明天就可能属于敌人。如果今天你能打着多数人意志的旗号剥夺某个人合法的权利，明天别人也就能以同样的理由剥夺你的权利。谁能保证自己不成为多数人暴政的对象呢？在多次政治运动中，多少共和国的功臣一夜之间沦为阶下囚，多少对党忠心耿耿的人突然之间成为"地富反坏右"。

不只是美国人在捍卫别人的权利，很多中国人也在做着同样的努力。2003年3月17日，从湖北来广州工作的大学毕业生孙志刚因为没有暂住证而被作为三无人员送往收容站，而事实上孙志刚有正常住所，有合法工作，有合法的身份证件，并不符合收容条件。3天后，孙志刚死于广州收容人员救治站，官方称是正常因病死亡。经过记者深入细致的调查，《南方都市报》将这一事件呈现在了公众的面前。报纸头版下方放了一个大标题：“被收容者孙志刚之死”，下方加了一行小字：“大学毕业生，27岁，在广州街头被收容三天后死亡，尸检结果表明，事主死前曾遭毒打。”官方不得不重新进行调查，最后公布的结果是孙志刚在收容人员救治站被护工和同房病人殴打致死。

随后，全国各地的媒体对收容制度进行了猛烈的批评。北京3位年轻的法律学者联名向全国人大上书，要求其重新审查收容制度是否违宪。一周后，贺卫方等5位著名法学教授也以中国公民的名义发出了审视收容制度是否违宪的请求。2003年6月20日，温家宝总理签署国务院令，公布《城市生活无着的流浪乞讨人员救助管理办法》，该办法的公布标志着《城市流浪乞讨人员收容遣送办法》的废止。

时任南方都市报总编辑的程益中完全可以像很多人一样热衷于歌功颂德，对孙志刚这样一个草根人物的非正常死亡选择性失明。然而，为了追求真相，为了捍卫权利，他选择了挺身而出。他知道这么做的话必然会付出沉重的代价，可他自始至终没有一丝一毫的退缩。什么是公民？这就是公民！什么是脊梁？这就是脊梁！

郝劲松捍卫别人权利的较真劲也丝毫不亚于他为了两张5毛钱的发票状告地铁公司。2009年9月，上海白领张晖与河南来沪农民孙中界分别被上海闵行交通队与浦东交通队栽赃式钓鱼执法，被扣车罚款。张晖在网上发帖控诉，孙中界一怒之下用菜刀砍断了自己的手指。两人不约而同地找到郝劲松作为他们的诉讼代理人。当张晖通过电话联系到郝劲松，郝劲松迅速决定介入此案，为张晖提供无偿的法律援助。郝劲松只提了一个条件：坚决不能撤诉。在巨大的压力下，张晖一度考虑退缩，但郝劲松让他坚持了下来。2009年11月19日，郝劲松付出的艰辛努力得到了回报：上海闵行区人民法院公开开庭审理并宣判张晖胜诉，确认闵行交通队使用不正当手段取证违法。

郝劲松并没有律师资格证，他介入所有的案件都只是以一个公民的身份。在接受柴静的专访时，他说：“我想要成为一个公民的样本，积极参与国家的事务，维护法律的尊严。”柴静紧接着问道：“但钓鱼案你的利益并没有受到侵害，你为什么要介入？”郝劲松毫不犹豫地说：“有！我的利益受到了潜在的侵害。如果钓鱼执法这件事不搞明白，当有一天我在北京或者开车到别的什么地方，都有可能遇到伤害。当法律被践踏，你不去说话，当有的人权益被侵害，你不去说话，那么有一天非法的这种遭遇完全可能会落到你的头上。”

郝劲松的这段话不禁让我想起了美国波士顿犹太人屠杀纪念碑上铭刻着的德国牧师马丁·尼莫拉的一段话：“在德国，起初他们追杀共产主义者，我没有说话，因为我不是共产主义者；接着他们追杀犹太人，我没有说话，因为我不是犹太人；后来他们追杀工会成员，我没有说话，因为我不是工会成员；此后他们追杀天主教徒，我没有说话，因为我是新教教徒；最后他们奔我而来，再也没有人站起来为我说话了。”

各种各样的悲剧每天都在我们身边上演。拆迁户被逼自焚，农民工被恶意欠薪，他们的子女无法上学，矿工因为患上尘肺病却得不到救助而相继死去，农民的土地被强制征收却得不到相应的补偿，摊贩赖以生存的工具被城管强行拿走，病人承受不起高昂的医疗费而放弃治疗……在这种时候，我们总是选择做沉默的大多数。因为我们没有自焚，也没被欠薪，我们不是矿工，也不是摊贩。可是，当有一天我们的权利被粗暴地侵犯，又该指望谁来为我们呐喊呢？

当然，大学生不过是一个社会弱势群体，手头上什么资源都没有，就算有公民意识，就算想为那些受到不公正待遇的人说话，也往往是心有余而力不足。这个问题我觉得可以从以下三个方面来看：

第一，大学生至少应该知道社会上究竟发生了什么，进而思考背后的深层次原因。就算不能介入某些事情，至少还可以在互联网上围观。围观又何尝不是一种力量呢？如果没有公众广泛的关注，单凭郝劲松一个人的力量，想必也无法让法院对钓鱼案做出公正的判决。所以，草根身份不应该成为“风声雨声读书声，我不吱声；家事国事天下事，关我何事”的借口。

第二，大学生应该掌握必要的知识，培养相应的能力，为将来推动公民社会的建设积蓄力量。如果一个律师没有很好的法律素养，如果一个记者缺乏必要的新闻调查能力，他们就算想学习郝劲松或者程益中，恐怕也是有心无力的。

第三，毕业以后要懂得坚持，不要轻易妥协。不管你将来是做记者、律师、医生、警察、官员或者别的什么工作，都不要放弃每一个推动社会进步的机会。就拿媒体工作者来说，我不奢求每一个人都像程益中一样伟大，可我希望每个人都能坚守必要的底线。你就算不为善，可你至少不应该作恶；你就算不敢说真话，可你至少不应该说假话。如果每个人心里都有一道不可逾越的底线，那么，整个社会相对目前而言已经朝公民社会迈进一大步了。

纳税人意识：我给你交税，你给我什么？

说到公民的权利意识，就不能不说说纳税人意识。如果你把纳税人意识理解为每个人都要积极主动地纳税，不能偷税漏税，那就大错特错了。那是纳税意识，而不是纳税人意识。纳税意识强调纳税的义务，不管你是臣民还是公民，都需要履行这一义务；纳税人意识则着眼于纳税人的权利，比如：授权政府征什么税、征多少税、如何通过财政预算分配这些税，监督政府合理、合法地使用收来的每一分税，避免铺张浪费、贪污腐败，确保政府在征税以后为纳税人提供等价的公共服务……

纳税人要纳的远远不止是个人所得税。就算你没有工资，或者你的工资没有超过个税起征点，你也是纳税人，而且每天都是纳税人。中国目前的税种主要以流转税为主，许多税实际已经包含在我们日常消费的商品价格当中，也就是说，我们只要去购买商品，就必然会纳税。当你买一包10元的香烟，其中包含5元的消费税；当你买一张40元的电影票，其中包含12元的营业税；当你买一瓶100元的国产化妆品，其中包含14.53元的增值税、25.64元的消费税和4.02元的城建税；当你买一块2700元的进口手表，其中包含392元的增值税、623元的消费税、71元的城建税和267元的关税。如果你炒股，就算亏得一塌糊涂，鳄鱼进去壁虎出来，蟒蛇进去蚯蚓出来，姚明进去郭敬明出来，杨百万进去杨白劳出来，印花税也是一分钱都不能少的；如果你买房，100万的房款中大约有30万到40万是五花八门的税——这还不包括在房款中占了很大比重的土地成本，而拍卖土地的收入也是被政府拿走的。可恶的是，现在竟然有不少“砖家”、“叫兽”嫌政府赚得不够多，一个劲地鼓吹全面征收房产税。

在欧美很多国家的超市，收银单上会将商品本身的价格和所缴的消费税明确地分开打印，顾客一眼就可看出税率是多少，一共缴了多少税。这是一种非常有效的培养纳税人意识的方式，小小的一张收银单足以提醒你是纳税人，你每天都在出钱供养着政府，你完全有权利去监督政府、约束政府。

人们习惯于把官员比喻成人民的公仆。在我看来，“公仆”这个概念太抽象了，而且也不符合市场经济的原则。我更乐于将政府与人民的关系比喻成物业公司与业主的关系。业主不可能一家一户地去雇请保安、园丁和清洁工，所以只能让物业公司来提供绿化、清洁、安保、设备维护等服务，管理费则是为此支付的对价。我们完全可以把一个国家理解为更大的社区，而政府就是这个社区的物业公司。业主除了需要绿化、清洁等服务之外，还需要教育、医疗、交通、治安、国防等方面的公共服务。为了购买政府这个超级物业公司提供的公共服务，业主必须通过纳税支付对价。

给政府纳税是为了购买公共服务，就好比你给商店老板1块5毛钱是为了买一瓶矿泉水。作为消费者，你自然有权关心这样一些问题：你收了我的钱以后会不会给我水？你给我的水是矿泉水还是自来水？相同的矿泉水在别的商店会不会只卖1块钱？同样的，作为购买公共服务的纳税人，你也就有权利过问：你征了我的税以后会不会给我提供公共服务？你所提供的到底是不是我想要的公共服务？你是不是少征一些税也足以提供这些服务？

如果把这几个问题落实到行动上，那就构成了公民对政府的约束和监督。如何落实到行动呢？有两件事足以让我们窥见一斑。第一件事是吴君亮等三位有留学背景的深圳市民从2006年起以公民的身份向十几个中央部委、十几个地方政府多次提出查看预算案的申请，无一例外遭到拒绝，有的说公共预算属于机密，有的则说预算内容跟他们无关，证监会索性懒得回复。2008年5月27日，他们终于看到了深圳市政府的2008年度部门预算草案，深圳成为中华人民共和国历史上第一个向普通公民公开政府预算的城市；10月27日，卫生部向他们公布了一份接近完备的本级部门预算。

在获得第一份完整的市级部门预算报告后，急不可待的分析师们很快便将数据"大卸八块"，分门别类地整理，做成了标准的财务数据库。第二年的深圳"两会"前夕，吴君亮又拿到了2009年的深圳市市级部门预算。他整理了相关问题，在当地媒体采访时公开表达了自己的观点，并且给各位人大代表的电子邮箱发了一封公开信，提醒代表们在审议政府预算时应该注意的几个问题。

20世纪初，美国经历了一场由民间研究机构推动的轰轰烈烈的公共预算改革，那场运动不仅重塑了美国政府，而且深刻改变了政府和社会民众的关系。"向纳税人负责"从此成为每一届政府不可逾越的信条。这段历史让在美国学习、生活了近20年的吴君亮坚信，公共预算改革是政府跟公民共同参与的进程，而一个社会公共预算的水准，不仅可以衡量它的进步程度，也可以衡量它的人文觉醒程度。2006年，吴君亮出资创办公益性的"中国预算网"。网站声明中写道："只要大家一起努力，我们相信，在我国建立起一个公开透明的、科学进步的公共预算制度，将为期不远。"

第二件事发生在2010年广州亚运会筹备期间。按照政府有关计划，亚运前广州市共有81条主干道需要统一大中修，其中25条由市里负责、剩余56条由各区负责，所有大中修道路都必须统一更换绿化带花基、人行道地面砖和路沿石，不论它们新旧与否、还能不能继续使用。计划还要求，这些待整修的道路元素将统一由过去的混凝土改为价格不菲的花岗岩。

有一位普通的广州市民不干了。他一次又一次给政府部门打电话、写信，均无功而返。然后，他通过实地考察、亲身测量，形成了完整的书面材料。“如果省里不行，我甚至会考虑去北京反映，我觉得自己的观点是对的，一定会做到底，不到黄河心不死。”当广州市城乡建委及各区建设部门在人民公园和各区设点接受市民咨询时，他戴上了口罩、帽子和墨镜，背着写有“拯救广州吧”的宣传板出现在人民广场，散发自印的传单，并直接与市建委主任简文豪对话，反映问题。至此，他成为广州路人皆知的“口罩男”。次日，广州市政建设部门对广州更换路沿石和花基石的工程全部叫停，只对损坏部分进行局部维修。据专家测算，仅此一项可节约至少5000万元。

“口罩男”为什么会这么做？他说有三个原因：“第一，我认为自己是一个有责任感的男人，是个有正义感的公民，应该为广州建设做些事。第二，拆路沿石、毁花基石、买花岗岩，哪个不需要钱？这可都是通过税收征过来的，是广州市民的血汗钱啊，看着我们的钱被这样花出去，谁能坐得住？我心里非常不是滋味，这是浪费。第三，我去高校表达观点，跟朋友们交流，他们每个人都认为我说得合理，非常支持我，大家都觉得城市建设不应该这么做，但总要有人出来讲啊，那么就我吧。”

不能让纳税人的血汗钱被政府浪费掉！这才是真正的纳税人意识！美国《福布斯》杂志的一份榜单显示，中国内地的税负痛苦指数居全球第二。如果能够像“满城尽带黄金甲”一样“满城尽是口罩男”，我们的税负痛苦指数会不会低调一点，不再那么霸气外露呢？

社会责任感：哪里是我的祖国，我就使哪里自由

越战期间，美国男子穆司提每晚都点着一根蜡烛，站在白宫前表达其反战立场。一个雨夜，他仍然手拿蜡烛站在那里。有记者忍不住问他：“你真以为你一个人拿根蜡烛站在这里就能改变国家的政策吗？”他回答说：“我不能改变这个国家，但不能让这个国家改变我。”

如果说权利意识是为了像这位示威者一样不让国家改变自己，那么，我们是不是可以更进一步，在不让国家改变自己的同时，通过一些努力去改变国家，让国家变得更美好呢？富兰克林说："哪里有自由，哪里就是我的祖国。"我们是不是可以像李敖在清华大学演讲时所说的那样，把这句话改写为"哪里是我的祖国，我就使哪里自由"？

这种公民意识就是社会责任感。其实，像程益中、郝劲松那样维护他人的权利、推动社会的进步，就已经是一种崇高的社会责任感了。只是社会责任感要求我们做的并不都是与捍卫权利有关，也不一定都是对抗性的，所以，不妨再专门谈谈社会责任感。

"为人民服务"

哈佛大学有一扇为纪念英年早逝的1890级毕业生Samuel Dexter而建的门，门的内外两侧均刻有校长查尔斯·威廉·艾略特的题词，外侧写的是"Enter to Grow in Wisdom"，内侧则写着"Depart to Serve Better Thy Country and Thy Kind"。大意是：来到哈佛，是为了在知识的海洋中成长。离开哈佛，是为了更好地为国家和人类服务。一个多世纪以来，这句话一直为哈佛学子所遵从。

事实上，哈佛大学的学生还没有depart就已经在"serve better thy country and thy kind"了。哈佛有一个为无家可归人士提供食宿的学生社团，这个社团筹资购买了一栋建筑，学生自己准备食物提供给流浪人士和贫困人士。在哈佛400多个社团中，像这种热衷于为社会弱势群体提供帮助的还有很多。耶鲁大学的学生也毫不逊色。耶鲁5000个在校学生拥有近400个社团，参与人数最多的社团活动是一项帮助周边社区贫困家庭的孩子上学的公益活动，最多时有2000多名学生参与其中。不少已经毕业的耶鲁校友还会返回学校，参与这项活动并为其提供捐助。

江苏卫视的相亲节目《非诚勿扰》曾有一位叫安田的男嘉宾，他是哈佛大学的学士，牛津大学的硕士，加州大学伯克利分校的博士。当他的心动女生和另外一位女嘉宾都为他留灯到最后时，所有人都以为他会如愿以偿地带走一位，可是，事情却发生了戏剧性的变化。在最后一个环节，他向两位女嘉宾提了这样一个问题："要是你明天中了1000万美金的大奖，你会怎么来花呢？"他的心动女生说："我会和现在一样生活，不会有任何改变。"另一位来自台湾的女嘉宾给出的回答则是："我会带我妈妈出去玩，叫她不要工作了。"

这两个回答在我们看来似乎并没有什么问题，安田却感到非常沮丧。一阵纠结之后，他选择了放弃。他说："因为就是一大笔钱嘛，你有一次机会能花那么多钱，你可以建立一个基金，照顾孤儿或者帮助社会最贫穷的一些人嘛。如果只有100万美元，不是很多，你可以去买车或者干嘛，但1000万美元，这么多钱，应该成立一个基金，或是给一个学校，让他们多一点奖学金嘛。你必须要有为人民服务的那种精神嘛！这不是开玩笑，这是非常重要的！"主持人孟非问安田"为人民服务"这个词是从哪学的，安田说："中国呗。"

然而，在发明了"为人民服务"这个口号的中国，大学生的社会责任感却相形见绌相差甚远。大部分人读大学就只是为了找一份好工作，工作就只是为了赚钱、买房、买车，过上更加富足的物质生活。如果拿安田的问题去问中国的在校大学生或者大学毕业生，会有几个人想到成立公益基金、帮助弱势群体呢？香港690万人口中已有超过94万人在社会福利署登记为义工，而在社会上担任义工的人数远远超过这个数字，从事志愿工作的机构则超过2000家。而截至2008年，湖南省6900万人口中在义工服务中心登记注册的义工不到1000人，民间义工团体只有40多家。面对如此的天壤之别，我们还有什么资格以"为人民服务"的口号自我标榜呢？

中国最知名的互联网企业之一在美国上市以后，制造了一大批富翁，其中一名高管也因此实现财务自由，然后套现退休。他在离职后的一年时间里无所事事，整天和朋友、家人打牌斗地主，或者和同样有钱的朋友聚众感慨，说这辈子不愁吃喝了还能干点啥。虽然此人后来经"高人"指点再度出来创业，但创业的目的也似乎只是再制造几十个财务自由的人。我身边也不乏实现了财务自由的人，一辈子的吃穿住用都不愁了，可他们除了偶尔给慈善机构捐个几百几千之外，从来就没想过要为社会贡献更多——在"郭美美事件"以后，他们索性连捐款都取消了。

我并不是说要专门拿一笔钱来做慈善才算有社会责任感，事实上商人在创业的过程中遵守各种法律和道德的规范，为社会提供商品和服务，这本身就是为社会创造财富。然而，当一个商人把赚钱作为唯一的目的，往往会出现两个问题：第一，赚了足够多的钱以后失去方向，要么继续为了赚钱而赚钱，要么用赚来的钱走向腐化堕落，比如赌博、包二奶；第二，变得没有底线，正如马克思所说："如果有百分之五十的利润，他就会铤而走险；如果有百分之百的利润，他就敢践踏人间一切法律；如果有百分之三百的利润，他就敢犯下任何罪行，甚至冒着被绞死的危险。"商家用可能致癌的化学物质泡发豆芽、泡熟冬枣，用工业明胶生产药用胶囊，地沟油无孔不入，月饼因防腐剂添加过量而在常温下放了八年仍油光发亮……导致这一连串问题的主因固然是政府监管的不到位，可同时不也反映了商家就连最基本的社会责任感都缺失了吗？

当一个大学毕业生成为上市公司的高管、实现财务自由，这可以说是他个人的成功，但绝不能说是教育的成功。如果哈佛的教育理念不是让学生毕业以后更好地为国家和人类服务，而是去赚更多的钱，那哈佛也就不再是哈佛。可惜，我们的大学却只以自己赚钱为目的，大发慈悲时兼顾一下让学生毕业以后能够赚钱，不求学生“为人民服务”，只求他们“为人民币服务”。

参与公共事务

2011年初，全长近50公里、工程造价逾700亿港元的港珠澳大桥被一位家住香港东涌的66岁老太挡住了建设步伐，计划2016年通车的港珠澳大桥香港段工程或许无法如期完工。这位老太认为大桥工程没有评估臭氧、二氧化硫及悬浮微粒的影响，因而是不合理也不合法的，于是通过申请法律援助入禀香港高等法院，就大桥香港段环评报告申请司法复核。开庭审理后，香港高等法院裁定香港环保署2009年完成的环保报告无效。

通过这件事情，我们可以发现：公民社会不但需要政府充分尊重每一位公民，还需要公民密切关注公共利益，积极参与公共事务。在这方面，早已习惯于“各人自扫门前雪，莫管他人瓦上霜”的我们显然做得太少太少。

且不说港珠澳大桥这样的大型工程，就连关系到每个人日常生活的听证会都很少有人愿意介入。2010年成都市出租车运价听证，需要代表14人，报名者仅45人；2010年地铁票价听证，报名者仅17人；2010年成都限车听证，报名者仅15人；2010年成都高污染车限行听证，需要代表8人，报名者仅9人；2010年成都临时占道停车费听证，需要代表11人，报名者仅7人。成都市消协表示，听证会的报名人数大多介于20～50人之间，并以中老年人居多。

2011年5月，东莞市物价局发布了征集听证会参加人的公告。然而，自始至终没有一个人报名。东莞市消委会秘书长邓国平表示，水价上涨是每个市民生活都必须面对的问题，无人报名参加这只是说明消费者非常不成熟，民主素质有待提高，有很多消费者对水价上涨意见很大，但他们宁愿在网上匿名发表言论也不想去参加听证会。这番话并没有抓住问题的关键，因为市民对听证会漠不关心的根本原因是听证会总是走过场，缺乏公信力。然而，很多人宁愿在网上匿名发牢骚也不愿报名参加听证会，这却是无可否认的事实。

为什么听证会总是变成“涨价会”？一方面是因为政府缺乏听证的诚意，另一方面是因为市民缺乏参与公共事务的热情，对走过场的听证会采取一种放任自流、姑息养奸的消极态度。如果每一次听证会都有大量市民踊跃报名，如果每一个参加听证的代表都能真正代表民意据理力争，不少听证会的结果或许就要改写。早在2005年9月6日，深圳市物价局、交警局、规划局、国土与房产局曾联合召开调整停车场收费听证预备会，公布了提交听证的调价方案：一类区域提价320%，二类区域提价180%，三类地区提价40%。9月16日的听证会持续近4个小时，24名代表一致认为此次调价涨幅过高。10月24日，深圳市政府公布的停车场收费调整方案采纳了市民和听证代表提出的很多合理建议，对原提交听证会的方案进行了修订，停车场收费的涨幅有了大幅下调：二类地区的提价幅度降为80%，三类地区的提价幅度降为0，住宅区停车场收费暂不调整。

对于公共事务，人们普遍存在“搭便车”和“挤公交车”两种心理。所谓“搭便车”，是指某项利益只跟自己一个人相关时才积极主动地去维护、去争取，如果是关系到多个人的公共利益，他就消极地寄希望于别人。比如自来水涨价，没有哪个市民会乐意，可大家都希望别人去听证会上慷慨陈词，自己却坐享其成，到头来“三个和尚没水喝”，一个报名的都没有。

所谓“挤公交车”，是把获得某项利益比喻成挤上公交车，没挤上去的人巴不得车子大一点，能挤上去的人多一点，一旦挤上去了，又巴不得司机赶紧关门，甚至恨不得把身边的人挤下去。类似的例子在生活中比比皆是，比如没有户口、没有房产的人总是希望每个孩子都能平等地获得公立小学的学位，可他一旦有了户口、有了房产，又巴不得公立学校永远对外来人口关上大门。

要想成为一个现代化国家的公民，我们必须克服这两种阴暗的心理。既不能消极地寄希望于别人为自己争取权利，又要能够“老吾老，以及人之老；幼吾幼，以及人之幼”，主动地去为别人争取权利。权利从来都不是天上掉下来的馅饼，每一项权利都需要争取才能获得。你不争取，我不争取，那谁去争取？权利从来都不是靠一个人的努力就能捍卫的，你对别人的权利漠不关心，又凭什么让别人对你的权利关怀备至？

听证会只是我举的一个例子，事实上我们所能做的远远不止这些。比如，抛开双色球等彩票是否作弊不说，仅是这些彩票巨额收入的最终去向就足以让每一个公民去调查、质询了。路桥费，红十字会等慈善组织收受的善款，包含在每一张机票中的机场建设费（现已改为民航发展基金），交警对违章驾驶的罚款……哪一项不是数额巨大却缺乏透明度的收入呢？这些钱到底用在哪里了？每一个公民都有权利知道，也完全应该去想办法知道。

当然，让在校大学生去做这些事情实在很不现实。不过，“不积跬步，无以至千里”，大学生至少可以在大学期间从身边的点滴小事做起。比如，我们读大学的时候，学校的开水房和澡堂都是要刷卡才能出热水的，有一段时间刷卡的机器似乎出了问题，打一壶开水竟然要扣几毛钱，洗个澡更是要扣几块钱。这事自然搞得同学们怨声载道，可是大多数人发发牢骚骂骂娘也就完事了。我们班的几位女生就不干了，她们不但找了学校相关部门去反映，还在公告栏贴了一张“大字报”。结果问题很快就解决了，而且直到我们毕业都没再出现过同样的问题。

有些人或许会觉得她们小题大作了。可是，一个连小的权利都不敢维护的人，我们还能指望他去维护大的权利吗？一个在开水费的问题上都寄希望于“搭便车”的人，我们还能指望他去听证会上拍案而起吗？如果大学生都能像我们班上这几位女生一样对权利锱铢必较，毕业以后还能一如既往地为了捍卫权利挺身而出，能积极地参与到各项公共事务中去，现代化的公民社会还会远吗？

必要的妥协是为了以退为进

覃老师：

您好！受香港一些电视剧的影响，我从小就渴望做一名匡扶正义的律师。我父母一直反对，他们认为做律师很辛苦，女孩子做律师就更不合适。父母都在银行上班，他们希望我也从事金融方面的工作，可固执的我一直不愿放弃做律师的理想。为了实现这个理想，我在法大读完本科以后又接着读了研究生，还通过了司法考试，目前在一家知名度比较高的律师事务所做律师助理。一切都按照我的预期推进着，昔日的理想只差一步就能变成现实了。按理来说，这个时候的我应该踌躇满志、意气风发才对，可我却感到了前所未有的彷徨和迷惘。

我之所以渴望做律师，是希望凭借我的法律知识维护当事人的合法权益，然而，我现在才渐渐发现，律师能不能维护当事人的权益跟他掌握多少法律知识并没有太大的关系。如果你有背景，跟法官称兄道弟，就算是个法盲都能胜诉；如果你对潜规则一无所知，跟法官一点私交都没有，就算满腹经纶也只能怀才不遇。绝大多数案件的判决在开庭之前基本上就已经决定了，所以，律师最重要的工作并不是调查取证，也不是法庭辩论，而是陪法官喝酒、打牌、玩女人，当然，更重要的是坐地分赃。

我本来是滴酒不沾的乖乖女，工作以后却经常要硬着头皮喝酒，喝完以后躲在洗手间里吐得一塌糊涂。有时候想吐却吐不出来，就用手指伸进喉咙里去抠。这情景要是被我爸妈看到了，他们估计会心疼得掉下眼泪来。如果说这些委屈我都还能忍受的话，另一件事情则是我无论如何也接受不了的。昨晚我和老板一起陪法官吃饭，那个法官总是色迷迷地看着我，猥琐的样子实在让人恶心。没想到今天老板竟然跟我暗示，他想利用我对那个法官进行性贿赂，还说那样的话不但有利于我以后自己执业，他也会分一些案源给我作为报答。我想都没想就一口回绝了。

老板自然不会勉强我，可这件事情就像是压死骆驼的最后一根稻草，让我不禁怀疑起当初的选择来。我之所以想做律师，是因为律师可以利用专业知识捍卫权利与正义，可我见到的律师清一色都是蝇营狗苟之徒。就算我想做一个出淤泥而不染的另类，等待着我的也只能是一次又一次的碰壁。我是一个原则性很强的人，我不喜欢在酒桌上觥筹交错献殷勤，不愿意轻易妥协，更不愿意接受所谓的潜规则。既然专业知识派不上用场，我还何苦坚持下去呢？以我的能力，去企业里随便找份工作都能生活得很好，又何必吊死在这一棵树上呢？

然而，真要放弃的话，我又万分不舍。我真的非常喜欢法律，也很愿意终身从事法律职业。为了这个理想我已经付出了太多太多，好不容易才走到了今天，如果就这么轻而易举地放弃，我自己都没法原谅自己。覃老师，您说我该怎么办呢？期待着您的回信。

Coco

Coco：

你好！看着你的来信，我似乎看到了年轻时的自己。我跟你一样，从小就渴望做一名律师，同样为了这个理想付出了艰辛的努力，同样在理想只有一步之遥的时候犹豫了，就连犹豫的理由都跟你一模一样。我犹豫的结果是选择放弃。与其说是放弃，不如说是逃避。我不知道该不该后悔当初的选择，可我知道这样的逃避是一种莫大的耻辱。

因为我现在都还不知道自己当年的放弃究竟是对还是错，所以也就不知道该给你什么样的建议。为了不至于彻底辜负你对我的信任，我想结合这些年来的切身体会跟你说三句话。

第一句话是：生活总是无奈的，妥协总是不可避免的。社会自有它运行的规律，这个规律不可能符合每一个人的要求，甚至不可能百分之百地符合任何一个人的要求。每一个行业都有它的游戏规则，只要你想加入这个游戏，你就必须遵守它的规则。你要想改变这个规则，首先得接受这个规则。适应社会才能生存下来，生存下来才能改变社会。

我是一个完美主义者，甚至有精神洁癖。我的眼里总是容不下一粒沙子。当我对司法界的现状感到失望时，我寄希望于进入另外的行业就可以远离各种肮脏的交易，可以按我想要的方式工作、生活。可是，几经跳槽之后，我终于意识到那不过是一个乌托邦式的幻想。我逃离了律师在法官面前的谄媚，可我接下来却必须面对房地产策划代理公司和广告公司在开发商面前的谄媚、开发商在政府官员面前的谄媚、SP公司在运营商面前的谄媚。你说你去企业里随便找份工作都能生活得很好，这一点我深信不疑。可是，你到了企业以后又何尝不需要面对各种各样的潜规则呢?

我好一些从香港来内地投资的朋友对商业贿赂深恶痛绝。他们在香港可是从来都没听说过有回扣一说，可是，为了在内地生存下来，他们也只能接受客户索贿的要求。你不给回扣，或者给的回扣不够多，对方根本就不跟你签约，你也就别无选择。这就是游戏规则。如果你坚持做律师，同样会有一些游戏规则让你别无选择。比如，不管你有多么反感餐桌上的觥筹交错，不管你有多么讨厌某些看不见的力量对司法独立的干涉，你都必须接受，因为这是生活的一部分。

第二句话是：妥协是有原则的、有底线的。在这个礼崩乐坏的时代，底线已经变得非常奢侈。道德没有了底线，良知没有了底线，权力更是没有了底线。在这种时候，我们更加应该坚守原则，知道自己的底线在哪里，而不是一味地同流合污。

我认识一些做销售的女孩子，她们可以陪客户吃饭，可以给客户回扣，偶尔被客户揩点油也忍气吞声了，可她们无论如何不会跟客户上床。这种人虽然谈不上高尚，但足以获得我们的尊重和敬意，因为她们坚守着自己的底线。我的公司曾经有过一次转型，当时有人提议跟很多同行业公司一样改行做网游，那时候网游还比较好做，赚钱是不成问题的，可我坚决不同意。我不希望别人用网游来毒害我的孩子，我就决不会用网游去毒害别人的孩子。这不是法律的底线，却是我内心道德的底线。现在回想起来，虽然错过了很多赚钱的机会，可我丝毫不后悔当初的坚持。

老板想利用你进行性贿赂，你一口回绝了，这让我肃然起敬。我希望将来你就算面临更大的压力或者诱惑，依然能够坚守这条底线。同时，还有很多别的底线需要你去坚守。比如，我认识的一位律师曾代理一起离婚案，他不但帮助当事人转移夫妻共同财产、虚构夫妻共同债务，还通过一系列的伪证颠倒黑白，让包养了几个二奶并且有家庭暴力的当事人毫无过错，并且把当事人的妻子诬陷成了过错方。结果，他的当事人不但得到了绝大多数财产，还争取到了儿子的抚养权。终审判决下来不久，当事人的妻子就自杀身亡了。这种丧尽天良的律师不但没有了法律的底线，也没有了良知的底线。我一方面劝你做出必要的妥协，另一方面，我无论如何也不想看到你的底线越来越低，在经历一而再、再而三的妥协之后，最终像这个律师一样连人性的底线都丧失了。

第三句话是：必要的妥协是为了以退为进，我们在妥协的同时不应该放过每一个前进的机会。就好比在我最喜欢的两部电影《辛德勒的名单》和《肖申克的救赎》中，辛德勒并没有组织犹太人通过武力反抗，而是选择了一种合乎游戏规则的方式妥协——通过行贿换取获准开设集中营金属加工厂的权利，进而为众多犹太人提供避难所；安迪也没有煽动监狱的犯人暴动，而是一次又一次地妥协，先是帮监狱官合法地免去这一大笔税金，后来又帮助道貌岸然的典狱长洗黑钱，可他每一次妥协都是以退为进——从每个犯人得到3瓶啤酒到图书馆的图书更新，再到他的成功越狱并且将典狱长贪污、谋杀的证据寄给报社。

你说想做律师的初衷是匡扶正义，事实上律师并不需要那么高尚。律师的天职就是在法律允许的范围内最大限度地维护当事人的权利。如果每个律师都能做到这一点，整个社会的正义作为一个整体自然就实现了最大化。有些时候你并不需要接受任何潜规则就足以维护当事人的合法权利，有些时候你可能需要做出必要的妥协才行。在外人看来，你的妥协不过是为了赚律师费，不过是狼狈为奸、沆瀣一气，可是，只要你维护的确实是当事人合法的权益，你的所作所为在客观上就是匡扶正义。

现在妥协往往是为了将来有资本不妥协。如果你一开始就不肯低头，向所有的潜规则说不，那么，这个圈子根本就不会有你的立足之地。只有通过必要的妥协让自己生存下来，然后慢慢积聚能量，积累各方面的资源，才有可能对抗游戏规则，甚至改变游戏规则。当你还是一个初出茅庐、什么资源都没有的小律师，就算你代理的案件按照法律本应毫无悬念地胜诉，你也很可能会感到力不从心。在刑事诉讼中，对方是代表国家的检察院；在行政诉讼中，对方是强势的行政主体；在民事诉讼中，对方很可能有着过硬的关系。你又凭什么去跟这些力量抗衡？可如果你成了有名气的律师，还能动用一定的媒体资源，就算你跟法官素昧平生，他也会忌惮你几分了。为了将来有这种不妥协的资本，你必然要经历一个妥协的、忍辱负重的过程。

说到这里，你或许已经感觉到我其实是倾向于你继续走法律这条路的，除非有一天你如果不放弃你的底线，这条路就没法再走下去了。你热爱法律，我们国家又确实需要大量像你一样有正义感的人去从事法律职业，那何不勇往直前，为法治社会、公民社会、权利社会的构建作一份贡献呢？

覃彪喜

语文：能力体系中的隐形王后

超过一半的人脱离了良好的写作能力，工作就无法正常开展……当中文系的毕业生都不会读、不会写了，我们的语文教育就不是敲响了警钟，而是敲响了丧钟……最大的危险就是没有意识到危险……多读，多想，多写，多改。这个“八字方针”对于包括分析性写作在内的各种写作都是适用的，就连写情书都不例外……

2010年12月19日，南方科技大学教改实验班首次复试。中科院院士张景中要求考生在20分钟内写出一篇科普文章，题目是：“列车在笔直的轨道上奔驰。乘车旅客从车厢的窗口向外眺望，远远近近的电线杆、树木、建筑物、山丘、河流好像都在运动。请你描述一下在旅客看来是如何运动的，欢迎使用示意图、符号公式，配合自然语言描述说明。”张景中院士反复强调，这道考题不但牵扯到物理、几何、数学知识，而且对学生的语言能力提出了很高要求。

这是一道看似非常简单的题目，可是，当我拿来考已经本科毕业，甚至是研究生毕业的求职者，没有一个人能够给出令人满意的答案。一个几乎无法调和的矛盾就这样浮现出来了：不管是学习还是工作，语文能力都是至关重要的，否则张景中院士也不会出那样一道考题；我们的教育体制却忽视了语文的重要性，大学生的语文能力已是捉襟见肘。

顾名思义，语文能力就是运用语言文字的能力，主要包括阅读、书面表达和口头表达三个部分。关于口头表达能力，我在后面将有专门的章节阐述，这里就只谈论阅读和写作这两个方面。

说到语文能力，很多人首先想到的可能是背唐诗宋词、读四大名著。准确点说，这只能算是知识，不能算是能力，最多也只能算是能力结构中最基础的部分。我不认为把《唐诗三百首》或者《红楼梦》倒背如流算什么了不起的本事。相反，就算某个人连李白、杜甫都没听过，贾宝玉跟薛宝钗是什么关系也搞不清楚，只要他能写出《春江花月夜》般优美、《独立宣言》般有力的文字，能够在很短的时间里迅速看完一份跟《红楼梦》一样厚的资料并准确无误地从中获取最有价值的信息，我一定会对他崇拜得一塌糊涂。这种写作能力和阅读能力才是我所说的语文能力，它需要以一定的知识为基础，但不只是知识本身。

在国际象棋中，最重要的棋子固然是国王，一旦国王被俘，整盘棋也就输掉了。权力最大的棋子却是王后，它可以纵横驰骋所向披靡，是棋局中的决定性力量，少掉一个王后往往意味着棋局告负，失去王后的一方通常会投子认输。如果把大学阶段的学习比喻成一盘国际象棋，前文所述的创新意识和批判性思维能力则是国王，它是大学学习的目的，脱离了创新思维的培养，大学也就失去了意义；语文能力则是为这一目的保驾护航的最重要、最有效的工具，没有了语文能力，就算事倍功半地培养出了创新思维，也很可能永远只是停留在思维的层面，不能成为现实的生产力。正因为如此，哈佛大学前校长德雷克·博克在列举大学本科教育的七项基本目标时，把“学会表达”放在了第一位，“学会思考”都只能退居次席。

然而，语文能力作为一种基础性的能力，并不像别的能力那么直接地发生作用。因为这个王后是通过一些潜移默化的方式施展威力，所以，它是一个隐形的王后。因为隐形，所以容易被忽视。于是，国王与王后，批判性思维能力与语文能力，这两种最为重要的基础性能力都被我们的教育体制忽视了，被我们的老师和学生忽视了。我们的大学生竟然可以在脱离阅读与写作的情况下轻轻松松地完成本科阶段，甚至是研究生阶段的学业，站在国外高等教育的角度来看，这实在是匪夷所思的事情。

阅读与写作不只是为了考试

中学阶段，每个人都要学阅读与写作，因为这是高考语文的重中之重。到了大学阶段，不再需要考语文了，中文的阅读与写作也就被忽视了。倒是英语还要过四六级，考研、考博也少不了，所以，英语的阅读理解和作文还暂时不能放下。难道我们学习阅读和写作就只是为了应试吗？难道我们在中学阶段学会的阅读与写作就足以满足几十年的职业生涯吗？

阅读：吸取营养的脐带

胎儿通过脐带从母体获取养分，我们则通过阅读从这个世界获取信息。阅读就是连接我们和这个世界的脐带。如果脱离了阅读，我们只能靠自身实践获取直接经验，或者通过看电视、听广播之类的方式获取间接经验，我们的知识结构将会多么可怜！我们的信息绝大部分都是通过阅读获取的，无论是通过传统的纸质媒介还是通过电子媒介。

可能很多人都会问："读书看报的能力我在初中甚至小学阶段就已经具备了，为什么到了大学阶段还要培养阅读能力呢？我既然能够考上大学，高考语文的分数也不低，那就证明我已经具备足够的阅读能力了呀！"我不否认每个大学生都已经具备了一定的阅读能力，但并不是能够读书看报，能够上网看新闻、逛论坛就够了。高考的考试大纲并不是用人单位的招聘大纲，能够应付高考不等于能够胜任你将来所要面临的工作。在工作中你随时可能面对一大堆陌生的材料，要在很短的时间里从这些材料中获取有价值的信息。

我到深圳以后的第一份工作是房地产策划，当时我对于房地产行业完全是一无所知。公司没有太多的时间给我培训，只给了我厚厚的一叠资料，让我通过阅读这些资料入房地产行业的门。如果我半天看不了几页，或者看完以后云里雾里，不能从中获取必要的信息，我肯定还没过试用期就被扫地出门了。入职一周以后，我刚刚弄明白"容积率"这个概念是什么意思，公司就让我做一份关于某个楼盘最佳容积率的策划方案。没有人告诉我该怎么做，我唯一能够依靠的就是关于这个楼盘以及其他几个楼盘的一大堆资料。如果我不能通过良好的阅读能力从这些资料中获取最有价值的信息，那项工作恐怕直到现在都还没有完成。

究竟怎样才算是良好的阅读能力呢？我认为第一个要求是"快"。我们正生活在一个信息大爆炸的时代，每天都会产生出大量新的信息。谁的阅读速度更快，谁获取的信息就越多，也就越能在竞争中占有优势。一个做科学研究的人为了掌握最前沿的科研成果，需要经常阅读大量的文献，如果别人在他看一篇论文的时间里看完了好几本学术期刊，他又如何比别人出更多的成果呢？一个广告文案在给某个公司的产品设计广告方案的时候，往往需要通过阅读大量的材料来对该公司及其竞争对手做深入的了解，在动不动就要通宵加班的广告行业，如果看一份材料就要耗上半天，又怎能不被淘汰呢？凤凰卫视在迈克尔·杰克逊逝世的时候做了一系列节目，新闻主播刘芳事先对这位天王并不怎么了解，她为了做好节目，必须在很短的时间里阅读大量的资料，包括美国很多人撰写的关于杰克逊的评论。如果她的阅读速度很慢，老板刘长乐估计早就让她卷铺盖走人了。

阅读能力的第二个要求是"准"。如果只是走马观花、浮光掠影地阅读，不能准确地获取有价值的信息，就算一目十行也毫无意义。阅读不同于看小品，看小品无非是图一乐呵，笑了就完事，而阅读是以获取一定的信息为目的的。如果一个法官或者律师在认认真真、逐字逐句地看完了某个案件全部的卷宗之后，对这个案件还是云里雾里，不能发现案件的疑点、要点，他的阅读就毫无价值。如果某个企业老总或者职业经理人让下属完成一个项目的策划方案或者可行性分析报告，下属也确实出色地完成了任务，可他却拿着报告看不出个所以然来，就算张良、诸葛亮、刘伯温全部来给他打工，估计也会一事无成。

良好的阅读还应该是一种批判性的阅读，离不开行为主体的个人判断。早在两千三百年以前，孟子就告诫世人："尽信书，则不如无书。"如果阅读变成了死记硬背，大脑也就变成了电脑，甚至还不如电脑——把信息录入电脑保存以后不易丢失，而我们死记硬背的东西很容易忘得一干二净。阅读是一个接收信息的过程，而接收不等于接受，批判性阅读就是带着一种怀疑的眼光去接收信息，每一条信息都要经过质疑、甄别、筛选之后才决定是否认可、接受。

如果阅读脱离了独立的判断，当我们面临互相矛盾的信息时，就会变得无所适从。比如，据《国际先驱导报》报道，在山西、吉林等省份的很多地方出现了大老鼠绝迹、母猪产死胎、狗肚子里全是水等怪现象，而这些地方相对于其他地方而言，唯一不同的就是种植了疑为转基因的先玉335美国玉米。随后，山西省农业厅发表声明，称报道中所反映的异常现象与事实不符，所述的因果关系缺失科学依据。很多谈转基因色变的人也因此吃下了定心丸。可没过多久，农业部机关幼儿园明确规定食堂不能使用转基因食用油的新闻再一次将转基因的话题推向了风口浪尖，很多人再一次陷入了对转基因的极度不信任。

我们每天都要面对大量的信息，在这些信息当中，一定有很多是虚假的、别有用心的、夸大其词的、自相矛盾的。如何才能做到去伪存真，不被虚假信息所蒙蔽，不被各种各样的"五毛党"或者网络推手所利用呢？那就需要我们做批判性的阅读，抱着一种怀疑的态度去阅读。

关于批判性阅读，美国的史密斯在他所著的《阅读理解中的多样性》中举了一个例子。有一本书中画了一幅插图，图上有一条狗坐在运货车上的车兜里，跟着车从陡峭的山上滑下来。一个叫苏珊的女孩看到了，她说："这是愚蠢的。一只狗不可能坐在运货车里像这样下山的，它会跳出来的，我的狗从来不会坐在车里并让我拉着它转。"不管苏珊的观点正确与否，她这种存疑的认知态度就足以让我们认真学习了。

如果你因为高考语文考了多少分就认为大学没必要学习阅读了，那就赶紧对照上述三个方面的要求检讨一下吧。如果你的阅读还不能做到又快又准，也不能很好地批判性阅读，那么，提高阅读能力就是你在大学期间不应该回避的一项使命了。

写作：反作用于外部世界的杠杆

我们既要认识世界，又要改变世界、创造世界。前者是接受外部世界的信息，后者是信息在我们的大脑里发酵成为思想之后反作用于外部世界。认识世界离不开阅读，改变世界则离不开表达。表达包括口头表达和书面表达，也就是写作。除了电视节目主持人等少数职业群体以外，绝大多数人更主要的是通过写作来表达、传播自己的思想。写作就是我们的思想反作用于外部世界的杠杆。如果写作能力很好，写出来的东西能够一下子把读者吸引住，让别人一看就明白你所要表达的意思，那就是一个省力杠杆；如果写作能力不够好，不能把思想充分、准确地表达出来，那就是一个费力杠杆。

在很多人看来，只有专门从事文字工作的人，比如作家、编剧、记者、文案、编辑、秘书，才需要很好的文笔。这不能不说是一个致命的误会。事实上，对于绝大多数人而言，不管他从事的是什么类型的工作，都离不开写作，甚至可能有超过一半的人脱离了良好的写作能力，工作就无法正常开展。

法官是比较典型的例子。在很多人看来，一个人能不能成为一个好的法官取决于他对法律的熟悉程度，跟写作能力没什么关系。事实上，良好的写作能力是任何一个优秀的法官必须具备的，因为每个法官都有一项重要而复杂的工作，那就是写判决书。判决书并不是简简单单地把审判结果通知给原告和被告，它必须让人明白判决结果是怎么来的，这个判决结果基于什么样的证据，这些证据又是如何排除合理怀疑的，另外一些证据又究竟是因为什么原因而未被采信的。在适用法律、行使自由裁量权方面，法官的整个思维过程也应该完整、清晰地通过判决书体现出来，既让法律专业人士无可辩驳，又让社会大众能够看得明白。正因为如此，判决书往往具有很强的吸附纷争的功能——让败诉的一方输得心服口服。从这个意义上来说，写一份判决书并不亚于写一篇论文。2008年，江西鹰潭一起黑社会性质组织案件的一审判决书厚达264页，就算是博士毕业论文都很少有这么长的篇幅吧？

在台湾，早在20年前就已经格外强调司法官的书写能力。在录取环节，考生除了需具备大学学历并且通过全部是论述题的九门法学专科考试，还必须在国文考试中取得60分以上的成绩。如此淘漉出来的法官不仅具备良好的法学基础，文字功底同样百里挑一。而且，在他们正式就职以后，对文书写作能力的考察并未停止，而是一路伴随着整个职业生涯。

1976年，一个名叫索尼娅·索托马约尔的拉美裔女孩来到了普林斯顿大学，成为历史系的一名新生。此时的她“又胆小，又别扭，不敢提出问题”，写作能力也捉襟见肘。为了实现小时候看电视剧时立下的当法官的梦想，索尼娅必须寻求突破。她大部分的时间都在图书馆里度过，还专门用了一个暑假恶补语法和文学。经过反复的练习，她的写作能力得到了显著的提高，等到后来进入耶鲁法学院的时候，已经成为一名优秀的写手了。后来，索尼娅成为一名法官，她写的判决书成为人们评价她的主要依据。2009年，索尼娅被总统奥巴马提名担任美国联邦最高法院的大法官，她是美国联邦最高法院历史上第三位女法官，也是第一位拉美裔大法官。如果没有很好的写作能力，索尼娅又怎么可能取得这样的成就呢？

与台湾地区、美国截然不同，我们国家不管是法官的写作能力现状，还是法学院师生对写作能力的重视程度，都让人十分沮丧。天津市某法院的一份判决书竟然出现了18处低级错误，另一份判决书竟然把“人工流产”误为“工人流产”。如果是以阶级斗争为纲的年代，这个法官公然诅咒共和国的领导阶级没有接班人，估计可以去见马克思了。当然，也有一些法院意识到了写作能力的重要性，昆明市中级人民法院就提出要“聘请资深语文老师抽查部分法律文书，并结合存在的问题，有针对性地讲授语言修辞、逻辑思维等写作知识，以提高法官的写作能力”。面对这一现象，法学院的同学们是不是应该未雨绸缪呢？

离不开写作能力的职业又何止法官呢？在学术、仕途、商界这三条路中，如果你选择的是第一条，你就一辈子都离不开写作了，因为你所有的学术成果都要通过写作以论文的形式体现出来。有人说，很多学术造假现象，是由于专家学者写作能力差，虽有研究成果但写不出来，不得不抄袭他人。写作能力对于科研人员的重要性可见一斑。如果你选择的是仕途，就算抛开公务员考试的申论不说，各种各样的文件、材料、报告都离不开写作吧？全党深入学习实践科学发展观的时候，你总免不了要写一些心得体会吧？当然，领导干部一般都不需要亲自撰文，可是，你总不能指望一考上公务员就有专门的秘书来替你代笔吧？如果你选择的是商界，写作能力同样是不可或缺的，除非你的远大理想是当一名保安或者司机。只要你参与到一个具体的商业项目当中，从项目实施之前的构想到实施之后对经验和教训的总结，一般都要求形成文字材料，也就是说，这一切都离不开写作。

我原来有一个做产品策划的同事，思维非常活跃，经常能想出一些很有价值的点子，他策划的很多产品都让我佩服不已。可是，他每次带着新产品的商业计划书去移动运营商参加评审会，总是铩羽而归。是不是运营商的人不懂得欣赏呢？是不是竞争对手通过潜规则排挤我们公司呢？都不是。原因只有一个：这个同事的语文实在不敢恭维。他给产品起的名字总是缺乏新意，写的策划案也是不得要领，就连几十个字的产品简介都写不好，读起来很是费劲，毫无语言的美感可言。因为工作总是没有起色，怀才不遇的他干了几个月就被公司劝退了。接替他的人虽然是工科出身，文笔却非常好，拿着前任束之高阁的策划案仔细看了一遍，如获至宝。同样的创意被他重新包装，草鸡立马变凤凰，为公司创造了颇为可观的业绩。

根据对美国120家大企业人事部负责人的调查，写作水平与职业发展空间存在着明显的正相关关系，良好的写作能力是事业成功的重要基础。美国大企业的雇员中有三分之二在日常工作中离不开写作，在金融、保险、房地产等行业领域，80%的企业在雇佣员工时要考察写作，40%的企业要特别培训写作技能不足的员工，基德尔和皮博迪公司的老总阿尔·戈登甚至要求所有员工必须人手一册《风格的要素》——这本薄薄的小册子被誉为英文写作的圣经。

美国大学理事会主席Gaston Caperton在一份报告中写道："如果学生要让知识成为自己所有，他们就必须努力理清细节与事实，并对原始信息进行加工，慢慢地将概念转化为他们可与别人交流的语言。简而言之，学生必须通过写作来学习。"他还在给国会递交的一封说明信中写道："233年前，大陆会议发表了《独立宣言》，这篇文章后来一直广为人知。我们大多数人如今仍能凭记忆背诵文件中的很多内容。我们能背出内容，是因为我们的建国者擅长将思想转化为书面文字。自那时以来，写作的社会、政治和经济价值有增无减。这就是为什么美国大学理事会成立了国家写作委员会，以及该委员会一直努力关注美国当前写作状况的原因。"

写作的重要性还在于它不仅仅是把思想转化为文字的机械过程，还是训练思维的重要途径。玛丽莲·斯腾格拉斯曾这样描述："学生不断反映说，独自阅读或者听讲座并不能充分调动自己的思维，他们自然也没法记住知识点和思想或对它们做出分析。只有在写作练习中（通过总结分析课堂笔记，或撰写理论与实践相结合的论文），学生才有机会思考比较复杂的问题，并形成有洞见的观点。"索莫斯对本科生的研究也证实了这一观点。她发现，超过70%的大四学生认为，写作练习对提高归纳能力、养成批判性思维的习惯、深入掌握某领域知识等方面，起着"重要"或者"非常重要"的作用。

最大的危险就是没有意识到危险

正因为阅读与写作如此重要，国外的高等教育对于语文的重视程度比我们要高得多。如果我们要去美国或者英联邦国家留学，免不了要参加托福、雅思、SAT、GRE、GMAT、LSAT之类的考试，所有这些考试的核心内容就是语文测试。是不是这些国家故意利用他们的语言优势刁难我们呢？或者是借机推广美国长达两百多年的灿烂悠久的传统文化？都不是。原因只有一个：如果没有很好的阅读和写作能力，在这些国家的大学里压根儿呆不下去。早在1890年代，哈佛大学一个来自校外的客座委员会就明确指出，良好的语文能力是学好任何一门大学课程的必备条件。我一个朋友毕业于美国加州大学，他说读书的时候每天都有看不完的书，老师总会布置一本又一本的书让他们去看，每天的阅读量都将近100页甚至更多，如果阅读速度跟不上，在讨论班上就只有看热闹的份了。写作的任务比阅读更加艰巨，经常要写文章（包括essays和research papers），每篇文章动辄就是十几页，还不能随便乱写，更不能找文献资料大段大段地抄袭照搬。一个学期下来，各门课写的文章凑在一起差不多有一本书的篇幅。如果没有良好的阅读和写作能力，这样的大学生活将如何进行下去呢？

尽管美国的教育体制如此重视学生语文能力的培养，政府官员和大学教师仍然对这方面的教育感到不满。2006年，美国教育部的斯佩林斯委员会发布了一份报告《对领导能力的检验：规划美国高等教育的未来》，对美国的高等教育提出了严厉的批评，其中一个原因就是“大约47%的大学教师认为，学生对大学中的写作课程准备不足”，另外，“只有36%的毕业生阅读合格”。自此以后，美国开始了自上而下的高等教育改革，把加强阅读和写作能力的培养上升到了国家教育改革的层面。

无独有偶，日本也展开了类似的教育改革。2004年，日本文部科学省发布了日本学生在国际语文综合能力测试中的基本状况，并针对存在的问题提出了一系列的改革措施：在教学中着重注意对学生进行“目的和对象意识的培养”；加强“依据文本陈述想法、表达观点”和“评述”能力的训练；大力推进“多样化的阅读（阅读文体、形式的多样化）”、“依照课题进行阅读”以及“读书活动”。

再反观一下我们国家的高等教育，不能不感到羞愧万分。曾经在网上看到一篇短文，对中美两国的大学生在开学之后的状态做了生动的对比。美国学生最常说的几句话是：

“我×！怎么这么多paper！让不让人睡了？”

“才开学几天啊！要读多少本书啊？”

“还要写六页的paper，不能睡……”

“好困啊！可是还要看二十多页的书……”

中国学生也在抱怨，只是内容完全不同：

“大学上一天课放两天假，好无聊啊。”

“正式上课岂不是得国庆以后？”

“大学就是吃、睡、臭美。真没劲。”

“军训好无聊，生活真空虚。”

虽是寥寥数语，却足以让我们感受到两种大学生活之间巨大的反差。美国的大学生有读不完的书，写不完的paper，而我们呢？只有打不完的游戏，睡不完的懒觉。阅读和写作在我们大学四年的学习中所占的比重是多么可怜，每个人都如鱼饮水，冷暖自知。

我读大学的时候，老师也经常会推荐一些书让我们去看，并鼓励我们写一些读书报告，可是，套用六世达赖喇嘛仓央嘉措的情诗来说，那就是：“你看，或者不看书，书就在那里，不买不借；你写，或者不写报告，老师就在那里，不闻不问。”学期中间老师很少要求我们写文章，到了期末，如果某一门课不纳入期末考试，老师就会让我们写一篇小论文，篇幅不用很长，一两千字就足够了。如果这篇文章认认真真写了，多少还有点写作训练，可事实上很多同学连这个机会都放弃了，他们的论文都是跑到图书馆期刊阅览室抄袭回来的。这样的写作算什么写作呢？顶多只能算是硬笔书法练习。如今期刊电子化了，作业也是在电脑上完成了，要么打印出来，要么E-mail给老师，所以，就连练习书法的机会都没了。

在大学扩招之后，师生比不断扩大，阅读和写作也就进一步被忽视了。当一位老师在课堂上需要同时面对上百名学生，他怎么可能通过讨论班的形式检查学生的阅读情况？又怎么可能有足够的时间逐字逐句地认真检查学生写的论文和读书报告？

不但理工科院校忽视了阅读和写作，就连汉语言文学、新闻学、传播学之类的专业都不注重培养学生的语文能力了。我曾面试过很多中文系的毕业生，我不要求他们给我写一首《菩萨蛮》，就算搞不清什么是平仄、哪些平声字在古汉语中是入声字也没有关系，只要能够写一篇语句通顺、意思表达清楚的文章就行。可是，这么一个小小的要求都很难得到满足。问他们大学四年干吗去了，很多人说，英语四六级考试占据了太多的时间，花在背英语单词上面的精力比学专业课的精力还要多。当中文系的毕业生都不会读、不会写了，我们的语文教育就不是敲响了警钟，而是敲响了丧钟。我们都学过都德的《最后一课》，当德军占领法国，强迫法国学校改学德语，这对于法国人来说是一种残酷的国耻。可我们现在并不是亡国奴啊，美帝、英帝都没有强迫我们放弃母语去改学英语呀，为什么在我们的教育体制中英语的重要性还是会超过汉语呢？

在这样的教育背景下，大学生的阅读和写作能力自然成了兔子的尾巴——长不了。北京师范大学校长钟秉林说，很多学生真正欠缺的并不是英语水平，而是中文水平。这一点我深以为然。跟一些大学老师交谈的时候，他们说现在很多大学生连一个请假条都写不好。我每天都能收到很多读者发来的邮件，能够用简洁的语言把他们的困惑表达清楚的只占很小的一部分，甚至还有一些邮件从头到尾满是病句和错别字。

可惜，我们的教育体制也好，我们的大学师生也好，对于这一问题都还没有足够的反省。就算有一些人意识到了，也只是简单地建议大学开设语文课，缺乏更深层次的反思。很多大学生直到毕业都没有好好读过几本书、没有写过几篇文章，工作以后连一个最简单的产品说明书都写不好，连年终总结可能都要上网找范文。当我们的教育在一条错误的道路上渐行渐远却自我感觉相当良好，真正的危险就无情地降临了。还有什么事情比意识不到危险更加危险呢？

如何提高语文能力

鉴于大学生的语文能力越来越低，越来越多的人呼吁在大学全面开设语文课，这种呼吁也确实得到了教育行政部门和部分高校的支持。2007年，教育部高教司下发了《关于转发〈高等学校大学语文教学改革研讨会纪要〉的通知》，北大、南开、华中科大、华东师大等学校马上采取行动，把大学语文列为除中文系以外的学生必修课，江西理工、四川大学、云南大学等高校甚至出现了“语文不及格不能毕业”的说法。

美国的高校早在一个世纪以前就把“英语写作”列为必修课，即便在极力推行选修制的大学里亦是如此，而且这一传统一直保持至今。尽管如此，我对于中国的高校全面开设语文课仍然持保留态度。我读大学的时候，大学语文是我这个专业的必修课，当时是在大一，同学们都还缺乏觉悟，逃课的潜能还没有激发出来，所以上课都很积极。然而，一个学期下来我们似乎什么也没有学到，阅读和写作的能力没有丝毫的提高。我相信这门课程在别的高校情况也会遭遇类似的尴尬。首先，开设该课程的方向错误，动机不纯，不是为了提高实用性的阅读和写作技能，而是传播传统文化，甚至想通过中华传统美德教育来提高学生的思想道德水平。其次，担任这门课程教学任务的老师肯定不会是学术骨干，要么是刚毕业的讲师、助教，要么是让主要做行政工作的人员来滥竽充数，语文功底说不准比高中的语文老师还差了一大截。如果老师不但水平有限，而且敷衍了事，学生还能学到什么呢？第三，每一门课只要保证阅读和写作占有足够的比重，都能够切实提高学生的语文能力，而不需要专门开设一门语文课来无谓地增加学生的负担。所以，开设大学语文既不是提高大学生语文能力的充分条件，也不是必要条件。

既然如此，大学生又该通过哪些途径提高阅读和写作的能力呢？

练好基本功

知识不等于能力，可如果没有了知识作为基础，能力也就成了空中楼阁。良好的语文能力同样是以扎实的基本功为前提的，如果斗大的字不识一升，用词的时候也总是张冠李戴，还谈何阅读与写作呢？

《第一财经日报》曾刊登了这样一篇新闻：《人民搜索总经理邓亚萍：百度现在是众矢之的》。我当时就纳闷了：百度到底做了什么天怒人怨的事情呢？一看内容，发现邓亚萍的原文是这样的："百度现在是众矢之的，地位和我那时候打球的感觉一样，第一和第二差距比较远。"原来她把"众矢之的"当成"独占鳌头"了。

如果说邓亚萍这样一个体育健儿用错成语还可以理解，一些严肃的、权威的报刊杂志乱用词语就不可原谅了。比如，"首当其冲"一词就经常被媒体乱用，明明是"最先受到攻击或遭遇灾害"的意思，偏偏要当作"首先"、"冲锋在前"来用。《人民教育》2006年17期有这么一句话："从主观上说，康盛昌愿意留任，在他心里还有好几件大事要完成。首当其冲的就是调整课程结构，增强学校的核心竞争力。"《中国青年报·文化周刊》上有这么一句话："第六代首当其冲要抛弃自己的文艺情节。"就连《人民日报》都犯了类似的错误，其经济生活版《打工仔归故里》一文中写道：“农民赖泽民首当其冲，办了全省第一家私营缫丝厂。”严肃权威的报刊杂志尚且如此，在互联网上就更是一顿乱用了。搜房网上一篇软文广告的标题竟然是“2011年大热滨海海景房，三亚克拉码头首当其冲”。写这篇文章的人到底是在为房地产公司做广告呢，还是在诅咒他们的房子最先烂尾？难道他是其他房地产公司安插进去的卧底不成？

类似的错误不胜枚举，比如，我们在媒体上看到的“差强人意”、“惨淡经营”、“美轮美奂”、“炙手可热”等成语，估计80%以上都是用错了的，“明日黄花”更是被误写成了“昨日黄花”。以“差强人意”为例，这个成语的本意是“大体上能让人满意”，却经常被当成“使人感到差劲”的意思。2007年，中国男足去美国拉练，1：4惨败，人民网做了相关报道，可新闻标题竟然是“国足美国受辱，大连五虎首发，差强人意郁闷收场”。如果中国男足能够“差强人意”，那曹操就“忠厚朴实”了，潘金莲就“贞烈贤淑”了，本·拉登也就“大慈大悲”了，城管和拆迁办更是与人民“鱼水情深”了。

要想学好语文，首先就要具备扎实的基本功，避免犯这样的低级错误。当然，基本功不仅包括字、词，还包括不写病句、熟悉各种文体的格式等。按理来说，这项任务在中学阶段就要大体上完成的，如果你还没有完成，就赶紧在大学里补上这一课吧。遇到不认识的字要勤翻字典，没有十足把握的词语要确认了含义才在写作的时候加以运用。只有抱着这种严谨的态度对待知识，我们的语言能力才能一步一个脚印地切实得到提高。

读书百遍，其义自见

要提高阅读能力，自然要多读。至于读什么、怎么读，我在前文已有详细的阐述，这里就只谈谈阅读对于写作的意义。广泛的阅读是掌握写作规律、学习写作方法的有效途径。别人的好文章读得多了，耳濡目染，自然就会懂得一些行文的章法。鲁迅特别提倡这一点。他说：“凡是已有定评的大作家，他的作品，全部就说明着‘应该怎样写’。”他称这为“实物教授法”。熟读名篇佳作，往往会从写法上加以效仿，再结合自己独特的思想和生活体验，就能在效仿的基础上把别人的写作方法内化成自己的写作技巧，并能有所创造和提升。

要多读，更要快读，并确保在快速阅读时能够准确地获取信息。如果看一本薄薄的小册子都要好几天，一个晚上的自习都看不了几页书，那就需要赶紧想想办法了。可以找几个同学对比一下，阅读同样一篇文章，看阅读速度最快的同学大概需要多久，自己和他还有多大的差距。然后，每看一本书、每看一篇文章都可以给自己定一个合理的时间，渐渐地把差距缩小。这样一来，不但可以提高阅读速度，还可以避免在读书的过程中时不时走神，不至于一会儿发条短信，一会儿去趟洗手间。

要提高阅读速度，必须克服默读的不良习惯。很多人看书的时候喜欢在心里一个字一个字地默读一遍，这样的阅读速度自然跟朗读差不多。另外还有一个提高阅读速度的方法，是我一位中学老师传授的。她的孩子刚刚开始阅读的时候，她就用手指着书上的字，孩子的注意力就跟着妈妈的手指移动，起初在每个字下面都要停顿一下，后来速度就越来越快，到最后几乎是一扫而过了，孩子的阅读竟然能够跟上这样的节奏，虽然谈不上一目十行那么夸张，但阅读速度绝对比大多数成年人都要快。这个方法用在大学生身上不知道还来不来得及，如果为时已晚，就当是我借花献佛为你在几年或者十几年以后培养孩子的阅读能力献计献策吧。

当然，光有速度还不行，要能够准确地获取信息才有意义。阅读的本质就是获取有效信息。怎样才能提高这种获取信息的能力呢？很多专家提出了五花八门的建议，比如精读法、略读法、笔记法等。在我看来，最重要的一条就是要边读边想，带着独立的思考批判性阅读，每看到一个地方都去想想作者为什么要这么写，他究竟想要表达什么意思，这个意思表达得是否清楚，论述得是否密不透风，如果不够充分，又能够从哪些角度加以反驳。如果把阅读变成了一个说服与被说服的过程，文章中最关键的信息想不抓住都很难了。

获取信息之后会面临另外一个问题：容易忘记。对此，我只有一个不算办法的办法，那就是反复阅读。真正能够做到过目不忘的人恐怕不多，至少我是做不到。既然每次获取的信息在经历一段时间之后都会有一部分会遗忘掉，那就多读几次好了。无论是《人·兽·鬼》《政府论》这样的小册子，还是《红楼梦》《论美国的民主》之类的鸿篇巨制，我都会不定期地拿出来复习，“每有会意，便欣然忘食”。

快速阅读是一种重要的能力，但并非在任何时候都是读得越快越好。有些时候不但可以默读，还不妨声情并茂地朗读出来。这么做至少有三个方面的好处：第一，能够对文章有更加深入的理解，无论是外在的语言形式还是内在的思想内涵；第二，能够增强语感，提高写作能力；第三，通过朗读把别人千锤百炼、反复推敲出来的书面语言转化成一种口头语言，渐渐就内化成了一种口头表达能力。很多人能够出口成章，即兴发言的时候非常流利，不会吞吞吐吐，把他的发言记录下来加上标点就是一篇好文章，这一能力很大程度上就来自于朗读。

文章无天成，妙手勤得之

陆游有一句广为流传的诗："文章本天成，妙手偶得之。"对于文学素养很高，已有一双妙手的人来说，确实能在灵感乍现时立马挥就一篇佳作。可如果把这句诗做一种宿命论的解读，认为写作能力单纯是靠运气，或者是靠偶然产生的灵感，那就大错特错了。陆游也不是一生下来就成为大诗人的，他在《示子遹》一诗中写道："我初学诗日，但欲工藻绘；中年始少悟，渐若窥宏大。"所以，写作能力并不是一种与生俱来的能力，写作的技巧是可以通过反复练习而不断提高的。

我刚读初中的时候，写作能力跟班上大部分同学都差不多，可我写的一篇小文章却意外地在学校一次征文比赛中获得了二等奖，并且在校文学社的报纸上刊登了出来，还被好几家校外的杂志转载了。我的写作兴趣一下子就被激发了出来，接二连三地写了很多篇文章。可是，在此后的很长一段时间里，我再也没有第二篇文章能够发表，随着一次次投稿都石沉大海，我越来越沮丧，准备放弃了。文学社的辅导老师找我谈了一次话，让我重新振作了起来。他说："每篇文章你刚写完的时候总会认为很精彩，可是，当你回过头去看几个月前写的文章，一定会觉得很稚嫩。所以，每篇文章写完以后都不要急于拿去投稿，等过段时间自己发现问题了再修改，经过反复修改以后确实很满意了再拿出来。好文章都是改出来的。只要多读、多想、多写、多改，一定可以写出很好的文章来。"

按照这位老师的建议，我不但读了很多、写了很多，而且每篇文章写完以后都经过了反反复复的修改。到初三的时候，我已经成为校文学社的骨干，在《语文报》《中国校园文学》等多家校园刊物上发表了上百篇文学作品。上了高中以后，我开始在《散文诗》等纯文学刊物上跟主流作家同台献技了。"星星点灯。娃子将那颗红润的舍不得吃的草莓嵌于大山的窗口，愈远愈显璀璨。灯下，娃子在母亲的目光里全神贯注地做作业。母亲的扇子轻轻一扇，娃子便有了一个没有炎热没有长脚蚊的夏夜。母亲默默的目光是煤油灯外的另一盏灯。"杂志社的编辑都很难想象这样的文字竟然出自一个十五六岁的中学生之手。

我的经历足以证明写作能力是可以训练出来的。当然，对于大学生来说，最主要的写作任务不是文学性的吟诗作赋，而是分析性写作——提出一个观点并通过一系列分析论证自圆其说，或者有理有据地对某个观点提出反驳。在大学里，任何一个专业、任何一门课程都离不开写论文，写论文自然属于分析性写作的范畴。所以，无论是国内的MBA入学考试，还是国外的GMAT、托福、GRE等考试，都要重点考核分析性写作。怎样才能具备良好的分析性写作能力呢？答案还是我老师说的八个字：多读，多想，多写，多改。这个“八字方针”对于包括分析性写作在内的各种写作都是适用的，就连写情书都不例外。

我一个大学同学家境贫寒，四处举债。在他读研究生期间，一位好友爱上了某位文艺女青年，可是绞尽脑汁也写不出情意绵绵的情书来，只好找我那位朋友代笔。我朋友熬了一个通宵，动之以情晓之以理地写了份惊天地泣鬼神的长篇情书，把那个文艺女青年感动得涕泗纵横，恨不能立马以身相许。很快，我同学欠那位好友的几千大洋悉数豁免。我在一次讲座上讲了这个故事，结果很多男生表示压力山大，因为他们不但自己写不出那么好的情书，也拿不出几千块钱去请枪手捉刀。那怎么办呢？只好劝他们自力更生了。几个月以后，有位男生给我发来了邮件，说从那以后有意识地勤写勤练，没想到写情书的水平还真取得了跨越式发展。既然写情书都能在“八字方针”的指导下突飞猛进，分析性写作自然也不例外了。

要具备良好的分析性写作能力，需要从思维能力和写作技巧两个方面下功夫。分析性写作（analytical writing，简称AW）是GRE考试之中区分系数最大的部分，很多中国学生能把verbal和数学考到满分，可是含金量最高AW却普遍分数偏低，因为它考到了中国学生的软肋，就是所谓的logical and critical thinking的能力。如果没有良好的逻辑思维能力和批判性思维能力，分析性写作将成为空中楼阁。这也是我在本书的第一个专题就要强调思维能力的原因之一。

至于写作技巧，不妨参照美国高等院校所公认的优秀文章标准。根据该标准，分析性写作至少应该满足以下六个方面的要求：

评价内容	评价标准
文章的中心	紧凑，严密，紧紧围绕一个中心展开。
作者的观点	观点鲜明，不人云亦云，具有原创性。
论证论据及例证	论述充分，例证得当，具有说服力。
结构性和逻辑性	结构严谨，逻辑缜密。
语言表意的清晰程度	语气严肃而诚恳，表意清晰而干脆，不拖泥带水。
语言的标准性和语法	熟练运用标准的书面语言，在语法、用词、标点等方面没有明显的错误。

上述六点中，除了对思维能力、语言基本功提出了一定的要求之外，更主要的还是技术性的要求。行文紧凑、结构严谨、表意清晰等方面的要求都是可以通过多读、多写逐步达到的。我大一的时候看了朱苏力先生的《法治及其本土资源》，对里面的每一篇文章都叹为观止。那样的论文在任何一个大一新生看来都是无法企及的高度。可是，朱苏力也不是一读大学就能写出那么好的文章呀！他的分析性写作能力也是点点滴滴积累起来的。只要我们勤写勤练，也同样能够在写作能力方面达到那样的高度。

中国的大学对于写作很不重视，老师一个学期都难得让学生写几篇文章。既然如此，我们就更加应该严于律己。一方面，老师布置的写作任务要认真对待，哪怕是思修、毛概这种无聊透顶的课程，哪怕你对探讨的话题毫无兴趣，都应该认认真真地完成，不要敷衍了事，不要去图书馆随便找篇文章大段大段地抄袭。就算你在大学里可以对不感兴趣的话题消极逃避，将来工作以后又如何确保每项工作都是你感兴趣的呢？就算现在可以通过抄袭来向老师交差，将来老板要你写一份项目可行性分析报告的时候，你又去哪里抄袭呢？另一方面，就算老师没有布置写作任务，也要尽可能按照欧美顶尖大学的标准严格要求自己，自觉地勤写勤练。就算达不到美国大学生的写作强度，一个星期写一篇总是可以吧？如果写不出两三万字的大论文，先从两三千字的小随笔开始练习总可以吧？我们在学习的过程中，总会对老师或者教材上的一些观点产生疑问，为什么不通过写作对这种疑问进一步挖掘呢？

当然，在中国目前的环境下，你就算写出了一篇很精彩的论文，如果没有名师的推荐，或者没有足够多的钱去交版面费，也是不太可能在学术期刊上发表的。可是，那又有什么关系呢？对于大学生来说，写文章是为了深化认识、提高分析性写作能力，而不是为了发表。只要思维能力、写作能力、专业素养都积累到了一定的程度，还会稀罕在国内那些靠收取版面费赚钱的下三滥的学术期刊上发表文章么？

有些人认为，写文章太费时间，还不如拿写文章的时间多看些书、多思考些问题，至于写作嘛，顶多在心里打个腹稿就行了。这是一种想当然的看法。首先，写作本身就是思想的一部分，是深化认识的一种有效途径、必要途径。其次，通过文字把思想恰如其分地表述出来是有技术含量的，如果不提高写作能力，就算多看了很多书、多想了很多问题，可是表达不出来，到头来无非是一场徒劳。如果只是在岸上看别人游泳，自己不下水，那是永远也学不会游泳的。而写作就如同游泳，阅读永远替代不了写作，如果不下笔去写，就算读书破万卷也写不出像样的文章来。所以，我们必须通过游泳学会游泳，通过写作学会写作。

清人唐彪说："学人只喜多读文章，不喜多做文章；不知多读乃藉人之功夫，多做乃切实求已功夫，其曾益相去远也。人之不乐多做者，大抵因艰难费力之故；不知艰难费力者，由于手笔不熟也。若荒疏之后作文艰难，每日即一篇半篇无不可；渐演至熟，自然易矣。"他在另一段话里又说："谚云，'读十篇不如作一篇'。盖常做则机关熟，题虽甚难，为之亦易；不常做，则理路生，题虽易，为之则难。沈虹野云：'文章硬涩由于不熟，不熟由于不做。'"这些中肯的话对于古代写八股文的儒生来说可谓金玉良言，对于今天的大学生而言又何尝不是振聋发聩呢？

汝果欲学诗，工夫在诗外——与一名新闻系大学生的对话

覃老师：

您好！我就读于一所算不上一流的重点本科院校。我当初报考的是金融学专业，可是被调剂到了新闻系。经过一年多的学习，我慢慢喜欢上了这个专业，并且下定决心毕业以后做一名优秀的新闻记者。我一直都很刻苦地学习，对待专业课更是一丝不苟，每个学期都拿到了一等奖学金。不过，我感觉自己仍然学有余力，还想多学些东西，只是不知道除了专业课之外还应该学些什么。我需要修一个双学位么？

另外，我知道新闻对写作的要求比较高，可我的写作能力不是很好。当然，要做到语句通顺、意思表达清楚还是可以的。请问我是不是应该多花些时间提高写作能力呢？究竟提高到什么程度才可以呢？又有什么切实可行的办法能够迅速提高写作能力呢？谢谢了！

一名苦恼的大学生

亲爱的朋友：

你好！看了你的来信，我有理由相信你比大多数同龄人更加接近成功，因为你不但有着刻苦学习的拼劲，而且有了明确的职业规划。这两点对于成功而言至关重要，却偏偏是很多大学生所不具备的。

怎样才能成为一名优秀的新闻工作者呢？要回答这个问题，不妨借用陆游的一句诗："汝果欲学诗，工夫在诗外。"写诗如此，学新闻亦是如此。真正决定你能不能成为一名优秀新闻工作者的并不是你正在认真学习的专业课，而是专业课以外的一些东西。专业课固然重要，任何一个合格的新闻工作者都必须有扎实的专业知识作为基础，然而，对于一个优秀的媒体人而言，这是远远不够的。如果你的学习仅仅局限于专业课程，就算你把所有的教材和讲义都倒背如流，你的职业规划也永远不能成为现实。

所幸的是，你"感觉自己仍然学有余力，还想多学些东西"。究竟可以从哪些方面多学些东西呢？我觉得至少可以做这三个方面的努力：多读，多说，多写。

首先，就书本学习而言，你不应该满足于学习教材，还应该多看原著、专著。教材对每一个问题的探讨都是不够深入的，蜻蜓点水般一笔带过，对于学术界有争论的问题，要么刻意回避，要么简单陈列几种观点而不做深入分析，要么采用最传统、最主流的观点，而主流的观点未必是正确的。所以，一定要多看新闻学、传播学方面的原著，比如约翰·弥尔顿的《论出版自由》、弗雷德里克·S. 西伯特等人合著的《传媒的四种理论》等。同时，一些经典的新闻作品，比如获得普利策新闻奖的名篇，以及一些产生了深刻影响甚至改变了某些社会制度的重磅新闻，比如《南方都市报》的《被收容者孙志刚之死》，都没有理由被忽视。一些最优秀的新闻工作者写的书，比如《后台》、《民主的看门狗》、《凤凰卫视新闻总监手记》等，也都应该认真阅读、细细体会。

阅读不但要有深度，还要有广度。如果你的知识面足够宽，视野足够开阔，能够跳出新闻看新闻，一定会达到全新的高度。在我看来，法学、经济学、社会学、公共管理等方面的知识是一名优秀的记者必须涉猎的。记者不能像小学生写日记一样把某件事情简单地记录下来，而应该有一种深入、系统的理解和把握。一个摊贩用水果刀杀死了执法的城管，或者一个钉子户通过自焚向拆迁办表示抗议，这都不是简单的、孤立的、偶然发生的事件。在这些事情背后蕴含着非常丰富的内容，比如城市管理的矛盾、公权与私权的博弈等。记者每天都要面对的社会是如此的纷繁复杂，这就要求他必须拥有一种深入解读社会的能力，而上述学科将会帮助你提升这种能力。当然，这并不意味着我赞成你去选修一个法学或者行政管理的双学位。学习是为了获得能力，而不是为了获得一纸证书。

其次，记者要有很好的口头表达能力。假如在政府的新闻发布会上，足够幸运的你获得了提问的机会，可是拿到话筒以后却支支吾吾，不能流利地、简明扼要地将你的问题表达出来，那实在是贻笑大方了。如果是面临更加复杂的情况，比如被采访者很不配合，或者是有别的一些干扰因素，对语言表达能力的要求自然更高。所以，你应该通过课堂发言、多与人交流、参加辩论赛之类的活动等方式提高口头表达能力。

再来谈谈你着重强调的写作问题。你能做到“语句通顺、意思表达清楚”固然很好，毕竟有很多大学生连这一点都做不到，可如果因为这样就自满，那实在太不应该了。如果能做到语句通顺、意思表达清楚就能当好记者，那一半以上的小学毕业生都足以胜任这份工作。新闻界有一句格言：“给我一个故事，看在上帝的份上，把它讲得有趣些。”如果你讲的故事只能让人听懂而谈不上有趣，又如何在新闻界立足呢？所以，你必须花比较多的时间和精力来提高写作水平。至于提高到什么程度，不是很好量化，我就从现成的新闻稿中摘录一段吧。我在《南方周末》上看到过一篇非常精彩的新闻稿：《满语消失的最后一瞬》。在文章快要结尾的时候有这么一段概述——

在三家子屯，生活仍旧像普通的东北汉族村落一样冗长地继续着。早上4点半到7点钟极其喧闹，奶牛忧郁地哞叫着，鹅像一队将军踱过街道，而母鸡总是贪吃而慌乱地制造出巨大的声响。6点半，太阳大了，村子才安静下来。墨绿色的玉米在风中伏低、摇摆，伏低、摇摆，像梦境一般枯燥又永无休止。于是整整一天屯子里再无生气。直到夜里9点半，整个屯子上炕睡觉。这就是一个不停地遗忘着的地方拥有的东西：现在。

这段文字只有短短的几句话，语言一点也不华丽，一个成语、一句古诗都没有，却把一个满族村庄整整一天的面貌生动而饱满地刻画了出来。如果你是一名记者，报社让你去采访这个村落，你能用这么干净利落的语言把一个遥远的村落形象地呈现在读者的面前吗？如果你做不到，那就足以证明你的面前依然长路漫漫，你还需要付出非常多的努力来提高写作水平。

至于怎么提高写作水平，我就不全面论述了，只提供一个操作性比较强的方法给你参考。我们说话都是通过模仿学来的，写作能力其实也可以通过模仿和对比得到提高。就好比上面这段话，你看完以后大脑里一定会有一个很生动的画面，你就把这个画面中的元素记下来，然后脱离那段原文，自己写一段话来描述那个画面。写完以后多修改几次，觉得差不多了再拿来跟原文仔细对比，看二者在遣词造句方面究竟存在哪些差别，哪些地方你写得更好，哪些地方你甘拜下风。在这个模仿、对比的过程中，你不但会清楚地意识到自己与别人的差距，而且会在批判吸收的过程中让写作能力得到潜移默化的提升。

社会上经常有一些热点话题，《南方都市报》等媒体往往会通过社论、个论的形式针对这些话题表达非常独到而深刻的见解。当你通过标题等信息看到媒体上某篇文章是就某个热点话题发表议论的，而这个话题正好你也比较感兴趣，那就先别去看那篇文章的正文，赶紧在规定的时间里自己写一篇，并反复修改几次，然后拿自己写的文章和媒体上的文章做个全面的对比。这个时候就不只是遣词造句的对比了，还应该包括中心观点、论证论据、逻辑结构等多个方面。通过这样的反复练习，你的写作能力一定会得到大幅度的提高。

最后，既然你想在中国当一名记者，我就不妨再针对中国的国情跟你谈个额外的话题。中国的新闻媒体是党政机关的喉舌，政府对媒体的监督和管理是非常严格的。这是人民民主专政的必要，是维护社会主义政权的必要。所以，将来你作为一名新闻工作者，一定要有政治敏感性，要保护好自己，不要做无谓的牺牲。但是，新闻不等于宣传，记者不应该沦为一个没有思想的传声筒，不应该满足于收红包、发通稿。新闻工作者应该有一种新闻理想，应该有独立的价值追求，那就是践行“三个代表”重要思想，不但要代表先进生产力的发展要求，代表先进文化的前进方向，更要始终代表中国最广大人民的根本利益。人民希望从新闻中获得什么样的根本利益呢？答案只有一个：真相。2006年11月8日，中国记者节。当天的《南方都市报》发表了一篇社论：《记者的使命就是说出真相》。这篇文章的标题就足以让每一位新闻系的大学生深思。

2009年，群众反映河南郑州市须水镇西岗村经济适用房用地被开发商用来建别墅，记者前往采访，没想到当地规划局副局长竟然质问道：“你是准备替党说话，还是准备替老百姓说话？”2010年，《经济观察报》记者仇子明因为报道了一家上市公司关联交易内幕，遭到该公司所在地浙江丽水遂昌县公安局网上通缉。2011年，“我爸是李刚”的李启铭以交通肇事罪被起诉，审理该案的河北望都县法院曾宣称将公开审判，可是到了开庭时，却只允许5家媒体各派一名记者旁听，报道还必须采用通稿。2011年，《南方都市报》记者纪许光在武汉调查徐武的“飞越疯人院”事件时遭到跟踪、威胁、殴打。2012年，有记者在河南漯河采访违章别墅群时，遭漯河市召陵区房管局副局长牛豪持枪顶头威胁，并遭殴打……

这一连串的事情足以表明中国的新闻工作者正处于一个怎样的环境。正因为如此，我希望你在追求新闻理想的道路上能够保持这样两种品质：毅力和艺术。所谓毅力，是指不要轻易放弃了自己的理想和追求，不要沦为一个趋炎附势、趋利避害的功利主义者；所谓艺术，是指在追求理想的过程中要讲究策略，必要的时候懂得妥协，懂得以退为进。这个问题我就只能点到为止地说这么多了，希望你能明白我的意思。

愿你早日从苦恼中摆脱出来！

覃彪喜

英语到底有多重要

为什么那么多大学生误以为英语和计算机的等级证无比重要？归根结底无非四个字：以讹传讹……只要找对方法，几个月的时间就足够学好英语了……高房价绑架了年轻人的梦想，英语四六级绑架了大学生的青春……很多大学生的词汇量上万却连最简单的日常交流都不会，国外一个四五岁的孩子只懂几百个单词却能流利地表达……

在中国，再没有一门课程会像英语一样困扰着从幼儿园阶段到博士阶段的所有学生。因为英语几乎是所有考试的重中之重，所以，英语的重要性在我们这种应试教育体制下就被无限放大了。在大学生当中，考研的要学好英语以求获得一个较高的考研分数，想出国的更是抱着GRE词汇的红宝书爱不释手，不考研也不出国的同学依然在劫难逃，英语四六级考试就像是套在他们头上的一个紧箍咒，一刻都松懈不得。于是，中国的大学生花在英语上面的功夫远远超过了任何一门专业课。如果是某些文科专业，专业课不需要花太多功夫就能过关，那么，花在英语上面的学习时间很可能会超过其他所有课程的总和。

可悲的是，尽管我们的学生把英语看得如此之重，花在英语上面的学习时间如此之多，很多人直到大学毕业连一个四级考试都拿不下来。就算是那些以很高的分数通过了四六级考试的人，也没有几个能够说出一口流利的英语。如果在应聘的时候看到面试官是个外国人，十之八九会落荒而逃。

英语到底重不重要？如果重要，它到底有多重要？如何才能用最少的力气学好英语来满足这种重要？如果不重要，没法改变制度设计的大学生们又该如何去应付无法逃避的英语考试呢？这一连串的问题摆在我们的面前，拷问着每一个设计着制度，以及被制度设计着的人。

英语是重要的

在谈论英语究竟有多重要之前，必须先来谈论另外一个问题：英语到底是重要还是不重要？这几年陆续有很多大学生向我表达了对英语重要性的质疑，他们认为自己的专业跟英语没有什么关系，毕业以后也不太可能跟外国人打交道，加上自身语言天赋有限，英语四级考了好几次都没有拿下来，所以，干脆就放弃英语算了。这种想法看起来似乎有些道理，可说白了无非是因为英语没学好而给自己找个台阶下，为放弃学英语而找个借口。要想把英语的重要性一笔勾销，我是坚决不赞成的。

关于学习外语的重要性，已经有无数人从很多个角度做了详尽的阐述，就连一些犄角旮旯里的原因都不曾放过。比如，有人说学习外语能帮助我们更好地理解母语，还是克服种族中心主义的有效途径，能提升对他国文化的兴趣。更有专家指出，掌握一门外语的人罹患老年痴呆症的几率明显比不会外语的人要低。恐怕大部分人把这一类的原因不太当回事，可是，以下三个方面的原因却与每一个大学生的前途息息相关：

第一，学习英语是应试的必要。考研时，英语是几乎所有的考生必考的科目，英语的分数不但决定了总分的高低，而且需要通过英语单科分数线才行。就算不考研，英语课的学分是必须修满的，不修满学分就拿不到毕业证；英语四级考试也是无法回避的，不过四级就很可能拿不到学位证。从1986年开始，绝大多数高校都选择将四级证和学位证挂钩。2005年，英语四级考试进行了较大改革，总分从原来的100分改为710分，而且不再划定统一的及格线，也不再颁发合格证书。此后，陆续有一些高校将英语四级和学位证脱钩了，但大多数高校直到现在依然保留着挂钩的做法。一些高校曾经脱钩了一两年，随后又改回去了，继续挂钩。原来我们班上的同学就有好一些因为没过四级而没有得到学位证。这几年来，陆续有一些学生因为学校没有给其颁发学位证而将学校告上了法庭，但是，都败诉了。

第二，学习英语是求职的必要。有很多用人单位在招聘的时候，尤其是招聘应届毕业生的时候，会比较注重应聘者的英语能力。就算对英语能力没有直接提出任何要求，也会要求应聘者有毕业证和学位证，而没有考过英语四级往往就拿不到学位证，所以，也就间接地要求应聘者通过英语四级考试。很多用人单位习惯性地要求应聘者具备英语四级以上水平，并不是因为那个职位客观上存在这样的要求，而是因为他们默认为英语四级都没有考过的人肯定没有认真读书，而没有认真读书的人也就不指望会认真工作。当然，并不是所有的用人单位都会做出这样的要求，也正是从这个意义上来说，英语并不是找到工作的必要条件。可我们却不能不承认，具备良好的英语能力往往意味着有更多的工作机会或者更大的发展空间。我原来在求职的过程中，相继得到过沃尔玛全球采购中心和一家合资保险公司总部的聘用。在应聘这两家公司的时候，面试官都用英语跟我进行了大约十分钟的对话。如果那十分钟不能让面试官满意，我是不可能得到录用的。

第三，学习英语是适应全球化社会的必要。当全球化的趋势越来越强烈，我们的学习、工作和生活都日益紧密地跟全世界联系在了一起。你不知道会在什么时候就突然需要用外语跟别人交流。我去孩子就读的幼儿园参加家长会，身边突然就冒出了几个外国家长；我刚登上飞机系上安全带，可能就有一个老外在我旁边的座位上坐了下来。当然，在这种情况就算不会外语也没有关系，大不了懒得搭理他们，或者索性在对方找你搭讪的时候抛出事先准备好的一句英语：This is China’s territory，please speak Chinese. 多酷啊！用5秒钟就把当年英法联军火烧圆明园的仇给报了。可是，当公司突然派你去国外参加培训，培训回来就能获得升职，你忍心把这大好的机会拱手送人么？或者突然来了个外国的客户，把生意谈下来就能获得颇为可观的奖金、提成，你还会想着去替慈禧太后出一口恶气么？

对于想在科学研究方面有所造诣的人来说，英语的重要性就更是不言自明了。南方科技大学采用英文原版教材，全英文授课，这一点被很多人理解为崇洋媚外。如果这是崇洋媚外，那西南联大就应该被第一个打倒，因为西南联大的很多课程就已经是用原版教材、全英语授课了。我们痛恨的是英语考试和极不科学的英语教学模式，而不应该排斥英语本身。当今世界上的主流技术文献都是英文的，而国内那些中文文献价值非常有限，充斥着大量毫无意义甚至是虚假捏造的信息。当别人通过主流文献一目十行地接收信息，你却在借助金山词霸冥思苦想某句话是什么意思，你就被别人远远地甩在后面了。

英语的重要性是有限的

当我把无数人阐述了无数次的这种重要性用短短的几段话又做了一番强调，你是不是恨不得立马把我这本书扔掉，抓起一本英语书就猛啃？且慢！“英语是重要的”还只是半句话，后面还有更重要的半句：“英语的重要性是有限的。”

为什么说英语的重要性是有限的呢？我们不妨从以下三个方面来解读。

大部分人在毕业以后接触英语的机会是有限的

虽然全球化的浪潮早已席卷中国大地，可是，一个客观的事实就是：中国绝大多数大学生在毕业以后很多年内，甚至是在整个职业生涯里，基本上都不需要用到英语，或者只需要用到一些非常简单的英语，哪怕是英语非常差的人，只要借助工具书或者互联网也足以应付。

我毕业以后唯一一次在工作中用到英语是刚到深圳那会儿做过一份兼职。当时，我每个月的工资在交完房租以后剩下来的部分只够勉强填饱肚子，如果不考虑房租，恩格尔系数就接近100%。为了早点儿攒到钱交清大学四年的学费好赎出毕业证和学位证，我自然而然地想到了去做兼职。我去了一家外语培训机构应聘英语口语老师，只有一个职位，而跟我竞争的人清一色是英语专业的毕业生，好几个还拿着专业八级的证书。幸运的是，在经过了几轮面试和试讲之后，我竟然获得了聘用。在此后的大半年当中，我每周就有四到六个小时以英语为职业，或者说，英语成了我当时谋生的手段之一。

除了这段经历以外，我在工作中用到英语的机会就实在少得可怜了。在一家IT公司上班的时候，几个上司都是外籍华人，一般都是说一口标准的广东普通话，用普通话不知道表达了才用粤语，用粤语还不知道怎么表达的时候才夹杂着几句英语。他们发给我的邮件倒是时常会通篇英文，而这些邮件不只是我能读懂，那些英语四级都没通过的同事也能读懂。

当然，或许有些人会说，我并没有在外贸之类的行业工作过，自然不需要跟外国人打交道，我工作过的公司没有一家是纯正的外企，英语自然不是公司的官方语言，不能因为我这种特殊的个案而否认了英语的重要性。诚然，我的经历并不能代表所有的大学毕业生，但是，至少也能代表大多数的大学毕业生。在所有的行业当中，像外贸、涉外旅游这样需要经常跟外国人打交道的只是很少的一部分；在所有的企业中，外企只是一小部分而已，以英语为主要交流工具的外企更是只占很小的比例。麦可思公司曾做过一项“中国2009届大学毕业生求职与工作能力调查”，结果显示，即使是在“211工程”院校，能够进入中外合资企业或者外商独资企业就业的毕业生也只有15%。这就意味着，其余85%的毕业生如果不是进入外贸之类的行业，在工作中基本上就不需要用到英语。如果是非“211工程”院校或者高职高专院校，这个比例还会更高。

即使是在外企，也未必就需要经常用到英语。我一个朋友在一家世界500强的欧洲企业里做培训师，他的英语水平非常高，托福、GRE和雅思都考了很高的分数，可是，英雄无用武之地，他的上司不是大陆人就是台湾人，不是中国人就是新加坡人，一年难得有几个欧洲佬跑过来，而他培训的学生就更是听不懂几句英语了。有一次谈到学习英语的重要性，我这个怀才不遇的朋友愤愤地说："早知是今天这个样子，我当初无论如何也不会花那么多精力用来学英语了。真要是闲得慌，我就学日语去。美国大片如果听不懂还能看字幕，倒是日本A片基本上都没字幕的，日语又听不懂，所以，什么苍井空啊，饭岛爱啊，小泽玛莉亚啊，她们的艺术精髓我都不能很好地领会。这么看来，学日语比学英语更实用。"

因为大多数人在毕业以后没什么机会用到英语，所以，就算在学校里学得很好，毕业一段时间以后也大打折扣了。语言能力可不同于骑自行车，会骑自行车的人就算十年八年不骑也忘不了，而硬着头皮掌握了一门语言之后如果长期不用，很容易荒废掉的。最近这几年我很少接触英语了，基本上已经忘了一大半，不但生僻的GRE词汇早已忘了个精光，就连一些常用的单词都想不起来了。有次跟孩子班上一个澳洲同学的爸爸聊天，竟然连quilt这个单词都想了好久。

对于大多数人来说，既然花大量的精力学好了英语也没什么机会派上用场（况且花了大量的精力也未必能学好），隔上几年不用又很容易忘掉，那又何苦把太多的时间都用在学习英语上面呢？为什么不去学习那些更有可能派上用场或者学会了以后不大容易忘掉的知识呢？对于一部分人来说，在大学期间刻苦钻研英语还不如去学习潘光旦先生翻译的伟大著作《性心理学》，因为后者学好了以后不大容易忘记，而且实用性明显更普遍一些——不管是男人还是女人，也不管是同性恋、人妖或者太监，都能从中受益。

用人单位对英语的重视程度是有限的

我读大学的时候，身边就有很多人说英语四级证、六级证和计算机一级证、二级证是毕业求职时的必备武器，如果没有这两种证书，求职就将寸步难行，直接被用人单位一票否决掉。时至今日，这种言论在大学生当中不但没有销声匿迹，反而甚嚣尘上变本加厉。因为很多人都这么说，三人成虎，这个观点便有了很高的权威性，几乎成了不证自明的公理。我们同学不但把四六级考试当成了非完成不可的政治任务，而且有好一些人去报考了计算机等级考试。可是，当我们真的去参加了招聘会，才发现事实上根本不是那么一回事。对英语水平做了明确要求的职位只占很少的一部分，大部分职位要求计算机等级证更是无稽之谈。对于绝大多数职位来说，能够比较熟练地操作电脑，说白了就是会使用Office的基本功能就足够了。那么，谣言究竟是怎么产生的？为什么那么多大学生会误以为英语和计算机的等级证无比重要？归根结底无非是四个字：以讹传讹。为什么我会相信这个？因为别人这么说。为什么别人会这么说？因为他听我这么说。

只有当员工在工作中需要用到英语，其英语能力直接影响到工作的开展，用人单位才会在招聘阶段对其英语水平提出明确的硬性要求。大致有这么三种情况：第一，以英语为常用交流工具的外企；第二，外向型的行业领域，比如外贸、船务、货代、涉外旅游，等等；第三，其他一些特殊情况，比如工作中需要操作一台进口设备，该设备所有的资料都是英语的，公司又舍不得花钱请外面的翻译公司把资料翻译成中文。除此之外，绝大多数职位并不需要用到英语，就算偶尔要用到一点，英语水平比较低的人也足以应付，所以，用人单位在招聘的时候就不会将英语作为考核的内容，至少不会因为英语水平不够而一票否决。

我曾经面试过很多家公司的很多个职位，只在两家外企面试的时候用英语做过问答，在别的公司，包括百事等一些外企，面试的时候压根儿没有涉及英语能力。后来我在招聘的时候也从来不看英语，有不少人并没有通过四级，但是具备其应聘职位所需要的核心竞争力，我都毫不犹豫地录用了。

我在前程无忧随机搜索了50个程序员职位，只有1家外企明确要求“英语四级以上，听说读写能力良好”；又搜索了50个人力资源类的职位和50个文案策划类的职位，竟然没有一个职位对英语能力提出任何要求。在平安证券2011年的校园招聘计划中，一共为应届毕业生提供了19个岗位，无论是深圳总部的岗位还是北京、上海的岗位，无论是管理类岗位、分析研究类岗位还是销售业务类岗位，没有一个对英语能力做出了明确的要求。有些职位的要求是非常苛刻的，要求硕士及以上学历，会计、法律、金融财经专业，还明确表示985高校优先，对于英语能力却只字未提。

当然，也有一些用人单位会故意拔高招聘要求，明明招聘的职位一个大专生就足以胜任，偏偏要招博士，明明该职位八百年用不到一个英语单词，仍然要求应聘者过英语六级。这种用人单位用两个字来形容就是：变态。用三个字来形容就是：很变态。幸亏这种用人单位并不是人才市场上的主流，事实上，这种一点都不务实的用人单位也不可能成为主流。如果你要从事的工作并不需要用到英语，那又何必因为少数变态的用人单位而投其所好呢？就算进了这样的企业又能获得多大的发展空间呢？

英语水平是可以在短期内大幅度提高的

有些人或许会这么想：就算我刚毕业的时候所要从事的工作不需要用到英

语，用人单位也不会在这方面提出太高的要求，可随着全球化的趋势不断加剧，以后说不准什么时候就需要用到英语了。比如公司越做越大，冲出亚洲走向全球，员工需要经常跟洋鬼子打交道了，说不准还被长期派驻海外了，总不能等到那个时候再干着急吧？英语能力可是冰冻三尺非一日之寒，离不开长年累月的刻苦学习，等到兵临城下再临阵磨枪就晚了。与其到时候眼睁睁看着大好的发展机会被别人抢走，还不如现在未雨绸缪，在大学期间就把英语学好。

这种想法看似非常合理，其实犯了三点错误：第一，工作一段时间以后突然要用到英语的概率是很低的，还不如用这个精力去学那些概率更高的东西；第二，就算大学期间学好了英语，毕业后隔上几年不用，差不多也退给学校了；第三，只要方法得当，英语能力是可以在短期内得到大幅度提高的，等到时候真要派驻国外了再亡羊补牢还真犹未晚矣。前面谈了第一点和第二点，现在来谈谈第三点。

很多人从小学开始学英语，一直到博士毕业，学了整整22年，可是让他看美国电影仍然听不懂对白，跟老外交流仍然支支吾吾像个口吃。那是不是说英语真的那么难学呢？我一个朋友的经历足以回答这个问题。这个朋友毕业于广西师范大学，大学期间英语学得并不怎么样，勉强过了四级而已。毕业以后在广州换了好几份工作，最后在一家电子公司做采购员。期间，老板出于对她的赏识，让她负责国外几个地区的采购，需要经常出差到印度、以色列、俄罗斯等国家。不懂外语肯定不行了，而她本来就很有限的英语早已倒退到高中甚至初中时的水平，更不用说俄语、希伯来语了。老板赶紧掏钱送她到一个语言学校封闭式培训英语，三个月下来，竟然可以用英语比较流利地跟老外交流了，应付工作已经绰绰有余。她曾跟我说：“原来读书的时候看到英语就头疼，背单词背得暗无天日，做模拟题做得日月无光，临近毕业了才好不容易考过了四级，当时真是如释重负，发誓从此要跟英语恩断义绝。现在才明白不是英语难学，而是我们的学习方法有问题。只要找对方法，几个月的时间就足够啦！”

据美国驻外领事处估计，其工作人员经过240个课时的外语培训之后，往往能够就某一个熟悉的话题轻松地展开对话。如果每天坚持学习8个小时，也就只需要一个月的时间。当然，不是每个人都像美国的外交人员一样天资聪颖，可是，再怎么着也不至于别人一个月能学会的东西我们需要几十年呀！就算乘以3倍，也只要一个季度；就算乘以6倍，也只要半年。如果全球化浪潮真让我们从将来的某个时候开始脱离了英语就没法正常地工作和生活，也完全可以等到了那个时候再补课呀，何必现在就把时间都浪费在这种还不确定的预期上面呢？

英语到底应该怎么学?

可悲的全民学英语

有这么一个笑话：一位中国留学生在国外的高速公路出了车祸，连人带车翻下悬崖，美国交警救援队赶到后朝悬崖下面喊道："How are you？"留学生答："I' m fine，thank you！"然后，交警走了，留学生死了。

这个笑话对中国失败的英语教育来了个一针见血的讽刺。为什么会这么失败呢？是因为我们不够重视吗？不是！可以毫不夸张地说，中国人对于英语的重视程度已经到了走火入魔丧心病狂的程度。我有个朋友最初是个出版商，一直做得比较艰难，后来茅塞顿开，改行开少儿英语培训班，一下子就赚得盆满钵满。他有一个所谓的精品班，请外教给三四岁的孩子教英语，短短两个月的课程，收费一万多，竟然很多家长排着队来报名。我见过很多幼儿园的家长不关心孩子的心智是否健康，对早期阅读也不闻不问，至于《弟子规》《三字经》更是不屑一顾，唯独对英语情有独钟，似乎一学好英语就拿到了哈佛耶鲁牛津剑桥的学位。可悲的是，我们的学生学了一二十年的英语以后偏偏就是不会说英语，大学毕业找工作的时候看到面试官是个老外就吓得打哆嗦。

民国时期，我们国家的英语教育本来是非常成功的。当时很多大学用的教材都是英文版的，外教讲授专业课也是用英语，学生都能听懂。那时的中国战火纷飞，"偌大一个中国竟然容不下一张安静的书桌"，学生的温饱都难以解决，怎么可能在三四岁就去报名参加英语培训班？又哪里有什么文曲星电子词典和步步高点读机？可就是冒出了西南联大这样一所世界一流大学，也冒出了钱钟书、林语堂等一大批学贯中西的世界级大师。鲁迅、徐志摩、胡适等人都不是从小开始学英语的，可是都成了出色的翻译家。钱伟长18岁报考清华的时候英语成绩是0分，他后来用英语写的论文却能让爱因斯坦感叹道："这位中国青年解决了困扰我多年的问题。"然而，这些优良的传统、宝贵的经验都被我们弄丢了。全民学英语却没几个人能学好英语，这不能不说是一种失败透顶的教育。浙江大学的郑强教授在一次演讲中言辞尖锐地谈到了中国高校的诸多弊端，其中有一段便是关于全民学英语的：

我认为：语言、计算机就是工具。中国的外语教授讲英语还不如美国卖菜的农民，怎么看待这个问题呢？日本博士、德国教授说不出英语的多的是，我们怎么能说一个人不会说英语就是文盲呢？语言就是一个工具！没有那个环境，他怎么能讲这个语言呢？如果我是教育部长，我一定要取消六级考试。一个研究生连中文一级都不及格，英文考六级干什么？研究生写的论文语句不通错字连篇，自己民族的文化都没有学好，天天就只知道考英语。他们的托福、GRE能考出很高的分，可哪个写的英文论文在我面前过得了关呢？自己搞的专业一点都没学好，这样的人能干什么呢？说不会计算机就是文盲，这又是一个误区。我现在是教授，我顾不上搞计算机！

蔡国强是近几年在国际艺坛上最受瞩目的中国人之一，他虽然定居纽约，可是不学英语、不玩电脑、不会开车，由他家人和秘书替他办事，他只管创作。所以，陈丹青对“不学英语学什么西方艺术”这句话做了这样的评价：这是对“外语”、“西方”和“艺术”的三重无知。然而，还将有多少年轻学子将要成为这种无知的牺牲品？

就好比高房价绑架了年轻人的梦想，英语四六级考试绑架了大学生的青春。对于大多数大学生来说，每天花上几个小时用来学英语绝对是一件极不明智的事情。那是不是可以把英语完全放弃呢？是不是学习英语的时间越少就越好呢？当然不是。究竟要花多少精力在英语上？这是需要分情况讨论的。如果毕业以后将要从事的工作需要经常用到英语，那就应该尽可能学得好一些，不但要通过四六级考试，还要切实提高听说读写各个方面的应用能力；如果将来的工作对英语能力的要求并不高，那就犯不着花太多精力在英语上了。当然，从现实的角度来看，尽可能不要突破这么两个底线：第一，要通过期末考试，修满学分，要不然拿不到毕业证的；第二，要尽可能通过四级考试，要不然拿不到学位证，对以后的发展多多少少会有些影响。

无论是这两种情况中的哪一种，都不可避免地面临着这样一个问题：如何才能用尽量少的时间把英语学得尽可能好？一个英语基础本来就不怎么好的大学生如果每天花上几个小时背单词、做模拟试题，最后好不容易修满了英语课的学分并通过了四级考试，其精神固然可嘉，可如果学英语占用了很多本该用于学习专业课或者参加社会实践的时间，是不是太可惜了呢？

关于如何提高英语学习的效率，我并非英语教育专家，说不出一套一套的理论，但也不妨结合我自己学习英语的经历来谈谈一些心得，主要是谈谈在我看来中国人学英语最容易陷入的几个误区。读书的时候，我的英语成绩不算特别拔尖，跟高中一位考入北外的同学比起来，实在逊色不少，不过从高考到四六级再到考研，我的英语分数都比较高。至于应用能力，既然刚毕业那会儿能够PK掉过了专八的英语专业毕业生，多少也还能有点儿自信。

误区一：死抠语法

要探讨怎么学英语，不妨先来回顾一下我们小时候是怎么学汉语的。从咿呀学语开始，我们是怎么一步步学会用汉语表达、交流的呢？途径只有一个，那就是模仿。大人教我们怎么说，我们就跟着说，从简单的“爸爸”、“妈妈”到简短的句子再到复杂的句子，都是模仿来的。当时有人教我们语法吗？有人教我们修辞吗？没有！可能很多人直到大学毕业都还分不清汉语里面的介词、连词、助词，可这并不妨碍他说一口纯正的汉语呀。如果我们刚开始学说话就整天研究什么叫做偏正短语、介宾短语，可能我们一辈子也学不好汉语。而我们学英语的时候却偏偏要反其道而行之，过于注重语法，陷入语法的泥淖里纠缠不清。

我一个朋友在美国一家大型服装公司做人力资源，他刚毕业的时候英语很一般，跟同事用英语交流的时候因为老是听不懂，“I beg your pardon”几乎成了他的口头禅。可是，几个月下来，他的英语水平突飞猛进，不但写英语邮件不用翻字典了，而且跟老外在会议上用英语激烈地争论也丝毫不占下风了。他现在说英语的时候俨然就像是个老外，可我一跟他说语法，他就云里雾里了，连什么叫做虚拟语气都搞不清，更不用说什么过去将来完成进行时。他说：“我又不是要做语言学研究，我只要知道如何表达我想要表达的意思就行了呀，至于我说出来的句子在语法上叫做什么，我何必知道呢？”

所以，我认为学习任何一种语言的时候都不应该过于注重语法，而我们从初一刚开始接触英语开始，就已经在犯这个错误了。每次考试结束以后，老师在讲解试卷的时候，每道题都要从语法的角度做一番非常充分的解释。假如有这么一道选择题：

If only I ______ a bird.

A.am B.was C.were D.be

老师在解释这道题目的时候，一定会说一大堆关于虚拟语气的语法，一会儿说与过去事实相反，一会儿又说与将来事实相反，一会儿是过去完成时，一会儿是should＋动词原形，等到把你绕晕了才告诉你这道题目的答案是C。其实，哪有那么复杂呢？理由很简单呀！这句话之所以要用were而不是别的单词，无非是因为外国人都是这么说的！

语言不过是一种约定俗成的习惯，我们学英语的目的无非是用英语去跟英国人、美国人交流，而不是去给他们当语言学老师。“用灭火器救火。”这句话没有问题吧？可是，我一个外国朋友就弄不明白了：用消灭火的器材去拯救火，那到底是要把火消灭呢，还是救活呢？我向他解释道：“灭火就是救火，救火就是灭火，都是把火扑灭的意思。”他更加糊涂了，继续问道：“那救人是不是灭人？救国是不是灭国？”我是事后翻阅《王力古汉语字典》才知道“救”最初就是“阻止”之意的，当时自然被他问得无言以对。我想绝大多数中国人都不能很好地解释这个问题，可这并不妨碍我们说一口流利的汉语啊。所以，当我们去学别人的语言，又何必老是纠缠于语法呢？

误区二：死背单词

我读书的时候，经常在自习室里看到很多人是这么背单词的：一边在草稿纸上不停地重复书写某个单词，一边轻声地念着，先一个字母一个字母地念，再念单词，再念那个单词相对应的汉语意思，周而复始，颇有节奏，就像是寺庙里的方丈一边敲打木鱼一边念着佛经，很是滑稽。比如背armpit这个单词，就一边在草稿纸上反反复复地写，一边念着：a–r–m–p–i–t，armpit，腋窝；a–r–m–p–i–t，armpit，腋窝……

如果是这么机械地死记硬背，自习就实在没什么意义了，还不如天天看电影呢，不但低碳环保，不用浪费草稿纸，还能多记住几个单词。即使是憨豆那种智商的人在看了《Brave Heart》之后，也总能记住freedom是什么意思吧？要不然Mel Gibson会死不瞑目的。

对于绝大多数单词而言，只要你知道怎么读，也就知道怎么写了，压根儿犯不着一个字母一个字母地背，更不需要在草稿纸上一遍又一遍地写。比如，我刚进大学的时候，没有浪费任何纸和墨就轻而易举地记住了由17个字母组成的单词：conversationalist。这个单词如果要一遍又一遍地念字母，估计几个回合下来就大脑缺氧了，可如果知道了发音，根据每一个音节的发音来拼写，实在是非常简单的事情。这个单词的第一个音节是[kɔn]，拼写出来就是con；第二个音节是[və]，拼写出来就是ver……依此类推，再长的单词只要知道发音就能轻轻松松地写出来。个别特殊的单词才需要单独记忆，比如rhinoceros（字母h不发音）、climb（字母b不发音）。

通过死记硬背来记住每个单词的意思同样是不可取的。每个单词都要放到某个特定的语境中扮演特定的角色才有意义，脱离了这个角色来死记硬背注定会事倍功半。这一点我是在上初中的时候弄明白的。有一天，我走在校外的一条巷子里，迎面走来了一个人，我一眼就认出她是食堂里新来的阿姨，尽管我还只在她那里打过两次饭而已。我叫了声“阿姨好”，她却不知所措，显然，她是不可能认识我的。为什么我能认出她呢？因为她是以一个食堂阿姨的角色出现在我的生活里的，而我一天下来也就接触两三个食堂的阿姨，这两三个人相对于我接触到的其他人而言，身份是特殊的，自然就很容易记住了。而每天在她那个窗口打饭的学生数百上千，每个人在她的生活里所扮演的角色都是一样的，自然就很难记住。如果把这个道理应用到记英语单词上面，我们就不难明白，如果要想比较牢地记住一个单词的意思，就应该把这个单词放到一个句子、一篇文章里面扮演特定的角色。如果记住了一个句子，自然也就记住了句子中的每个单词分别是怎么应用的。相反，如果是把一个单词跟很多陌生的单词放到一起死记硬背，就相当于是让食堂的那个阿姨去记住每个来打饭的人，效果自然不佳。

所以，背单词最好的办法就是背句子、背课文。一个长长的句子里面可能只有一个单词或者一个短语是不知道的，这个单词就相当于食堂里那个新来的阿姨，别的单词就相当于跟你一起排队的同学。没有了这些同学，也就没有了食堂的那个环境，卖饭的阿姨也就无从扮演她的角色。就好比让这个阿姨与另外几个人站在一起，每个人的长相类似，穿着打扮也差不多，我告诉你这个人是食堂的阿姨，那个人是位历史老师，接下来几个分别是保卫处的领导、门口商店的老板和锅炉房的师傅。你能马上记下来并且记得很牢么？如果不能，那就跟我一起背句子吧。

大一的时候，我为了记住claim这个单词，背了很长的一句话：Suppose the first person who express love through roses claim the copyright for it, he would be able to make a hell of a lot of money.（如果第一个用玫瑰花表达爱情的人为此申请了版权，他将拥有万贯家财。）当时背得滚瓜烂熟，以至于时至今日，我还能以非常快的语速脱口而出。当然，这句话的价值远远不只是可以让我们记住claim这一个单词的意思，它还能让我们记住copyright、hell等多个单词的含义以及a hell of a lot of money这个修辞性的短语，并且有助于我们熟练地运用虚拟语气。你瞧，词汇量和语法的问题都通过背句子解决了，口语和听力也能同时得到提升。正因为背一句话的价值不只是记一个单词那么简单，学英语就变得简单了。只要你能够熟练地脱口而出几千个，甚至只要几百个句子，你就完全可以跑到美国去畅通无阻地跟人交流。

或许有些人会质疑了：每个单词在任何一个句子中的意思都是特定的，而这个单词可能有好几个意思，如果通过背句子来背单词，那只能记住这个单词的一个意思呀。这一点我丝毫都不否认，可是，我们再想想自己小时候学汉语的经历，就什么都明白了。我们最初学会“单”这个字，可能就只是“单独”、“孤单”的意思，后来才逐渐地知道这个字原来还有“单数”、“单据”、“单纯”、“床单”等多种用法；再后来学历史了，才知道这个字是多音字，在“单于”里读成chán；再后来，当我们直接或间接地遇到了姓单的人，才知道这个字是可以做姓氏的，读成shàn。如果我们在很小的时候第一次接触到这个字，父母就把所有的这些意思一股脑地告诉我们，谁记得住呢？

还有些人可能会提出这样的质疑：通过背句子来记单词是掌握得比较牢，可词汇量上不去呀！毕竟我们学英语的时间是有限的，总不能每天24小时都在背句子。这种担心似乎有些道理，可如果你不是为了应付GRE之类的考试，而只是为了拿下简单的四六级并且满足日常的英语交流之需，你要那么大的词汇量做什么？汉字有九万多个，其中常用的也就七千个左右，其余的很多字我们一辈子都见不到。“曩”、“穰”、“墒”、“毹”、“氍”……这些字恐怕很多人都不认识吧？可这并不妨碍我们用汉语跟别人畅通无阻地交流。既然如此，我们学英语的时候又何必钻进词汇量的死胡同里面呢？我们有很多大学生的词汇量达到了六七千甚至一两万，却连最简单的日常交流都不会；国外一个四五岁的孩子会说的单词应该也就几百个，他们却能流利地表达。这难道不值得我们在学习英语的时候好好反思吗？

误区三：聋子英语，哑巴英语

很久以前，我曾产生过一个疑问：为什么有很多先天性的聋哑人，却没有先天性只聋不哑的人？难道耳朵没有发育好就必然导致声带也残疾了吗？后来我才明白，如果一个人一生下来就听不到任何声音，他是不可能学会说话的。说话都是通过模仿学来的，模仿的前提是要有模仿的对象。如果压根儿听不到别人说话，也就没有模仿的对象了。这其实是个很简单的道理，可我们在学英语的过程中却往往视而不见。很多人学英语就是坐在自习室里看书、做题、背单词，既不听英语广播，又不听英语磁带，更不用英语与人交流，这种闭门造车的方式又怎么可能学会英语呢？

我一个朋友到广州工作了短短一个月就学会说粤语了，这让我感到非常吃惊。我在广东生活了好几年，别说开口说粤语，就是听都难得听懂几句。我在深圳很少接触粤语，他在广州的外企里面上班，应该也不会有太多的机会。我特地跑去广州跟他形影不离地呆了一天，总算弄明白了其中的诀窍。他并没有买任何学粤语的资料，也没有参加任何培训，但是不放过每一个模仿的机会。看电视的时候，如果是看粤语频道，电视里每说一句话，他就赶紧跟着说一句；在外面走路的时候，就算听到两个陌生人在用粤语对话，他也会把听到的内容低声地模仿一遍；去餐馆吃饭的时候，服务员用粤语问他，他就用粤语应答，虽然不太地道，他也不怕被人笑话——事实上也不会有人笑话。我们学英语的时候如果也能做到这样，哪里还会被区区一个四级考试所困扰呢？

当然，有些人会说我们缺乏那样的语言环境，也就没有多少可以模仿的对象了。其实，并不是去餐厅吃饭都要跟服务员用英语对话才算是有英语环境，可以模仿的对象其实太多了，只是我们不愿意模仿。听英语广播、听英语磁带是不是可以模仿呢？看美国大片是不是可以模仿呢？我读大学的时候很认真地模仿了两套磁带，其一是电影《Brave Heart》的配音，其二是《新概念英语》的配套磁带。起初是一句一句地跟读，后来就可以跟磁带同步了，类似于唱卡拉OK。毕业后我找兼职时之所以能够去英语培训机构当口语老师，基本上就是靠这两套磁带打下的功底。

学语言最重要的就是培养语感，而语感不是死记硬背出来的，而是听出来的、说出来的。要想学好英语，就必须多听、多说。脸皮要厚一点，不要害怕因为说得不好而被人嘲笑。不敢开口才是真正值得嘲笑的。中国人学英语往往过于注重发音的标准，生怕把[θ]发成[s]、把[ŋ]发成[n]，人家外国人就听不懂了。想想外国人说中文的样子吧！他们的发音就算完全不靠谱，我们不也能听懂吗？中文的发音是非常复杂的，“教师”和“教室”只有一个音调的不同，含义却相去甚远。英语却不会产生这样的问题。全世界经常说英语的人当中，有80%的人发音不标准。如果因为过于追求发音的标准而不能大胆地说出来，实在是因小失大了。我儿子刚学说话的时候，总是把“姑姑”说成了“啾啾”，后来好不容易才纠正过来的。如果当初因为他发音不准确就不许他说话了，估计一辈子只能做个哑巴了吧？

我的母校有不少外国留学生，其中很多人是拖家带口来留学的。有次我在学校里看到一个黑人小孩和几个中国孩子一起玩，从他们身边走过的时候，突然听到那个黑人小孩指着另一个孩子说了句地道的长沙话：“你咯杂鳖真是稀下滴！”（翻译成普通话就是：“你这个家伙实在是太龌龊了！”）那场景让我错愕不已忍俊不禁。这个黑人小孩已在长沙生活的时间肯定不会太久，认识的汉字估计也没几个，更不可能知道什么汉语的语法，为什么就会说长沙话了呢？无非是因为经常和长沙的孩子一起玩，模仿他们说话，熟能生巧，渐渐也就会了。比英语难学十万倍的长沙话都能通过多听、多说而学会，遑论英语？

学英语需要多听、多说，那是不是应该尽可能多地去英语角呢？关于这一点，我是持保留意见的。我不认为中国大学里的英语角是个学英语的好地方，因为英语角大部分人的英语并不怎么好。跑过步的人都知道，跟比自己跑得快的人一起跑，自己也会跑得快一些，而跟比自己跑得慢的人一起跑，就会跑得慢一些。所以，为了避免交叉感染，最好不要去英语角被别人同化，除非你是去那个美女云集的地方另有所图。当你第一次说出“Good good study，day day up”、“We are brothers，who and who”、“Give you some color to see see”之类的中国式英语时，心里肯定会没底，但如果你说出来别人都听得懂，而且你在英语角也经常听别人这么说，你就会觉得这是世界上最纯正的英语了。

如果有条件，不妨跟学校的留学生交朋友，互相学习对方的母语，还可以多了解一些外国的文化。我一个师姐大学期间跟学校的不少留学生关系相当不错，她从那些美国人、欧洲人或西亚人身上学到了不少东西。毕业时她去一家大型的外贸公司应聘，凭着一口流利的英语和对外国文化的深入了解，击败了很多英语专业和国际贸易专业的毕业生。我一个读者经常利用周末和假期的时间去旅游景点给外国人当导游，最初是免费的，后来英语能力提高了，自信心充足了，就适当收取一些费用。这也不失为学英语的一种有效途径。

还可以经常就某一个话题用英语发表看法。比如，学校新出来了一项规定，你就想象有个校电视台的记者正拿着话筒在采访你，你在不拟草稿，甚至不打腹稿的情况下，尽可能流利地发表几分钟的看法。不能在心里默读，一定要大声地说出来，就像是真的在接受采访一样——尽管你的面前并没有摄像机，而只有一堵墙壁。然后把刚才所说的写下来，字斟句酌，反复推敲。这不但能够提高口语，还能提高快速作文的能力。

另外，还有一个学英语的小技巧是我曾经尝试过的。我会找一些英语句子翻译成汉语，第二天再把这些汉语翻译成英语，看看我翻译出来的英语和原句有什么不同。反复练习一段时间以后，翻译的能力会得到很明显的提升，说出来的英语会很地道了，而不会受到汉语表达习惯的影响。

大学生“考证热”的冷思考

覃老师：

您好！我是一名大三的学生，就读于北京理工大学珠海学院市场营销专业。您写的《读大学，究竟读什么》给了我很多启发，但我还是有一些迷茫的地方。

虽然我的学校是一所二本院校（在外省来说，相当于是三本吧），但是我从来都没有妄自菲薄，从来都不觉得自己比其他重点大学的学生差，我仍然通过不懈的努力在每学期都取得了较好的成绩，获得了几次一等奖学金。但是，我们学校只有短短几年的历史，而且我的专业是前无古人的，也就是说我是第一届的！因为没有师兄师姐，所以很多时候我们都不清楚毕业以后究竟是做什么的。虽然我的在校成绩不错，但是每当一考完试，我就差不多忘得一干二净了。因为我们是第一届，学校没有这个专业的办学经验，不懂得如何培养我们。正如您所说的，有些老师唯一的本事就是误人子弟。师资力量和教学质量根本就不能与我们昂贵的学费相匹配。

为了弥补这方面的缺憾，我想多考一些证书来增加自身的竞争力。您在书中也提到了“考证热”的现象，如今，这种现象在大学里越来越普遍，我也根据自己的需要考了一些证书。目前只拿了英语四级证书，会计从业证考完电算化就可以拿证书了。去年考了六级，24号公布了成绩，差十来分没过，我会继续努力的。今年还报了计算机二级Access。我想问，在您这么多年的工作中，Marketing这个专业需要哪些证书呢？我不想白白地浪费时间。我在网上看了一些，几乎都需要三年左右的工作经验才能考的。

期待您的回信！

着急的小杨

小杨：

你好！你不但对自己所处的环境有非常清醒的认识，而且有着不懈努力、积极进取的精神，这是非常难得的。这种精神让我深为感动，也足以让我相信你正走在通往成功的道路上。不过，选择比努力更重要，如果方向错了，越是努力就越容易南辕北辙。你想通过多考一些证书来弥补学校软硬件不足的缺憾，这个出发点是对的，但如果病急乱投医，到头来只会出现你不愿看到的结局：白白浪费了很多时间。

“考证热”的现象正在全国各地的高校愈演愈烈。英语四六级证书和计算机等级证书越来越满足不了大学生的胃口了，教师资格证、普通话等级证、秘书资格证、会计证、驾驶证、法律职业资格证、商务英语证、报关员证、报检员证、物流师资格证、项目管理师证，以及一些只有专业内人士才能知道的证书，都有学生在为之奋斗。

俗话说，艺多不压身。很多人便基于这种最简单的理由想方设法多考一些证，觉得多一个证书只会有好处，不会有坏处。可事实上呢？一定有坏处，未必有好处！

“一定有坏处”当然很好理解，因为考任何一个证书都需要投入时间和金钱的双重成本。对于大学生来说，青春苦短，韶华易逝，时间是最宝贵的稀缺资源，而每考一个证书都不是一朝一夕能够解决的事，少则投入一两个月，多则投入一两年。同时，绝大多数大学生没有收入来源，钱都是父母给的，可支配的钱财非常有限，而每考一个证书的报名费、资料费、培训费加起来都不是一笔很小的数目。

当然，有坏处并不可怕，怕的是不能用坏处换来足够的好处。接下来就谈谈“未必有好处”。当你在求职的时候，一个证书要想起到作用，需要具备这么两个条件：第一，它能够证明你确实具备某方面的能力；第二，这种能力对你所应聘的工作是有帮助的。证书是不是一定能够证明你具备某种能力呢？恐怕未必如此。在用人单位看来，你获得了某个证书只能证明你通过了相关考试，而应试的能力不等于工作的能力。是不是拿到了秘书资格证的人就一定懂得怎么做秘书？是不是拿到了市场营销师证就一定能够做出漂亮的营销方案？恐怕谁也不敢做出肯定的回答。正因为用人单位不会盲目地把证书当回事，所以才有了这么一句话：我用一麻袋的钱上大学，换来了一麻袋的证书；毕业了，我想用这一麻袋的证书去换钱，却发现连一个麻袋都买不起。

据宁波大学对102家企事业单位的调查显示，70%的企业主管表示，不少大学生证书虽多，但对专业知识的掌握和对综合能力的培养不够重视，有舍本逐末之嫌；70%被访者希望大学生具备实践应用能力，而真正看重证书的企业却不到8%。调查证明，真正的好公司是不会特别看重这些证书的。职业资格证只能表明通过了相关的考试，但大学生却并不一定有与证书相匹配的能力。

就算证书足以证明你具备相应的能力，如果这种能力并不是你所应聘的工作所需要的，那这个证书的价值也等于零。如果一个人拿着医师执业资格证去应聘房地产策划师，或者拿着物流师资格证去应聘软件工程师，这不是很荒谬么？而你或许也在做一些荒谬的事情。看完你的来信，我只知道你的专业是市场营销，不知道你究竟想要从事哪方面的工作。如果你准备毕业以后去应聘市场营销方面的工作，那么，你现在考会计证、计算机二级Access都是毫无意义的。当你把这两个证书拿给用人单位看，你会立马明白网友发明的一个真理：神马都是浮云。公司会有专门的会计去做财务方面的工作，有专门的程序员去做数据库方面的工作，不需要你这个市场营销人员去做账或者编程。相反，当你拿着这两个证书给用人单位看的时候，用人单位只会觉得你大学期间把精力都用来应付杂七杂八的考试、学习跟工作毫无关系的东西了，又或者觉得你本来是准备去做会计或者IT方面的工作，只是没有应聘上，所以退而求其次来应聘市场营销方面的工作。不管哪一种想法，都会让你的面试扣分的。

到底要不要考证？究竟考什么证？这个问题没有固定的标准答案。你需要先做好职业规划，想清楚你毕业以后究竟要从事什么方面的工作。如果获得某个证书是从事这项工作的必要条件（主要集中在医疗、教育、工程、技术类的岗位），那就必须把这个证书考下来，比如，想做律师的人需要通过司法考试获得法律职业资格证，想做报关员的人也需要获得报关员资格证。如果你想要做的工作对证书并没有提出明确的要求，比如市场营销、广告文案等方面的工作，就完全没有必要浪费时间、精力和钱财用于考证了，更不能盲目地参加一些跟职业规划完全不搭界的考试。如果你要从事市场营销方面的工作，为什么不用报考会计证、计算机二级Access的时间多看看市场营销方面的书籍、杂志，或者参加一些营销方面的社会实践呢？

希望着急的小杨看完这封回信以后变成淡定的小杨。

覃彪喜

我爸非李刚，前途在何方
——平民阶层的大学之路

将军的儿子能成为元帅吗？不能，因为元帅都有儿子……输在起跑线并不可怕，可怕的是在起跑线上就认输了……贫困生不等于贫困一生……大部分女生将电脑当成了影碟机，大部分男生将电脑当成了游戏机……不是所有的执著都有结果，不是所有的坚持都是美德……我们不是有钱人的后代，但我们可以做有钱人的祖宗……

2010年10月16日晚，一辆黑色迈腾轿车在河北大学校区内撞倒两名女生，一死一伤。司机不但没有停车，反而继续去校内宿舍楼送女友。返回途中被学生和保安拦下之后，该肇事者丝毫没有关心伤者，反而嚣张地高喊："有本事你们告去，我爸是李刚！"后经证实，该男子名为李启铭，父亲李刚是保定市某公安分局副局长。此事迅速成为网友和媒体热议的焦点，"我爸是李刚"也迅速成为网络最火的流行语。

随后，另一句话也很快流行开来：恨爹不成刚。这短短五个字把阶层固化这一社会问题暴露无遗。正如中国劳动学会副会长苏海南所说："近几年社会底层特别是农民以及农民工家庭的子女，通过教育实现向上流动的动力越来越小，成本越来越高，渠道有变窄的趋势。"早在2004年，中国社科院的《当代中国社会流动》调查报告中就指出：干部子女成为干部的机会是非干部子女的2.1倍多。2010年9月，《人民日报》发表了长篇通讯《社会底层人群向上流动面临困难》，感叹贫富差距加大的趋势日趋严重，阶层固化所导致的严峻社会现实已经摆在我们面前，再不可漠视。

前苏联有这样一个笑话——问："将军的儿子能成为元帅吗？"答："不能，因为元帅都有儿子。"这个笑话似乎正成为我们眼前的现实。当年轻人之间比拼的结果不再取决于他们的个人奋斗，而是取决于父辈拥有的社会资本，平民阶层的子女在这个"拼爹游戏"中成了不折不扣的弱势群体，他们在起跑线上就已经输了。摆在他们面前的是"三难"：考大学难，读大学难，大学毕业以后更难。在这样一种社会背景下，读书到底还有没有用？平民阶层还应不应该寄希望于通过高等教育来改变命运？如果能，又该如何报考大学？又该如何完成学业？毕业之后又该如何在并不那么通畅的管道里寻找机会流动到社会上层？

读书还能不能改变命运？

2004年，全国各高校发放的录取通知书共428万张，但最后报到的只有382万人，有46万人收到大学录取通知书后选择了放弃。2005年，仅湖北一个省就有2800名高校学子退学，其中包括硕士生和博士生。2009年，全国高考弃考人数达84万，到2010年更是达到了近百万。

考上大学，成为别人眼中的天之骄子，曾经是一件多么光宗耀祖的事情！可为什么现在会有这么多人放弃高考，甚至考上了大学却放弃学业？原因固然是多方面的，有些人是因为想出国留学，有些人是学校为了提高高考升学率而将其劝退了，然而，最主要的原因却只有一个：高等教育已经让很多人看不到希望，他们不再相信读书可以改变命运了。

教育破产的救济方法还是教育

从某种意义上来说，当教育不再让人看到改变命运的希望，当要不要读大学都已经成为一个问题，这就标志着教育的破产。教育破产之后，平民阶层的孩子又该何去何从？1934年，胡适写了一篇文章，那篇文章的标题可以用来回答这个问题：教育破产的救济方法还是教育。

陆续有过很多高中生给我发来邮件，其中很多人想放弃学业，提前去打工。原因无非是家庭条件不是很好，就算考上了大学也读不起，加上现在大学生的就业形势如此严峻，就算读完了大学也未必能够找到工作，就算找到了工作，工资说不准还没有农民工的高，那还不如早一点去挣钱，给父母减轻点负担。回复这样的邮件是极其困难的。我既不能为他们提供大学四年的学费，又不能给他们大学毕业一定能够找到工作的承诺。然而，我还是会极力地劝他们去参加高考，去读完大学。原因其实很简单：放弃高考比参加高考更难改变命运，所以，两害相权取其轻。

在改革开放的初期，市场经济刚刚起步，可谓遍地是黄金，只要肯干、敢闯，就算没读什么书也很容易发家致富。据说上世纪80年代深圳有很多人光是靠捡垃圾、收废品，一年都能赚几十万。现在深圳很多著名的企业家就是在那个时候靠做一些简单的生意实现资本原始积累的，他们不过是小学、初中文化，如今却有大批北大、清华甚至哈佛、耶鲁的毕业生给他们打工。改变他们命运的确实不是读书，可是，那个时代已经一去不复返了。现在的年轻人中，除了韩寒、李想等极少数人以外，又有几个能够绕开高等教育而实现成功呢？在这个连研究生都很难找到满意工作的年代，一个高中肄业生又能找到多好的工作呢？放弃高考确实可以提前几年挣钱，可无非是到工地打水泥、扎钢筋，或者进厂当流水线工人，又或者学门手艺，当个厨师、理发师、装修工什么的。我不是瞧不起这些工作，也不是说这些工作的工资一定很低，几年前给我们家装修的工人每个月收入都有五六千，比很多大学毕业生强多了，可是，他们几个无一例外希望自己的孩子将来能够从事更加体面的工作，而不是跟他们一样在社会底层靠卖苦力讨生活。

当然，不是每个人放弃高考之后都会从事上述工作，有些给我发来邮件的人就明确表示想放弃高考出来创业。高中都没毕业的能不能创业呢？当然能。我认识的好一些开玩具厂的，或者做烟酒经销商的，都是些不折不扣的文盲。可是，一个赤手空拳、毫无背景的年轻人想要做这样的生意又谈何容易！更何况随着产业不断升级，低附加值的产业形态不断被淘汰，没有知识作为基础的创业必然会遇到越来越大的阻碍。

对于平民阶层的孩子来说，不读大学几乎意味着彻底失去了改变命运的机会，而读大学虽然不一定能够改变命运，但至少还存在这样一种可能。社会流动的通道确实是越来越窄了，可是，变窄不等于彻底堵死，只是平民阶层要通过这个管道“鲤鱼跳龙门”的话，需要付出比以前更大的成本、更多的努力。

我们大学班上的同学绝大多数来自全国各地的农村，就算不是农村的，父母也无非是城里无钱无势的平民。在一些热门专业的班级，情况则截然不同，这个是某市市长的公子，那个又是某集团老总的千金。毕业以后，这些官二代、富二代自然不用考虑找工作之类的小事，而且很容易就干得风生水起，一会儿听说这个当了局长，一会儿又听说那个开了公司。相比之下，我们班上这些农家子弟的奋斗之路则要艰难得多，找份工作都要费尽周折，想要创业更是需要节衣缩食好几年才可能攒够启动资金，考上了公务员的同学似乎也不那么官运亨通。可是，相对于上一代来说，相对于那些没有上过大学的农家子弟来说，我们的命运已经被彻底改写了，这是无可否认的事实。

当然，现在的大环境跟我毕业的时候不太一样了，大学生的就业形势更加严峻，平民阶层的孩子想要通过教育改变命运需要付出越来越多的努力。然而，这并不足以让我们对教育彻底绝望。我一个亲戚是南华大学2011届的毕业生，他父母都是农民工，学校也不是名牌大学，性格还有些内向，我一度非常担心他的就业问题。可是，离毕业还有几个月，他就在深圳一家IT企业上班了，他们班上很多家庭困难的同学也陆续找到了满意的工作。虽然两三千元的起薪比很多农民工还要低，但是我有足够的理由相信，只要他们不懈努力，终有一天会从底层白领进入中产阶层。

千百年来，读书都是平民阶层改变命运的希望所在。然而，我们对于这种改变要有一种更切实际的理解。在科举时代，读书人完全可以通过一次考试“朝为田舍郎，暮登天子堂”，可并不是只有这样才算是改变了命运。首先，在一个价值多元化的时代，对成功的定义不应该停留在官本位的阶段，并不是只有进了朝廷、当了大官才算是成功，当然，也不是只有当了大老板、住着别墅坐着奔驰才算成功。一个农民的女儿当上了培训师，一个产业工人的儿子成了建筑设计师，对于他们的家庭来说，这何尝不是一种命运的改变呢？其次，成功不是一蹴而就的事情，并不是大学生一毕业就风风光光地进入上层社会，高等教育才有价值。火车刚发明的时候还不如马车快，所以，当时就有人骑着马去取笑发明火车的人。现在有很多人看到大学毕业生的起薪还比不上农民工就怀疑高等教育的价值，这跟那些骑着马去取笑火车的人又有什么两样呢？我刚到深圳的时候起薪才1500元，深圳随便一个收破烂的估计都不止这个收入，可是，我却能够用不到两年的时间从月薪1500元到15000元。所以，我们不能用形而上学、鼠目寸光的思维来看待教育的价值，不能因为很多大学生刚毕业时找不到工作就宣告教育的破产，不能因为大学毕业生的起薪比民工还要低就放弃读大学。

输在起点，赢在终点

既然教育破产的救济方法还是教育，平民阶层的孩子仍然应该通过读大学来改变命运，那么，他们究竟应该如何获得读大学的机会？这是一个本来不应该成为问题的问题，因为高考理应是一次公平的竞争，只要学习刻苦、成绩优异，就应该获得机会进入理想的大学，而事实却并非如此。高考的天平已经向城市的考生，尤其是官二代、富二代之类的考生严重倾斜。农村的孩子买不起点读机，看不到特级教师，他们要克服重重困难才能跟城里的孩子同时走进高考的考场，却仍然不能跟城里的孩子站在同一条起跑线上。“麦可思—中国2009届大学毕业生求职与工作能力调查”表明，在211院校中，农民与农民工子女入学时的平均分为576分，而管理阶层子女只有557分。更悲哀的是，这种分数上的优势丝毫没有转变为就业的优势。从学生毕业后半年的就业状况来看，农民与农民工子女有35%未能就业，远远高于管理阶层子女15%的比例。

高考的考题本身就有歧视农村考生的嫌疑。以作文题为例。2009年江苏卷的作文题是：请以“品味时尚”为题写一篇文章。农村的孩子连商场都没有逛过，连哈根达斯、路易威登、iPhone都没有听说过，你要他怎么品味时尚？既然可以让农村的考生来品味时尚，那是不是也可以让城里的考生去怀念一下养猪或者“双抢”呢？估计好多城里的考生要把“双抢”理解为先抢银行再抢金行。江西卷和安徽卷则分别以兽首拍卖和赛车运动中的弯道超越为题。对于一个很少看电视、从来不上网的山区考生来说，要他去谈论F1赛车就好比问他嫦娥在月亮上用什么牌子的卫生巾，反正都是凭空想象嘛！

各种各样的高考加分更是赤裸裸地把所有平民子弟置于不公的位置。我高考那会儿，能够加分的项目还不多，主要就是奥赛和省市两级的优秀学生干部。我中学期间把学生会主席、团委副书记（书记由老师担任）、文学社社长等职务统统担任了一遍，工作成绩也是有目共睹，可是，省市两级的优秀学生干部指标都被一些从未担任过学生干部的官二代瓜分了，县级的不能加分，所以就当作安慰给了我。如今高考加分的项目越来越多，像“三模三电”、二级运动员之类的加分，造假成风，只要父母有点关系或者舍得花钱，就能轻而易举地得到加分指标。2009年，重庆市获得高考加分的考生就有6.5万人，超过考生总数的30%。到2010年，这一比例有所下降，但仍然每5个考生中就有1个获得了加分。这些获得加分的考生有几个是平民子弟呢？稍微了解一点中国国情的人就会心知肚明吧。

加上其他一些因素的影响，平民子弟，尤其是农家子弟在大学生中所占的比例越来越小。2009年1月，新华社播发了温家宝总理的署名文章，其中有这么一句话：“过去我们上大学的时候，班里农村的孩子几乎占到80%，甚至还要高，现在不同了，农村学生的比重下降了。这是我常想的一件事情。”有研究表明，1978～1998年，来自农村的北大学子约占三成，上世纪90年代中期开始下滑，2000年之后，考上北大的农村子弟只占一成左右。清华大学2010级农村生源仅占17%。即便是以农学为主的中国农业大学，2007级农村生源也已跌至31%。

现实是如此不公，而这一切无论是对于人微言轻的我来说，还是对于千千万万的平民阶层考生而言，都是无法改变的。我们唯一能做的就是加倍的努力。我不能获得高考加分，那我就更加刻苦地学习，只要我比别人高出的分数超过了他们所能得到的加分，我依然能够进入比他们更好的大学；我爸爸不是李刚，也不是什么集团的老总，那我就比这些人的孩子更加努力，只要我在其他方面的优势能够超过那些官二代、富二代从父辈那里继承来的优势，我就一定可以比他们更成功。公平和正义固然是我们每个人都应该追求的普世价值，可现实往往却是另一番景象。所以，正如我在写给儿子的书中所说，平等从来都不是别人给我们的施舍，而是靠我们用自己的双手去争取的。输在起跑线并不可怕，可怕的是在起跑线上就认输了。只要我们跑得更快、坚持得更久，就算在起跑线上落后了很多，也一定有机会最终站上领奖台。

在应试教育的语境下，我们不但要苦学，还要巧学，注重学习的方法和策略。比如，既然高考的作文题经常会涉及到一些对于农村考生而言比较陌生的话题，那么，农村的考生就应该对兽首拍卖之类的时事热点适当地关注，在平时的阅读中，遇到“弯道超越”之类的陌生词语时，也最好多一点好奇心，通过查阅相关资料加以了解。

高考志愿的性价比

随着上大学的成本越来越高，家境不是非常宽裕的高考考生在填报志愿的时候不能不考虑如何节省上大学的费用，而这种节省又不能以牺牲前途为代价。如何才能花尽量少的钱让读大学有尽可能多的产出呢？

很多人可能会首先想到报考军事院校、武警院校、国防生或者免费师范生，这样一来，既解决了学费和生活费的问题，又解决了就业的问题。如果确实愿意到部队就业，或者愿意回生源地当一名教师，这实在是一种两全其美的选择。可如果志不在此，单纯为了节省开支而勉为其难地做出这种选择，那实在是很不应该了。经济上的困难只是暂时的，咬一咬牙或许就挺过去了，而如果从事的是一份毫无兴趣的工作，那样的痛苦和折磨将是非常漫长的，甚至可能是一辈子的。我一个朋友当年就是为了省钱而报考了军事院校，可他是个非常自由散漫的人，向往着无拘无束的生活，而他的工作却要求他必须把组织纪律性放在首位。有一次吃饭的时候，他一边向我诉苦一边喝闷酒，最后醉得一塌糊涂，一边咒骂一边泪流满面。还有过好一些免费师范生向我表达了他们内心的苦楚。他们有一些人压根儿就不想当教师，当初只是冲着“免费”二字报考的；还有一些人确实想当教师，只是不愿意回生源地就业，而他报考的学校在其所在省市只招收免费师范生，所以为了理想而“被免费”了。我会针对每个人的情况提出不同的建议，有些我会劝他们妥协，有些则会鼓励他们违约。可是，不管他们最终做何抉择，都将是无比痛苦的。

再来谈谈选择专业的问题。其实，不管家庭条件如何，选择专业都应该遵循同样的两条原则。第一，以职业生涯规划为出发点，学真正想要的东西。如果某个人很想当医生，可他仅仅因为医学院的学费比较高就改学农学了，那实在可惜。第二，回避“伪热门专业”，学真正有用的东西。现在很多大学为了更好招生，盲目地设置了一些看上去很时髦的专业，事实上什么也学不到，学费还特别高。对于经济拮据的大学生来说，勒紧裤带读一个这样的专业实在是性价比太低了。

如果家庭条件确实很困难，不妨优先考虑更加基础性的学科，因为这方面的专业学费相对较低，发展前景却未必会小，甚至可能更大。比如数学专业的学费可能会比计算机、通信等专业低一些，加上不太可能有官二代、富二代来竞争，录取的几率也就更大，而发展前景却并不如很多人所想象的那么悲观。我有两个朋友是数学系的毕业生，一个朝精算金融方面发展，现在在一家大型保险公司做分析研究工作；另一个在中山大学读完博士以后又去香港科技大学做了博士后，如今在国内一所高校当老师，经常有一些IT企业请他去做建模方面的培训，收入颇丰。同样的，新闻学、广告学、传播学、编辑出版学等专业比传统的汉语言文学专业更热门，学费也更高，可是，相对于中文系的毕业生而言，新闻系的毕业生不见得更会做记者，广告系的毕业生也不见得更会做策划写文案。

开源节流

随着大学学费和生活费不断高涨，如何顺利地完成大学学业已经成为家境不是很宽裕的大学生不能不面对的一个问题。有很多高校会对符合一定条件的贫困生减免学费，如果具备申请条件，不妨办理相关的证明材料向学校提出减免学费的申请。申请助学金、争取奖学金也是非常重要的两种途径。当然，可以减免学费的只是极少数，助学金和奖学金的覆盖面也是非常有限的，更多的人只能通过其他途径解决上学的费用问题。

节流：看菜吃饭，量体裁衣

近年来，奢靡之风在大学迅速蔓延。很多大学生加入了贷款买车的行列，化妆品只买兰蔻、欧莱雅等世界名牌，买衣服只去Esprit、Only、Apple、Balina之类的专卖店。随着这种风气越来越浓，很多家境困难的学生也逐渐变得大手大脚了。我原来读书的时候就见过不少同学明明家庭条件非常普通却把自己当成公子爷，不但肆意挥霍，还侮辱、蔑视马加爵那样的穷人；有些人有大把的时间坐在网吧视频聊天，但就是没有时间洗衣服，等脏衣服凑足一桶了，便拿到洗衣店花几块钱搞定；还有些人明明是个穷光蛋，可到了女朋友面前却阔气十足，女朋友生日的时候得花掉父母一个月的血汗钱去准备礼物……

所以，对于家境不好的同学来说，首先应该做的不是挣钱，而是省钱。“俭以养德”，诸葛亮这句话在三国时适用，在18个世纪以后的今天仍然适用。那些一掷千金肆意挥霍的人有几个品行端庄？又有几个能够成就一番事业？“由俭入奢易，由奢入俭难”，很多人读大学的时候一天一包芙蓉王，可毕业以后连5块钱一包的白沙都抽不起了，那种感觉肯定非常难受吧。

有了节俭的意识之后还得知道怎么节俭。首先应该剔除虚荣心，不要觉得穿得不好就会被人瞧不起，也不要觉得不用名牌化妆品就有多么土气。如果有人背着LV的包在你面前炫耀，你大可不必赶紧去买一个Gucci的包来挣回面子。就算被人瞧不起，就算看上去很土气，那又有什么关系呢？大学是学习的地方，又不是用来走秀的T台，更不是给皇帝选后宫佳丽的地方。

我大学期间除了买书，什么都舍不得买，所有的衣服加起来估计都不超过200块钱。有些同学一到周末就逛平和堂、黄兴路，我却连一件真维斯的T恤都不敢想。因为穿着实在太土，加上长相过于沧桑，所以时常会被人当成农民工。要是冯小刚在拍摄《天下无贼》之前早一点认识我，估计也就没有王宝强什么事了。有次坐火车，邻座的人问我孩子多大了，我说还没有孩子，他就问我在工地上还是在工厂里，我说还在读书，他愣了一会，问我在什么学校，我如实回答，他又问我是读博士还是研究生，我说才大一呢，他瞪大眼睛问道：“你高考复读了多少届？”天啊！我当时才刚满18周岁呀！后来，有个女生误以为我暗恋她，如临大敌，寝食难安。据江湖传闻，她曾对室友说：“我宁愿顶替《大话西游》里的紫霞嫁给牛魔王，也不愿成为覃彪喜那个土包子爱恋的对象。”要是没有一颗强大的心脏，我怎能经受这一次又一次无情的摧残？然而，我竟然像小强一样挺过来了。因为我始终相信，贫困生不等于贫困一生。我在任何时候都不会忘记自己究竟是为了什么来到这里，这就足以让我无视一切嘲讽与伤害。

有些大学生其实是非常节俭的，稍微多花了一点钱就心痛万分，可他们照样花掉了很多钱。为什么呢？原因只有一个：将钱花在了不该花的地方。我有一个校友经常在食堂只打饭不打菜，回宿舍用一点从家里带来的辣酱下饭。她的存在似乎就是为了彻底否定改革开放的伟大成果。可是，她非常热衷于参加社团，学校大大小小的社团她都去报名参加。社团并没有组织多少有意义的活动，她交给社团的费用却不少。参加社团当然不算挥霍，但大学里的社团良莠不齐，有很多纯粹是骗钱的，把钱花在这上面还不如去食堂饱食几顿呢！

很多在大学生看来必不可少的东西其实根本没有那么重要，甚至可能花很多钱买回来的必需品毫无用处。现在很多大学生觉得电脑是不可或缺的，可买了电脑又怎么样呢？大部分女生将电脑当成了影碟机，大部分男生将电脑当成了游戏机。我读书的时候电脑在大学已经开始普及了，但我们宿舍的人到毕业离校的时候还没有一台电脑。可是，这丝毫不影响我们几个人成为教授、总监、企业主。现在录音笔似乎在大学也成为必不可少的东西了，这让我觉得匪夷所思。一个大学生要录音笔干什么呢？难道上课不认真的人课后还会认真整理笔记吗？

开源：自己动手，丰衣足食

1939年2月，毛泽东在延安生产动员大会上提出了“自己动手”的口号。后来，“自己动手，丰衣足食”成了各根据地克服经济困难、实现生产自给的努力目标。对于家庭困难的大学生来说，又何尝不可以通过勤工助学做到“自己动手，丰衣足食”呢？

大部分高校都会为家境困难的学生提供一些勤工助学的机会，比如看护草地、在自行车棚站岗、在食堂收盘洗碗、在餐厅端饭上菜、撕掉张贴栏过期的或者违禁的宣传海报，等等。对于这些工作，首先应该放下面子，不要以为在自己的同学面前干这些工作就觉得丢人。很多时候只是自己觉得颜面无存，别人才懒得在乎呢！对于家境非常困难的同学来说，与其死要面子活受罪，不如坦然接受这种工作，得到的或许远远不止那点儿工资。

我大学时一个家庭非常困难的老乡争取到了在食堂收拾碗筷的工作。在很多人看来，给自己的同学收拾碗筷是一件很难为情的事情，可我每次在食堂看到那个老乡的时候，他总是一边工作一边愉快地哼着歌，似乎把那种简单重复而且又脏又累的工作当成一种享受了。勤工助学用掉了不少时间，这位老乡便在其余的时候更加懂得珍惜。后来，他考上了复旦大学的研究生，考试的前几天他还在食堂收拾碗筷呢。

学校提供的勤工助学岗位一般工资不高，但大部分比较轻松，不会过多地影响学习，所以每个职位的竞争都会比较激烈。如果你想获得这方面的机会，一定不要守株待兔，而要积极主动地去争取。勤工助学的事情一般是由学生会相关部门负责落实的，而很多学生会干部真把自己当干部了，不放过每一个以权谋私的机会。他们总会将最好的勤工助学机会安排给自己的朋友和熟人，你为了也能得到这种机会，就不能单纯指望运气了。

如果在校内得不到满意的勤工助学岗位，不如到校外更加广阔的空间里寻找机会。平时可以利用课余时间在学校附近做一些兼职，寒暑假更是可以到比较远的城市去一展身手。当然，大学生做兼职不能过于盲目，不是做得越多越好，也不是什么都值得去做。我大学四年的学费和住宿费等到毕业以后才交，生活费则是家里给一些，自己挣一些。我那四年基本上是在图书馆和教学楼度过的，虽然做过一些兼职、参加过一些社会实践，但花掉的精力非常有限，几乎没有影响到每天10个小时的自习。

对于大学生来说，最重要的事情是读书，而不是挣钱。挣钱是“末”，是手段；完成学业才是“本”，是目的。可是，很多人通过做兼职赚了一些钱之后，陶醉在赚钱的快感中不能自拔了，上了赚钱的瘾，忘了自己当初是为什么来赚钱的了。这就叫本末倒置，或者说是忘本。人是一种很容易忘本的动物，就好比很多相爱的情侣为了一生一世的彼此呵护才走到一起，可时间一久，谁也不珍惜那份感情了，一吵架的时候专挑最伤人的话来说，完全忘了当初两个人是为了什么才走到一起。

做兼职的出发点固然是为了赚钱，但不能满足于此，还应该在这个过程中锻炼能力、开阔视野，为毕业求职增加筹码。这就要求大学生在找兼职的时候不能“有奶便是娘”，而应该有一个适合自己长远发展的取舍标准，提高兼职的技术含量，让兼职与职业规划尽可能紧密地结合起来。

要做正确的事，更要用正确的态度去做事。要想在兼职的过程中真正得到锻炼就一定离不开“认真”二字。我原来的一个同事曾在大四上学期进入苏州一家公司做兼职，那家公司是做手机铃声的，她决定好好把握这个学习的机会。她想方设法不断改善和同事的关系，尽可能利用公司的一切条件努力学习。同事愿意教，她就认真地听清楚每一个字；同事不愿意教，她就在旁边偷偷学，记住同事操作的每一个步骤。经过一段时间的刻苦学习，她终于可以独立制作铃声了。毕业以后，她顺利进入了我们公司，起薪高达5000元。

由于工作量比较大，公司给她招了两个助理，都是深圳大学音乐专业四年级的女生。虽然只是暑期实习，公司仍然给了她们相当高的工资，可她们丝毫都不领情，每天都要迟到，上班时间也很少认真工作，整天泡在QQ上疯狂聊天，后来还弄了个摄像头聊视频，只差没有对着镜头进行钢管舞现场直播了。我同事起初还认真地教她们制作铃声，后来发现那不过是对牛弹琴，索性让公司将她们辞退了。等到这两位女生毕业求职时发现毕业就等于失业，不知道还会不会梦想着有一家公司成为她们免费的网吧？

功不唐捐

平民阶层的孩子通过加倍的努力考上大学，再克服重重困难读完大学，目的只有一个：通过读大学改变命运，在毕业之后能够过上一种更加体面、更加有尊严的生活。这是一种信念，支撑着无数个家庭负重前行。然而，就好比法学教材里所说的"徒法不足以自行"，单纯的信念不足以让美好的愿望变成现实。它还需要行动，需要毅力，需要智慧。

别因鼠害放弃了播种

2010年3月22日，北京邮电大学一名博士研究生跳楼身亡，留下了这样一封遗书：

想好了。我想我真的想好了。

这个世界是一沟绝望的死水，我在这里再怎么折腾也激不起半点涟漪。所有的努力都会被既得利益集团踩在脚下，所有的奋斗都面临着举步维艰。冷漠的人，谢谢你们曾经看轻我，让我最终下了这样的决心。世俗的炎凉，尘世的丑恶，恶心的嘴脸，可恶的压力，你们都随风去吧。

对不起。对不起。

我可怜的让我万般不舍的妈妈，最对不起的就是你……我此刻一想到你苍苍的白发，粗糙的双手，一年大部分的饭菜只是馒头就咸菜，一件蓝色的夹克穿了那么多年，每年过年都是那一件，我都会心痛得要死。儿子不孝，不孝，没能让您的付出得到回报，这么多年您一个人含辛茹苦供我一直读到北邮的博士啊……曾经，我所有对您的承诺，都没有办法履行了，对不起，对不起。儿子是一个没有用的人，自从离开老家以来，其实无时无刻不在想着让您也能来北京吃一次烤鸭，看看天安门和故宫，住上楼房，坐上小车，不用再为了我去捡垃圾、拾破烂，不用再去给人家工地上做饭赚钱瞧人家白眼……可是，这么多年了，我什么都没有给您，我甚至连您一直想要却舍不得买的假牙伴侣都没能给您买到，每当晚上躺在床上想到您每顿饭都在用那戴不牢的假牙痛苦地磨着干涩的馒头，我的眼泪就止不住地流……一百块啊，不过是一百块啊，一百块还不够那些老板官员们抽一盒烟的钱，我却买不起！

我太没用了。现在知识太没用了。有用的只是金钱和权势，有用的只是关系和背景。现在要凭正直的才华去出人头地，太难太难了。我也曾试着找过工作，但是没有人用我。我对这个世界彻底地绝望了。绝望了。我的肝又开始痛了，不能再写下去了……我走之后哥哥一家就应该会对您好点了，保重……终于可以一了百了了，我很高兴。永别了，妈！

看完这封遗书，我几欲落泪。我本可以轻描淡写地指责他很傻，没有一丁点儿责任感，是个不折不扣的懦夫。可是，这样的话我说不出口，尽管这都是事实。因为真正的悲剧在于：他不过是很多个绝望而去的人中的一个。当河里死了一条鱼，我们可以说是那条鱼出了问题；当河里的鱼接二连三地死去，我们必须承认，是这条河出问题了。

曾经的他一定是个意气风发的少年，把读书改变命运当作不容置疑的信仰，这种信仰支撑着他一步一步走了过来，最后成为名牌大学的博士研究生。可是，摆在他面前的现实却是残酷的。掌握的知识越多，他就越清楚地意识到“知识太没用了”，“要凭正直的才华去出人头地，太难太难了”。当一个人读书读到了博士，我们不可能再寄希望于通过“我爱北京天安门”之类的歌曲让他对生活充满希望，也不可能让他每天准时收看新闻联播就幸福感大增。他全部的希望与幸福必须来自真真切切的现实。这个博士所看到的固然不是现实的全部，可那至少是现实的一部分。如果社会流动的管道畅通无阻，如果平民子弟可以凭自身的实力跟官二代、富二代平等地竞争，可怕的悲剧又何以发生？更可怕的事情在于：当阶层趋于固化，很多人会像这个博士一样把绝望之剑刺向自己；当阶层进一步固化，会有更多的人手握着绝望之剑，到时候他们又会刺向谁？在很多时候，绝望比希望蕴含着更大的能量，不过这种力量是破坏性的。

当然，我这么说并不是要为死者开脱，更不是鼓励生者去重蹈覆辙。事实上，这位博士的绝望不过是源于他在看到黑暗的同时忽视了一切的光明。他为自己挣不到一百块钱去给母亲买假牙伴侣而懊恼不已，可是，要挣一百块钱又有何难呢？哪怕是个目不识丁的文盲，随便摆个地摊都很容易挣到这个数。他说曾经找过工作，但是没有人用他。有谁找工作能够百发百中，投出去的简历一投一个准呢？等他毕业的时候，能不能进入工信部或者中国移动总部，当然谁也不好说，可我就不信全国所有的电信企业会对一个北邮的博士无动于衷。我有个高中同学跟我一样都是世袭罔替的农民，他在北邮相继读完本科和研究生以后进入了中国移动，现在在一家外资银行做IT方面的工作，年薪几十万，还频繁遭遇多家猎头公司的骚扰。如果知识已经彻底一无是处了，那我这个同学现在应该在老家种着一亩三分地，或者在某个建筑工地上扛水泥才对呀！

小时候跟爸爸一起走夜路，四周一片漆黑，满天的繁星照不亮我脚下的路。我跟爸爸说："一点光都没有，我好怕。"爸爸说："你看，那山脚下不是有户人家亮着灯吗？你就只看着那盏灯，不去想别的，自然不怕了。"这句话或许只是爸爸为了哄小孩子随口一说，却深深地烙在了我的心里。从那以后我就明白，只要有光，哪怕是一丁点儿依稀的光，只要我注意到它的存在，就可以无视整个黑夜。如果我是北邮的那位博士，当我意识到社会流动的管道正在日益堵塞，我不会因为已经堵上的70%而无视暂时尚未堵住的30%。与其因为已经堵上了一大半而选择去死，不如因为尚未完全堵死而坚强地活下去。

我是个"农二代"，有很多时间是在稻田里度过的。记得有一年鼠害成灾，稻子还没收割就被老鼠吃掉了不少。爸妈来硬的，在田埂上放了老鼠药、老鼠夹；我来软的，时不时用《诗经》给老鼠做思想政治工作："硕鼠硕鼠，无食我黍！三岁贯女，莫我肯顾……"没想到老鼠软硬不吃，一点政治觉悟都没有。第二年春天，爸妈又去秧田播种，妹妹不解地问道："既然种出来的谷子会被老鼠吃掉，为什么还要种呢？"妈妈笑着说："就算今年还有老鼠，它们也吃不完的。"不种，只会颗粒无收；种了，多少会有些收成。这是一个农民最朴素的哲学，却不是每个大学生在每个时候都能明白。

当官二代、富二代依靠父母的社会资源轻而易举地得到更好的工作机会，他们又何尝不是这个社会的老鼠呢？田间的老鼠让农民的一部分劳动成为徒劳，社会的老鼠让平民大学生的很多努力化为泡影。然而，农民并不会因为鼠害而放弃播种，平民阶层的大学生又何必因为阶层固化而放弃奋斗？如果像北邮那个博士一样放弃了，灵魂只会被永远地钉在失败的耻辱柱上；如果始终坚持，就算社会流动的管道只剩下一丝缝隙，也总有机会从这条缝隙中穿越而过。

我最喜欢的人是胡适，胡适最喜欢的四个字是“功不唐捐”，意思是“世界上的所有功德与努力都不会白白付出，必然是有回报的”。乍一看，在鼠害成灾的时候，农民的很多努力都是白费力气，可是，如果我们把他的努力当成一个不可拆分的整体，他的每一滴汗水就都没有白流，因为老鼠并没有把他的稻子统统吃光。同样的，纵使是在知识越来越难改变命运的时代，获取知识的每一次努力都将最终获得回报。只是，你需要比别人付出更多。

人一能之，己十之；人十能之，己千之

《礼记》中有这么一句话：“人一能之，己十之；人十能之，己千之。果能此道矣，虽愚，必明；虽柔，必强。”这是我的座右铭，也是我之所以能够走到今天并取得一点点成绩的关键所在。只要是我认定要去做的事情，如果别人付出一倍的努力能够做好，而我却不能，那我就付出十倍的努力；如果别人付出十倍的努力能够做好，而我却不能，那我就付出一千倍的努力。

中学的时候，我的数学成绩一度非常糟糕。也许这是先天基因决定的吧，很不幸，我儿子继承了这一基因。三四岁的时候，他几乎把唐诗三百首烂熟于胸了，可当我伸出三根手指让他来数，他总是说：“一个，两个……好多个。”为了啃下高考数学那个硬骨头，我唯有付出比别人更多的努力，反反复复地看书，一遍一遍地做题。终于，到了高三的时候，我的数学基本上能在每次模拟考试中拿下满分了，高考要不是因为流鼻血导致最后一道题没有做完，应该也是满分。

后来，无论是读大学还是工作，我都是坚持着这种“人一能之，己十之；人十能之，己千之”的信念一路走过来的。在房地产公司上班的时候，公司要参加一个旧城改造项目的招标，而那个项目所在的地方比较偏远，同事都不愿接手，最后就让我临危受命了。其他投标单位的策划师都在这个行业做了好多年，而我还是一个刚刚入行的菜鸟，没办法，只好硬着头皮埋头苦干。在接下来的一段时间里，我几乎每天都顶着炎炎烈日在那个不知道算是城市还是农村的地方走街串巷，公司不派车我就自己坐公交，晚上回到家里都十一二点了。当时深圳的治安非常糟糕，关外更是能与索马里相提并论，唯一的区别就是伟大的祖国没有派出军舰来为我保驾护航。我也不知道怎么会有那么大的胆量，幸好没出什么事，估计是劫财的嫌我太穷，劫色的又口味不够重。因为我掌握的资料最为详尽，做出来的策划案最大限度地解决了困扰开发商的难题，所以，非常意外地中标了。之所以说是意外，是因为我们公司在评标委员会里并没有过硬的关系。这年头光靠

实力就能中标的概率似乎比凤姐嫁给李泽楷、刘德华爱上杨丽娟高不了多少。

作为弱势群体的平民大学生要想在毕业之后杀出一条血路，靠的不就是这种较真的劲头吗？别人的父母不是处长、局长就是董事长、总经理，用人单位的领导不但要给他们父母面子，更希望借他们父母的资源为单位所用，而你的父母不过是一介平民，不拥有任何用人单位感兴趣的社会资源，那么，你究竟凭什么打动用人单位，让他放弃别人而选择你？答案只有一个：你在自身素质、个人能力方面占有足够大的优势。多大才算足够呢？我们不妨假定那些官二代、富二代通过其父母所拥有的资源（Resource）能为用人单位创造的价值为R_1，而你通过父母所拥有的资源能为用人单位创造的价值为R_2（等于或接近于零）；官二代、富二代通过其个人能力能为用人单位创造的价值（Value）为V_1，你凭借自身素质和个人才华能为用人单位创造的价值为V_2，你要想打动用人单位，就必须做到：

$$V_2-V_1>R_1-R_2$$

我承认这是一场很不公平的竞争，可是，没办法，这就是游戏规则。每一个参加这场游戏的人都要遵守这个规则，唯有如此，才能胜出。要想改变这个规则，必先接受这个规则。

姑且以医院为例。恐怕连火星人都知道，中国的很多医院在招聘的时候总会伴随着一些裙带关系、权钱交易。比如，据新华社报道，从2009年到2010年，湖南省武冈市卫生系统以“人才调动”、“双向选择”等方式免试招进了一批工作人员，其中有十多名新进职工既无医学教育背景，也不具备调入事业单位的资格，还有不少人是单位领导干部的直系亲属，包括卫生局纪检组长的妻子，市中医院一位副院长的爱人，卫生局一位副局长的儿子，卫生局党委书记的亲戚，主管卫生副市长的侄儿等。这样的新闻难免会让医学院那些家里毫无背景的大学生沮丧不已。可是，医院总不能让这些毫无医学背景的关系户去拿手术刀呀！领导想要政绩，医院想要效益，必然离不开医术精湛的医生。所以，医学院那些真正学有所成的毕业生又何必担心找不到一个饭碗呢？假如我是一名医学院的大学生，我肯定不屑于为了找工作去托人情、找关系，而是一门心思做学问、搞研究，就算不能去哈佛、霍普金斯、宾夕法尼亚等世界名校留学，也要在做doctor（医生）之前先做协和、北医、中山、湘雅等国内著名医学院的doctor（博士），成为某一个领域的专家。

当然，我这么说并不意味着每个人都要走到这一步才能跟官二代、富二代相抗衡。我一个亲戚是县人民医院的医生，她们医院确实有很多关系户，可当我问她们医院有没有我们学校的毕业生时，她说："我们领导倒是巴不得有湘雅的毕业生过来，可他们都被省市两级的大医院瓜分完了，我们盼了好多年都盼不到一个。"一些不知名医学院的毕业生就算没有任何背景，只要有真才实学，同样会被他们医院器重。别小看那样一个小小的县人民医院，如果做到主治医生，月收入都在万元以上，而当地的房价不过两千多元。对于一个农家子弟来说，这何尝不是一种命运的改变？

自古以来，皇帝的身边总会有两种人比较容易得到赏识和器重——第一种人是懂得溜须拍马的人，虽然做不了实事，但是懂得讨主子的欢心，比如朱元璋身边的胡惟庸、乾隆手下的和珅；第二种人是能够真正为主子排忧解难的人，就算不懂得人情世故，动不动让主子颜面尽失，依然会被委以重用，比如时不时让唐太宗下不了台的魏征、多次把嘉靖皇帝气得暴跳如雷的海瑞。第一种人说白了就是皇帝养的一条狗，听话的时候逗着玩，不听话的时候就宰了来吃狗肉火锅。胡惟庸和和珅都是这个下场。第二种人不管他听不听话，价值都摆在那里，自然会受人尊重，历史的方向盘也终究会掌握在他们的手中。皇权时代如此，今时今日亦是如此。我那个北邮的同学既不是官二代、富二代，又不会逢迎拍马，却相继进入了中国移动和某外资银行。难道移动公司不想把这份工作给工信部某位领导的亲戚么？难道那家外资银行不想拿这个岗位给银监会的某位领导送个人情么？可他们并没有这么做，因为对他们来说，数据库的安全性远远要比领导的面子更重要。

妥协未必真懦夫

2010年，湖南省冷水江市人事局局长曹长清的儿子曹博文经过市委市政府相关领导的层层批示成了冷水江市财政局的一名公务员，曹博文当时还是江苏工业学院（现常州大学）的一名学生，要到2011年才能毕业。冷水江市人事局一位副局长在接受记者采访时称，冷水江市"常委开会时确实有这么一个决定，就是照顾（各单位）一把手亲属子女工作"，并称"如果这个事你们查还多的是"。

2010年，福建省宁德市屏南县财政局下属的收费票据管理所发布了一条"史上最贴心"的公开招聘启事："招聘计划与条件：招聘名额1名，普通高校全日制应届本科毕业生，获得国外学士学位，国际会计专业，大学英语四级，屏南户籍，女，年龄25周岁以下……"这次招考只有一个人报名，因此无须考试而被直接录取。事后查实，被录取者确为当地领导子女。

类似的事情可谓数不胜数。从湖南省怀化市鹤城区人事局明确要求报考者“父母有一方或双方在鹤城区机关企事业单位工作”，到温州市龙湾区为“稳定干部队伍”联合发文公开考录科级干部子女，再到《鄂尔多斯东胜区公安系统公开招录文职工作人员公告》上明文规定公务员子女笔试可以加10分，一些地方的公务员招录已然敢于将“家庭优势”光天化日之下添在招考的砝码之上。

就算父母不在体制内，那些“富二代”们享受这种国情所带来的便利时也毫不含糊。林国的爸爸是人们常称的“山西煤老板”，家里的钱多得要用卡车来运。但是，他爸爸没有要他接手生意，而是叫他到政府部门做事。在父亲的指点和“支持”下，林国顺利地考上了中央某机关的公务员。不久，他爸爸又给他在北京四环买了一套房子。林国告诉记者，他完全没有体会过同龄人那种“北漂”的感觉。

只要是体制内的用人单位，不管是政府机关还是国有企业，情况都差不多。唐先生在一家军工央企做人力资源工作，他说：“企业招人，首先还是看能力、看素质。但是，每到招聘时，打招呼、递条子的太多了，都是方方面面的领导以及合作伙伴，不可能不考虑。最后，如果几个应聘者条件差不多，肯定会招那个打过招呼的。”这家企业近几年每年要招用近千名大学生，如果只是看数量，其中70%以上的新招人员没有什么关系背景，但仔细分析，没背景的主要集中在内蒙古、贵州等地的分公司，而能留在北京总部以及一些条件较好的科研机构或收入较高的二级公司的，多多少少都托过人。

如此一来，就业的“代际效应”自然不断放大，最后就变成了“马太效应”——原本就有优势的，其优势将更加明显；原本处于劣势的，其劣势将进一步强化。面对这种现实，估计很多人都会发出跟西晋诗人左思一样的感叹：“世胄蹑高位，英俊沉下僚；地势使之然，由来非一朝。”那么，作为弱势群体的平民大学生又该怎么办呢？就这么认命于“沉下僚”吗？发着毫无意义的牢骚坐以待毙吗？不！绝不！就算投胎真是一门技术活，我承认我这样的农家子弟显然疏于此道，在投胎的时候就输在了起跑线上，但是，我们没理由让投胎的好坏决定一生的成败。用贝多芬的一句话来说就是：“我要扼住命运的咽喉，它妄想使我屈服，这办不到！”

然而，跟命运抗争不能光凭一腔热血。买一把长矛，招聘一个桑丘，像堂吉诃德一样为正义而战，今天大战风车，明天杀戮羊群，那不是真正的抗争。有很多毕业生为了进入体制内而频繁报考全国各地的公务员，华北铩羽就转战华南，今年折戟就来年再战，反正不达目的不罢休。这种“考霸”的精神固然可嘉，可是，他们说白了不过是现实版的堂吉诃德。我承认，体制内的工作确实有着无比巨大的吸引力，可如果这条路都已经堵住了，去参加公务员考试也不过是当陪考，那又何苦削尖了脑袋一个劲地往体制内钻呢？如果碰壁了，摔得遍体鳞伤了，伤口可以愈合，可失去的青春年华又让谁来买单？

知难而退，学会妥协，这并不是我的性格，可我必须将这句话送给所有的堂吉诃德们。当我们说阶层固化、社会流动的通道变窄，主要是指平民阶层进入体制内的通道不顺畅了，进入党政机关、事业单位和垄断性的国有企业越来越难了。如果是到外企、民企应聘，在绝大多数情况下，官二代、富二代并不会因为其父辈的资源而具备一丝一毫的竞争优势，相反，包括我在内的很多企业主更愿意聘用家境不好的毕业生。谁说只有当了公务员才算成功呢？做一名白领或者企业主，挣着越来越多而且干干净净的收入，这何尝不是一种成功？谁说当了公务员就一定能成功呢？我实在想象不出一个任人差遣、看人脸色却不知道哪年哪月才能谋个一官半职的公务员会有多么幸福。既然如此，为什么还要在考公务员、进大型国企这一棵树上吊死呢？

我不否认确实有很多没有任何背景的毕业生当上了公务员甚至领导干部，也不主张所有的平民大学生都放弃进入体制内的努力，我只是希望大家明白，这样的努力其实是一场赌博，而两手空空的我们并没有多少赌资。可以合理地选择几个职位、认真地参加几次考试，但是，到了输不起的时候就要敢于认输。不是所有的执著都有结果，不是所有的坚持都是美德。就算你真的很喜欢，也很适合体制内的工作，在失败了几次之后仍然需要懂得妥协。生活就是一门妥协的艺术。食堂不可能每餐都提供你最喜欢的菜肴，可你依然需要填饱肚子；你最喜欢的那件衣服总有换洗的时候，可你总不能在这个时候裸奔出门。妥协不等于懦弱，它在某些时候甚至接近于勇敢。就好比相爱的两个人在吵架时先说出“对不起”的那个人未必真的错了，只是他比对方更加在乎，更加珍惜。

如果说从政府办公大楼到工厂、写字楼是一种空间的妥协，另一种妥协则是时间的妥协。没有谁晚上睡觉的时候还是个苦孩子，早上一觉醒来就变成了“富二代”。所有的“富二代”都是父辈甚至祖辈多年奋斗的结果。既然如此，我们又何必奢求一步登天呢？假如真能那样，对“富二代”而言是不是很不公平呢？不管阶层是否固化，不管社会流动的管道是否通畅，知识改变命运都不是一蹴而就的，需要一个足够漫长的过程。如果我们不愿意向时间妥协，不能用一颗平常心在这个过程中享受点点滴滴的积累，也就不可能达到成功的彼岸。

2009年11月26日，上海海事大学法学系研究生杨元元在宿舍的卫生间里用两条系在一起的毛巾将身体悬挂在水龙头上，半蹲着以一种极为痛苦的方式结束了自己的生命。杨元元生前曾经说过这么一句话："都说知识改变命运，可是我却没有看到我的命运有什么改变。"透过这句话，我们或许可以发现杨元元走上不归路的真正原因。可是，她的命运真的一点改变都没有过吗？本科毕业的时候，杨元元本来可以到湖北省枝江市当公务员，可她母亲认为从武汉这样一个大城市回到小县城去工作，很丢脸。为了不伤害母亲那病态的虚荣心，她放弃了。与此同时，她还得到了另外两份工作，一份是到广西钦州港经贸公司当文员，另一份是到浙江义乌工厂当会计，也都没有去。这几份工作虽然谈不上有多好，可是，在县城当个公务员总比她妈妈在军工厂看大门要好上很多倍了吧？后面两份工作的起点确实比较低，但只要沿着那条路认真走下去，也一定可以做出一番成绩来。聚沙成塔，集腋成裘。命运的改变何尝不是一步一步积累起来的呢？如果杨元元能够对时间妥协，把前进的每一步都看成命运的改变，然后从这点点滴滴的改变中看到希望，再从希望中获取力量，她的人生就完全会是另外一种结局了。

当韩信被一个地痞流氓羞辱的时候，他从那个人的胯下钻了过去，因为他没有别的选择，此时的他还只是一个很不讨人喜欢的小混混；当我们这些既没钱又没势的平民子弟大学毕业的时候，我们只能做出必要的妥协，从一个相对较低的起点上徐图发展，因为我们也没有别的选择，此时的我们一无所有，两手空空。可是，妥协不等于认输，暂时的下蹲只是为了将来可以跳得更高。我们不是"富二代"，但我们可以做"穷末代"、"富一代"；我们不是有钱人的后代，但我们可以做有钱人的祖宗。即使不求大富大贵，至少也要过上一种更加体面、更有尊严的生活。不为别的，就当是为了孩子不需要再像我们一样忍受社会的不公，挺住！加油！

退学：青春不能承受之重

覃老师：

您好！因为高考的时候发挥不好，我只上了三本线，然后被录取到了一所三本院校的英语专业。您也知道，三本的学费都很高，而我的家庭条件并不好，父母借遍所有的亲戚才帮我凑足了学费和生活费。我现在大二了，过几个月就是大三。这两年来，有一个念头一直萦绕在我的脑海里：退学。一方面，我确实不忍心看到父母那么辛辛苦苦地供我读书，如果我退学了，他们肩上的担子也就卸下来了；另一方面，我的英语成绩并不是很好，也不喜欢这个专业。全国有3亿人在学英语，会说英语的遍地都是，我学了这个专业出来，并没有什么竞争力。我们专业的一些师兄师姐毕业大半年了都还没找到工作，找到工作的也不过是一千多块钱一个月，我就算现在退学了，随便做点什么应该都能赚这么多钱的。如果我付出沉重的代价才换来的毕业证并不能让我的命运有什么明显的改变，我还读大学干什么呢？

您在《读大学，究竟读什么》一书中分析考研的必要性时，说到本科毕业后用三年时间去积累工作经验往往比用这些时间去换一个研究生学历更划算，那是不是可以这么理解：高中毕业后用四年时间去积累工作经验比用这些时间去换一个本科学历更划算呢？假如这种说法是成立的，那我从读大学的第一天开始就已经错了！这就进一步证明我应该赶紧退学才对，已经逝去的这两年我就当是沉没成本好了。只是我生性优柔寡断，好几次准备向学校提出退学申请却又临阵退缩了。覃老师，您能给我一点勇气吗？

迷失方向的一帆

一帆：

你好！近几年来，大学生退学已经成为一个比较热门的话题。早在2007年，《中国青年报》就说到山东某地方高校的休学退学率高达近5%，《北京日报》的数据则表明近几年全国在校大学生自动退学率已接近3%，每年退学人数近50万。不但专科生、本科生退学，就连研究生退学都很常见了。厦门大学就有6名研究生同时主动申请退学。可是，就算退学真的成为一种时髦，我也不赞成你去追赶这种时髦。你说你是“迷失方向的一帆”，可我从你的信件来看，你其实已经有了很明确的方向，那就是退学。可我并不能给你期望的那最后一点点勇气，因为我如果现在赞成你退学，将来迟早有一天你会埋怨我的。于你而言，退学是一种青春不能承受之重。

看得出来，《读大学，究竟读什么》这本书你看得很认真，所以能够自圆其说地用我反对盲目考研的思路来论证你的退学，就连“沉没成本”这个术语都被你运用自如了。可是，我反对盲目考研是从用人单位的实际情况出发的，因为用人单位在多数情况下认为本科学历加三年工作经验大于研究生学历，我才会反对大学生盲目地、一窝蜂地考研。而用人单位并不会认为高中学历加四年工作经验大于本科学历，所以，你的推论是不成立的。要不然就可以进一步推论：把从6岁到22岁这16年用来积累工作经验比从小学读到大学更划算。这是不是很荒谬呢？

虽然有一些读完大学的人照样进厂当了普工，或者在电子城干着扛电脑一类的体力活，也有一些没上大学的人照样能在写字楼里获得一席之地，成为体面的白领，但是，从整体上来说，有没有上大学是你以后将要从事体力劳动还是脑力劳动的决定性因素。如果你到稍微高端一点的人才市场去看看，就会发现几乎所有的职位都要求本科，至少也是大专以上学历，只有保安、司机之类的职位才会例外。如果你现在退学，对保安、司机一类的工作又不感兴趣，估计就只能去工厂当一名流水线工人，或者去建筑工地上卖苦力了。这些工作应该不是你想要从事的吧？要不然你压根儿就不会去参加高考了。

当然，你读完大学以后可能会像你的一些师兄师姐那样迟迟找不到工作，就算找到了工作，工资还没有流水线工人的高。就算如此，又有什么关系呢？我们的眼光要放长远一些，不能拿刚毕业的大学生跟熟练的流水线工人做个简单的对比就否定了读大学的价值。刚生下来的小象肯定没有成年的牛高大，我们是不是能够因此断定象不如牛呢？你只看到刚毕业时的师兄师姐，没有看到十年以后、二十年以后的他们。只要他们一直努力，到那个时候，他们的事业一定会有翻天覆地的变化。

既然坚持读完大学是非常必要的，我们就来讨论如何安排你后面两年的大学时光。我承认，一所三本院校英语专业的学历并没有太大的竞争力，可是，与其因此感到消极悲观，不如将这种危机感、紧迫感变成积极进取的动力，坚持不懈却又从容不迫地完成从校园到职场的“三步走”。

第一步就是赶紧做好职业规划。你对英语并不是很感兴趣，成绩也不好，所以，要去从事翻译、英语教师之类的工作估计不太现实。为什么不考虑跟英语有一定联系的其他工作呢？比如外贸、物流、旅游等。从事这些工作的话，你大学的专业不至于彻底废弃，应聘的时候也能有些优势。如果你能找到更感兴趣的领域，就算跟英语完全不搭边，比如汽车销售、人力资源之类，也完全可以坚定不移地朝那个方向努力。

第二步就是围绕职业规划塑造核心竞争力。假如你在经过一番考量之后决定往涉外旅游方面发展，那就应该用接下来的这两年做这么几件事情：扎扎实实学好英语，至少能够跟老外比较流利地交流；学习旅游方面的一些知识，包括理论和实务两个方面；报考导游证，最好是外语导游证，确保毕业之前考过；提高公关、人际交往方面的能力，就算在带团的过程中遇到了一些特殊情况，也能应付自如。

第三步就是拿出勇气、毅力和智慧去找工作。不难想象，出身草根家庭、草根大学的你在找工作的时候肯定会非常艰难。可是，你要坚信：道路是曲折的，前途是光明的。至于求职的具体战略和战术，我在《求职，从大一开始》一书中有了详尽的阐述，这里就不跟你详细来谈了。

最后还想补充几句话。你看到父母那么辛苦地供你上学，心有不忍，这是人之常情，也证明你是一个懂事的、孝顺的孩子。其实，只要你能够坚持读完大学，通过这四年的高等教育改变你的命运，进而改变你们整个家庭的命运，你父母再怎么辛苦也是值得的；可如果你放弃了，退学了，父母过去这两年的努力不都白白浪费了吗？不到万不得已，为什么要让这些伟大的付出成为沉没成本呢？如果你真的心疼父母，就不应该想到退学，而应该加倍努力地学习。当然，如果学有余力，适当地做些兼职挣点收入，从而减轻父母的一些负担，就是最好不过的了。

为了父母的汗水不会白流，加油！

覃彪喜